# 社会困境与合作行为：
# 理论与应用研究

姜树广 著

SHEHUI KUNJING YU HEZUO XINGWEI :
LILUN YU YINGYONG YANJIU

中国财经出版传媒集团

 经济科学出版社
Economic Science Press

**图书在版编目（CIP）数据**

社会困境与合作行为：理论与应用研究/姜树广著
. --北京：经济科学出版社，2023.4
ISBN 978 - 7 - 5218 - 4700 - 0

Ⅰ.①社…　Ⅱ.①姜…　Ⅲ.①社会管理学 - 研究
Ⅳ.①C912.3

中国国家版本馆 CIP 数据核字（2023）第 065177 号

责任编辑：于　源　陈　晨
责任校对：刘　昕
责任印制：范　艳

社会困境与合作行为：理论与应用研究

姜树广　著
经济科学出版社出版、发行　新华书店经销
社址：北京市海淀区阜成路甲 28 号　邮编：100142
总编部电话：010 - 88191217　发行部电话：010 - 88191522
网址：www. esp. com. cn
电子邮箱：esp@ esp. com. cn
天猫网店：经济科学出版社旗舰店
网址：http://jjkxcbs. tmall. com
北京季蜂印刷有限公司印装
710 × 1000　16 开　15.25 印张　258000 字
2023 年 4 月第 1 版　2023 年 4 月第 1 次印刷
ISBN 978 - 7 - 5218 - 4700 - 0　定价：68.00 元
（图书出现印装问题，本社负责调换。电话：010 - 88191545）
（版权所有　侵权必究　打击盗版　举报热线：010 - 88191661
QQ：2242791300　营销中心电话：010 - 88191537
电子邮箱：dbts@ esp. com. cn）

# 引言：社会困境与人类的合作难题

　　中国传统文化中包含了对人类社会困境和合作问题的深刻思考，如"人之初，性本善"的假设体现了显著区别于西方"人性本恶"的经济合作思想，而"三个和尚没水喝"等民间俗语则体现了"搭便车"行为破坏群体合作秩序的思想。实际上，不论从古希腊的伊壁鸠鲁、苏格拉底、柏拉图到古典学者休谟、斯密、边沁、密尔①等，还是中国的孔子、老子、孟子等影响深远的思想家，无不把道德伦理问题作为人类社会问题的核心。世界各地的哲学家之所以如此关注道德问题，正是看到了道德所具有的公共物品特征，而非道德行为作为公害品构成人类的重大威胁。可以说，如何促进人类合作和抑制非合作的不道德行为是人类社会面临的最重大社会问题之一。

　　对人类合作困境问题的直接学术思索，则可以追溯到古典作者卢梭、霍布斯和休谟等关于社会契约这一政治和哲学中心话题的探讨（Skyrms，1996）。道斯（Dawes，1980）首次正式创造了社会困境这一词汇，并将其定义为如下的情形：每个决策者都面临不合作的占优策略，而当所有人都选择占优策略时的收益则劣于所有人都合作的收益。奥斯特罗姆（Ostrom，1998）将社会困境的发生通俗解释为"个体在相互依赖的决策环境中基于短期自利最大化做出的选择导致所有人的结果差于可行的替代方案"。本书所关注的"合作"指个体背负成本而给群体带来益处的行为。在人类面临的诸多问题中，往往合作可以给群体带来好处，但是单个人却面临背叛的诱惑。按照经典的经济学逻辑，在合作问题中出于自利的个体决策会导致群体悲剧的结果，表现为个体理性和集体理性的冲突。

　　社会困境以多种形式存在，合作在有的情境中表现为对集体利益的贡献，在另外的情境则意味着不要消耗公共资源；困境在有的情境中只涉及

---

　　① 又译为：穆勒。

两个人，在另外的情境中则可能关系到一个地区、一个国家甚至全世界的互动。因此，形式多样的社会困境导致社会困境被赋予多样化的名称，包括公共物品或集体物品问题（Olson，1965；Samuelson，1954）、公地的悲剧（Hardin，1968）、偷懒问题（Alchian and Demsetz，1972）、搭便车问题（Edney，1979；Grossman and Hart，1980）、道德风险（Holmstrom，1982）、可信承诺困境（Williams et al.，1997）等。研究社会困境问题的经典模型中两人博弈的例子包括囚徒困境、雪堆博弈（snowdrift）（Smith，1982）、猎鹿博弈（stag - hunt）（Skyrms，2003）等。涉及多人的社会困境问题包括公共物品博弈和公地的悲剧（Hardin，1968），以及扩展的多人雪堆博弈和猎鹿博弈等。

社会困境与合作问题同样构成生物学和社会科学中许多最根本而又最难以解决的重大课题的基础，如合作的演化问题（Colman，2006）以及人类公共资源的有效利用问题（Hardin，1968）等。因此，对社会困境与合作问题的研究吸引了来自经济学、政治学、心理学、演化生物学、人类学以及神经科学等众多学科研究者孜孜不倦地探索。2005年，《科学》（Science）杂志在创刊125周年之际组织全世界最优秀的科学家提出了25个"驱动基础科学研究以及决定未来科学研究方向"的科学难题，在这25个"大问题"中有23个是纯粹的自然科学问题，只有两个问题同时还是社会科学问题，一个是"马尔萨斯的人口论观点会继续错下去吗"，另一个就是"人类合作行为如何演进"（黄少安和张苏，2013）。2016年，《科学》杂志又对全世界最优秀的科学家进行了调查，"人类合作行为如何发展"再次入选25个最具挑战性科学难题之一。

本书以社会困境问题为中心，探究人类在社会困境中的合作何以可能，并应用于对具体社会困境问题的分析。在传统经济学，基本思路是以非合作的视角来分析合作，也就是假定人的基本倾向是理性自私的，这导致社会困境在缺乏有效外在激励制度安排的情况下基本无药可解。然而，人类以高度的合作精神创造了辉煌的现代文明，显然并非完全依靠外部激励。人是自然演化的产物，因此我们需要寻找促进人类合作精神演化的根源所在。人具有生理的、心理的、社会的、文化的丰富感知，我们需要超越新古典经济学对人性理性自利的机械假定，去认识人类决策的全面动力机制。因此，第1章以跨学科的视角对社会困境与人类合作难题的已有研究成果进行全面的梳理和评价，主要包括演化论、经济学、心理学、人类学、神经科学以及其他相关学科对社会困境问题的研究。人之所以表现出合作倾向或从事非合作的背叛行为，根本来自人类不同的决策动机。在第 2 章重点围绕人类决策的核心效用概念，深入解析人类决策的内在动力机制，为理解社会困境中的人类合作行为提供理论基础。

在前两章理论基础上，在第 3 章和第 4 章将重点分别探讨两种破解人类合作困境的重要机制，即制度性惩罚和领导—追随的社会行为模式。这两种机制又是相辅相成的，制度性惩罚通过对搭便车者或破坏正常规则的非道德行为者的惩罚威胁以保障社会合作秩序，而制度性惩罚依赖于以领导为核心的第三方权威的惩罚者。这时领导成为维系社会秩序的核心角色，领导的道德品质和行为方式对整个组织的合作绩效产生关键影响。因此，领导问题的研究又与基本的决策动机、社会困境问题等密切联系在一起。

目前关于社会困境问题的研究仍主要以抽象研究为主，主要通过公共物品实验这种正向合作的情境来模拟现实的困境问题，其现实导向通常指向公共资源、气候变暖等典型社会困境问题。然而，虽然人类的众多活动并非典型的社会困境，但都具有社会困境的特征，并且在不同问题中具有独特性的方面，如犯罪活动虽然也是社会困境，但由于具有罪恶性，其与典型公共物品供给中的搭便车行为具有显著差别。因此，本书接下来将对人类合作问题的研究转向更为具体的现实问题，特别关注作为非道德行为这种非典型的社会困境问题。超越以委托代理框架对非道德的分析，我们在社会困境的框架下考察非道德行为的动机和影响因素。

在委托代理理论看来，是否从事非道德行为取决于成本收益的权衡，在直接收益的诱惑下非道德是损人利己的理性行为。然而，在社会困境视角，个体的理性非道德行为必将导致集体的非理性，非道德行为通过破坏社会正义和资源配置效率最终导致社会人人都是受害者。非道德行为也不一定是出于个体理性自利的决策，而是可能受到非理性因素的驱动和多种社会因素的影响。

非道德行为在三个维度体现出社会困境的特征：首先，非道德行为是一种自身获利而伤害他人的行为，自身保持诚实则可能成为他人非道德行为的受害者。做则伤害他人，不做则被他人伤害，这体现了非道德行为负外部性维度的社会困境特征。其次，作为具有特定社会身份的群体，如教师、医生、官员等职业身份，中国人、亚洲人等地域身份，汉族等民族身份，从事非道德行为还有损于整个身份群体的声誉。然而，由于个人对群体声誉的影响微乎其微，个人很难有足够的动力保持诚实。虽然从事不道德行为会伤害群体利益，但保持道德则面临被同群体的他人搭便车的可能，这体现了集体失败维度的社会困境特征。最后，作为具有情感和道德认知的人类个体往往受到特定内在道德准则的约束，因此保持诚实正直的做事方式是一种自我效用的需要。当面临道德与非道德的权衡时，从事非道德行为能带来即时的物质利益，但会伤害个体的自我认同，这体现了非道德行为在心理维度的社会困境特征。

在第5章，本书将对非道德行为社会困境的研究重点聚焦于腐败这种典型应用场景，通过经济学实验验证了在腐败行为中集体理性与个体理性冲突导致的悲剧结果。在第6章，进一步通过实验方法研究在腐败困境中影响群体合作水平的重要因素，重点考察了群体规模和集体失败的风险对于社会困境中群体腐败水平的影响。不仅类似腐败的非道德行为本身存在社会困境问题，对这类行为的治理本身更是一个合作问题，在第7章本书进一步分析在反腐败的社会困境中，处于弱势方的市民身份者如何通过集体惩罚的机制实现合作。特别地，我们引入的群体监督和严打机制刚好与第3章和第4章的内容相呼应，这是群体自发合作和权威领导与制度性惩罚相结合的一种机制。

总体来说，前半部分主要是针对人类合作何以可能这一重大问题的理论研究，研究方法的一大特色是大量使用了"文献证明法"，即使用庞大的现有文献对问题微视角的研究成果为证明，集合形成新的对问题全视角的理论和主张。由于当今时代知识膨胀，学科划分日益精细，不同学者对同一问题常常在不同的微小视角展开，而对于如社会困境这种的重大命题又急需要有全局的视角。在此背景下，以现有的研究成果为基础证据，结合大量文献形成新的统一框架和论证视角就极为必要。后半部分主要是对于人类合作问题在具体问题中的应用，聚焦于以腐败为代表的非道德行为决策，将其置于社会困境的背景中，主要使用经济学实验的方法考察人类被试在非道德社会困境中的合作行为。

人类合作何以可能？来自当今广泛的科学证据表明，很大部分人类在决策中偏离理性自利人的经典假说，表现出关爱他人的亲社会合作行为，并且这种倾向内化于人的生理和心智结构之中。毫无疑问，人类偏爱合作的心智结构是人类在长期演化过程中通过自然选择固化的产物，即自然选择会使得人类进化出偏好合作行为的神经机制，并把它编码到直觉或情感的神经过程中。总的来讲，演化理论为我们提供了理解人类合作行为的终极动力来源，心理学理论则帮助我们理解人类行为的决策过程，经济学研究则更加关注促进合作的具体实现机制，神经科学则帮助我们理解人类决策的生理物质基础。认识人类合作决策的现实基础，有助于为政策干预提供科学的理论指导。由于合作是人类的共同追求，对经济发展和健康社会的贡献意义重大，如何促进人类的合作精神便应当是一项重要政策目标。一方面，需要为合作者提供足够的社会激励和奖赏，如对见义勇为的奖励，使合作成为光荣而有好处的事情；另一方面，对违法犯罪等严重的背叛社会行为进行严厉的惩罚，从而起到反向的合作激励效果。

# ▶ 目 录 ◀

# 第 1 章  人类合作何以可能：
# 跨学科的视角

由于社会困境问题的重要性，众多学科的研究者都对这一问题进行了广泛而深入的研究，这些研究不仅来自行为经济学（Gintis et al.，2005）和实验经济学（Chaudhuri，2011），还来自演化论（Bowles and Gintis，2011）、社会心理学（Van Lange et al.，2014）、人类学（Henrich et al.，2004），以及神经科学（Glimcher et al.，2009）等学科。本章围绕社会困境的核心问题，力图整合多学科对该问题的重要研究思路，并审视不同学科研究间的联系与区别。

## 1.1  演化论对人类合作问题的研究

### 1.1.1  演化的基本研究范式与演化博弈论

研究合作起源的基本问题是演化的动力来源问题，演化动力学（evolutionary dynamics）处于核心地位。演化动力学是指描述人群随时间变迁中演化过程的数学框架。自然选择是演化的基本动力，在演化中具有较高适应度（fitness）的基因类型得以在群体中扩散，而具有较低适应度的基因类型则逐渐灭绝。变异则为群体引入基因的变化和多样化。

演化博弈论结合了演化动力学和博弈论，假设人群划分为独立而发生相互交往的决策者，每个决策者有策略和收益，这里收益转化为适应度，策略的频率则随时间而变迁：具有高收益的策略得以随时间扩散，而低收益的策略则逐渐消亡，实际就是以博弈描述"优胜劣汰"的自然选择过程。在演化博弈论的分析框架中，合作演化的动力问题即自然选择如何在演化中偏好合作行为而不是背叛行为。在演化过程中，高收益即意味着繁殖成功，合作就体现为为了帮助他人可以放弃一定自身繁殖的机会。

在演化博弈中，个体的繁殖速率以适合度来描述，设一个种群包含 n 个亚种群，分别记为 i = 1，2，…，n，$x_i$ 为亚种群 i 的频率，$f_i$ 为亚种群 i 的适合度，则种群的平均适合度为：

$$\phi = \sum_{i=1}^{n} x_i f_i$$

在演化中，如果某类亚种群的适合度超过种群的平均适合度 $\phi$，那么其频率增加，否则将下降，在整个种群大小不变的情况下，某个种群 i 的选择动力学方程可以写成：

$$\dot{x} = x_i (f_i - \phi)$$

当适合度是频率的线性函数，也就是对应频率依赖选择（frequency dependent selection）时，该方程则被称为复制方程（replicator equation）（Hofbauer and Sigmund，1998）。复制方程是演化动力学发展中的一个重要的概念，描述了在无突变发生时无限种群中的不同表现型或策略的频率依赖选择过程。

假设群体存在两种类型个体 A 和 B 并固定采用与自身对应的策略，且不同策略相遇的支付矩阵如表 1 - 1 所示。

表 1 - 1 支付矩阵

|  | A | B |
|---|---|---|
| A | a | b |
| B | c | d |

A 与 A 相遇的支付为 a，A 与 B 相遇的支付为 b，B 与 A 相遇的支付为 c，B 与 B 相遇的支付为 d。令 $x_A = x$ 表示种群中 A 类个体的频率，则 B 类个体的频率为 $x_B = 1 - x$，定义 $f_A$ 和 $f_B$ 分别为 A 和 B 的适合度，则平均整个种群的平均适合度为 $\phi = x_A f_A + x_B f_B$，选择的动力学方程为（即个体的边际变化）：

$$\dot{x}_A = x_A [f_A - \phi]，\quad \dot{x}_B = x_B [f_B - \phi]$$

并有 $\dot{x} = x(1 - x)[f_A - f_B]$。

则 A 和 B 的期望支付（适合度）则分别为：

$$f_A = ax + b(1 - x)$$
$$f_B = cx + d(1 - x)$$

并有选择动力学方程：

$$\dot{x} = x(1-x)[(a-b-c+d)x+b-d]$$

当种群的规模是有限时，确定性的微分方程模型不再合适描述种群的进化动态，而需要借助所谓的随机模型。澳大利亚群体遗传学家莫兰（Moran）于 1958 年首次提出的"莫兰过程"便是一种分析有限规模种群随机演化的基本方法。根据莫兰过程，在任何一个时间步，总有一个个体出生，一个个体死亡，这样种群的大小保持严格不变。假设有两类个体 A 和 B，则唯一的随机变量是 A 类个体的数量，记为 i，则相对大小为 N 的种群中 B 类个体的数量为 N-i。在群体中挑选出 A 类个体的概率为 i/N，挑选 B 类个体的概率是（N-i）/N，在任一时间步可能会出现以下四种情况：一是挑选一个 A 类个体繁殖并死亡；二是挑选一个 B 类个体繁殖并死亡；三是挑选一个 A 类个体繁殖并挑选一个 B 类个体死亡；四是挑选一个 B 类个体繁殖并挑选一个 A 类个体死亡。

转移概率矩阵 $P = [p_{ij}]$ 给出了从状态 i 到状态 j 的转移概率，如 $p_{i,i-1}$ 表示 A 类个体的数量减少一个，$p_{i,i+1}$ 表示 A 类个体的数量增加一个，$p_{i,i} = 1 - p_{i,i-1} - p_{i,i+1}$ 表示 A 类个体的数量不变。在如表 1-1 所示的博弈中，设采取 A 策略的个体数为 i，则采取 B 策略的个体数为 N-i，对单个 A 来说，种群中有 i-1 个个体采取 A 策略，有 N-i 个个体采取 B 策略；对单个 B 来说，种群中有 N-i-1 个其他个体采取 B 策略，有 i 个个体采取 A 策略，所以 A 和 B 的期望支付分别是：

$$F_A = \frac{a(i-1)+b(N-i)}{N-1}; \quad F_B = \frac{ci+d(N-i-1)}{N-1}$$

引入自然选择强度 $0 < \omega \leq 1$，$\omega$ 越大表示支付对适合度的影响越大，则 A 和 B 的适合度可以表示为：

$$f_A = 1-\omega+\varpi F_A = 1-\omega+\varpi\frac{a(i-1)+b(N-i)}{N-1}$$

$$f_B = 1-\omega+\varpi F_B = 1-\omega+\varpi\frac{ci+d(N-i-1)}{N-1}$$

这便是有限种群演化博弈动态的基本模型。

给定以上的频率依赖选择下的适合度，则 A 类个体被挑选出来进行繁殖的概率是 $f_A i/[f_A i+f_B(N-i)]$，B 类个体被挑选出来进行繁殖的概率是 $f_B(N-i)/[f_A i+f_B(N-i)]$，一个 A 类个体死亡的概率是 i/N，一个 B 类个体死亡的概率是（N-i）/N。所以 A 类个体数量从 i 变化到 i+1 状态的概率是（一个 A 繁殖和一个 B 死亡）：

$$p_{i,i+1} = \frac{if_A}{[f_A i + f_B(N-i)]} \frac{N-i}{N}$$

从 i 变化到 i-1 状态的概率是（一个 A 死亡和一个 B 繁殖）：

$$p_{i,i-1} = \frac{(N-i)f_B}{[f_A i + f_B(N-i)]} \frac{i}{N}$$

假设种群中出现了一个突变个体，突变个体占据种群的概率叫作固定概率，A 的固定概率是：

$$\rho_A = \frac{1}{\left(1 + \sum_{k=1}^{N-1} \prod_{i=1}^{k} \frac{p_{i,i-1}}{p_{i,i+1}}\right)} = \frac{1}{\left(1 + \sum_{k=1}^{N-1} \prod_{i=1}^{k} \frac{f_B}{f_A}\right)}$$

这一过程同样适用于文化的演化或社会学习（social learning）过程，即人们模仿具有较高收益的行为并不时试验新的策略。

## 1.1.2　合作演化之谜与合作演化的动力来源

众所周知，达尔文的演化论建立在"物竞天择，适者生存"的自然选择基础之上。自然选择意味着个体间激烈的竞争，而竞争奖励自利行为。每个基因、每个细胞、每个器官都应该被设计来以牺牲他人为代价促进自身的演化成功（Nowak，2006）。然而，我们却可以看到自然界广泛存在的合作，人类更是以独一无二的高度合作性建立了现代社会的繁荣。

根据赫尔特等（Hauert et al.，1996）和诺瓦克（Nowak，2012）定义的统一化"合作困境"框架，可以在具有如下支付结构的博弈中对合作进行定义：

|   | C | D |
|---|---|---|
| C | R | S |
| D | T | P |

假设存在合作（C）和背叛（D）两种策略，在满足如下的条件下，该博弈即是一个合作困境：一是两个合作者得到的收益高于两个背叛者 R > P；二是存在背叛的激励。在该合作困境中，当背叛行为占优于合作行为则退化为经典的囚徒困境问题，而不满足囚徒困境问题严格条件的社会困境问题则被称为"不严格的合作困境"（relaxed cooperative dilemmas）。这一定义可以扩展到多人的情形。在囚徒困境中和扩展到多人的公共物品博弈中自然选择总是偏好背叛行为，所以解释囚徒困境中的合作行为必须依赖于一个合作的演化机制。而不严格的合作困境中合作的演化可以不依赖某个机

制，但是机制的存在可以提高合作演化的可能。

由于合作是自身背负成本而使他人获益的行为（Griffin et al.，2004；Nowak，2006），而背叛行为则在没有成本的同时仍然享受收益，在人群中背叛者就具有更高的生存适应度从而自然选择会带来背叛者的扩散和合作者的灭绝。人类在大规模群体中广泛的合作现象便成为演化动力学需要解释的重大谜题（Boyd et al.，2003；Gintis，2000）。

诺瓦克（2006，2012）、兰德和诺瓦克（Rand and Nowak，2013）总结了五种主要的合作演化动力机制，即亲缘选择、直接互惠、间接互惠、空间选择（网络互惠）以及多层级选择（群体选择）理论。出于篇幅的考虑和已有文献对这部分的总结（黄少安和张苏，2013；韦倩和姜树广，2013），本书对此进行简要的概况梳理。

（1）亲缘选择。

亲缘选择理论因被汉密尔顿（Hamilton，1964）首次提出又被称为汉密尔顿法则（Hamilton's rule）。该理论认为当利他行为是发生在具有血缘关系的近亲之间，自然选择可以偏好合作行为。汉密尔顿法则的内涵在于以共享同一基因的概率独立的相关性系数（r）需要超过利他行为的成本（c）—收益（b）比，即 $r > c/b$。当代对亲缘选择理论的支持与批判更多地聚焦于整体适应度（inclusive fitness）这一概念（Nowak et al.，2010；Abbot et al.，2011）。

（2）直接互惠。

亲缘选择对于解释现实存在的非亲属及陌生人之间的合作显然无能为力。直接互惠理论则推进了一步，假设两个人直接存在多次的重复交往，从而基于未来互惠合作的前景而愿意在当前付出成本进行合作（Trivers，1971）。重复博弈的囚徒困境博弈是研究直接互惠的著名框架，在该框架下阿克塞尔罗德（Axelrod，1981）提出的"针锋相对"（tit-for-tat）策略是一种可以保持合作演化机制的成功策略，即以合作作为开始，并在后续博弈中以合作回报合作，以背叛回报背叛。由于"针锋相对"难以接受错误行为导致的偏离，诺瓦克和西格蒙德（Nowak and Sigmund，1993）提出了一种"去输存赢"（win-stay，lose-shift）的成功策略，即复制前期的成功策略，而改变不成功的策略。该策略被认为可以更有效保证直接互惠机制对合作的动力作用。

直接互惠可以导致在囚徒困境中的合作演化的基本条件是双方再次碰面的概率（w）超过利他行为的成本—收益比（c/b），即 $w > c/b$（Nowak，

2006）。然而直接互惠实现的合作并不总是稳定的，在合作与背叛之间的循环是直接互惠的一个典型特征（Nowak and Sigmund，1989；Imhof et al.，2005；Imhof and Nowak，2010）。

（3）间接互惠。

间接互惠理论对合作行为的解释范围更扩大了一步，假设重复的交往行为发生于一定规模的群体之中，个体之所以选择合作行为是期望以此获得良好声誉，从而今后能得到第三方的奖励，而不仅是来自当时交往个体的回报。因此，个体的行为选择条件取决于所了解的互动方的声誉（Nowak and Sigmund，1998；Panchanathan and Boyd 2004；Nowak and Sigmund，2005）。

在演化动态中，如果个体获知互动对方类型的概率（q）大于利他行为的成本收益比（c/b），即 $q > c/b$，则间接互惠机制可以导致稳定的合作均衡。间接互惠机制在实际中的策略则构成社会规范和行为法则演化的基础（Ohtsuki and Iwasa，2006；Brandt and Sigmund，2006；Ohtsuki et al.，2009），而这些行为法则构成声誉机制的桥梁并指导人们的合作行为。

（4）空间选择（网络互惠）。

演化动态理论一般假设在一个完美混合的人群中发生相互交往的概率是等同的，空间选择理论则突破这一假设，认为真实的人群中存在空间结构的分布，即在社会网络中一些人的交往显然要比其他人更为紧密，这种结构差异会使得合作者通过空间聚集来相互合作并避免被背叛者剥夺，这种网络互惠是空间互惠的普遍形式（Nowak and May，1992）。空间选择效应可以促进合作的演化（Nowak and May，1992；Ohtsuki et al.，2006）。比如大月等（Ohtsuki et al.，2006）发现，如果合作或利他性行为的成本收益率超过相邻个体的平均数目（$b/c > k$），空间选择就会偏好合作行为。

（5）多层级选择（群体选择）理论。

群体选择理论的基本假设是，竞争不仅存在于个体之间，在群体之间也存在激烈的竞争（Wilson，1975）。虽然背叛者可以在群体内获胜，但是合作者主导的群体则可以战胜背叛者主导的群体（Bowles，2006，2009；Bowles and Gintis，2011）。以特罗森和诺瓦克（Traulsen and Nowak，2006）为代表的基于"群体繁殖力选择"（group fecundity selection）的群体选择模型中当最大的群体规模（n）和群体个数（m）满足公式 $b/c > 1 + (n/m)$，群体选择可以保证合作的演化。

图 1-1 清晰展示了以上总结的五种合作演化动力机制。在合作的演化

中，这五种机制可能都不同程度地发挥一定的作用。五种机制也可能相互影响，共同促进合作的演化。

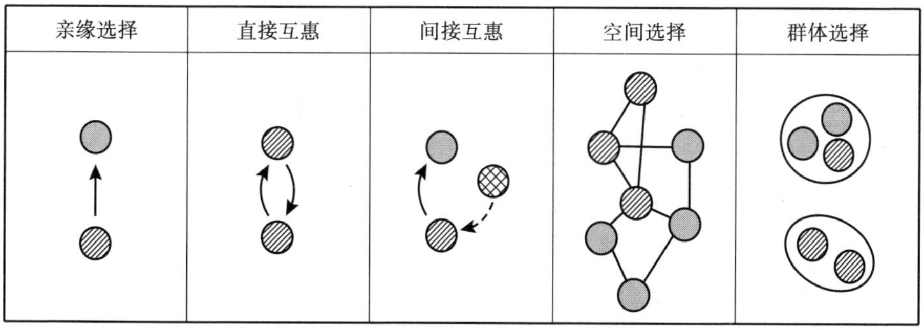

| 亲缘选择 | 直接互惠 | 间接互惠 | 空间选择 | 群体选择 |
|---|---|---|---|---|

**图 1-1　合作演化的五种动力机制**

注：◥为合作者，◯为背叛者。

资料来源：Rand, D. G., & Nowak, M. A., 2013, "Human cooperation", *Trends in Cognitive Sciences*, 17（8），413.

### 1.1.3　合作演化之谜的其他重要解释

以上是为解释在经典的囚徒困境中合作所发展的演化动力机制，并且一般假设存在两种类型的个体（合作者和背叛者）以及两种类型的策略（合作和背叛）。其他的一些演化博弈模型通过放松以上的基本假设，以不同的视角在解释合作演化之谜中取得了重要突破。

（1）雪堆博弈、猎鹿博弈与合作的演化。

在囚徒困境中的合作行为结果是自身承担成本而使他人获益，从而使得合作行为在没有其他演化机制的情况下始终处于劣势。然而现实可能存在的一种社会困境状况是合作行为不仅使他人获得好处，合作者本身也同样获益。描述这一社会困境的经典模型便是雪堆博弈（snowdrift game）（也称鹰鸽博弈或斗鸡博弈）（Smith，1982；Sugden，1986）。

在雪堆博弈中，两个驾车回家者在回家路上被困在一个大雪堆的两边，双方可以选择待在车里或出来将雪堆移走。让对方完成所有的除雪工作是最优的选择，但是如果双方都想搭便车则都不能尽快回家。该博弈的核心特征在于如果对方合作则自身搭便车的策略优于合作，而如果对方不合作则自身合作的策略优于不合作。与囚徒困境不同，在雪堆困境中当搭便车成为普遍时合作行为就会占优，从而在演化中复制成功策略的动态机制

（Hofbauer and Sigmund，1998）就会导致形成一个合作者与背叛者共存的混合稳定均衡状态（Doebeli et al.，2004）。在扩展到多人雪堆博弈的情况下，在人口规模（Souza et al.，2009）和人口结构（Santos et al.，2012）的影响下会出现不同的均衡状态，而不是在公共物品博弈状态下唯一的背叛稳定均衡。

另一类在合作演化中常用的重要社会困境则是猎鹿博弈（stag-hunt）。一些学者认为，人类的合作困境更主要的表现为卢梭、休谟和霍布斯等思想家论述的社会契约，而猎鹿博弈则较好体现了社会契约的典型特征（Skyrms，2004）。在多人猎鹿博弈中，合作收益的获得常常需要超过两个人的同时合作，即合作努力只有克服了最小的一个门槛值（threshold）才能产生合作收益，互相合作的收益高于背叛，然而相互背叛的收益则高于单纯作为被搭便车的合作者（Pacheco et al.，2009）。与雪堆博弈类似，在演化中猎鹿博弈可以导致多重的稳定均衡，可能是背叛者主导的均衡，也可能是完全的合作均衡或两种策略的共存均衡（Pacheco et al.，2009）。①

（2）惩罚与合作的演化。

面对背叛策略占优的合作困境，引入惩罚策略是克服背叛行为的一种普遍而有效的机制。大量的证据表明人类愿意自己付出成本去惩罚背叛者，即便是在单次交往的情况（Fehr and Gächter，2002；Fehr and Fischbacher，2003；Camerer and Fehr，2006；Boehm，1993；Henrich et al.，2004；Nakamaru and Iwasa，2006）。惩罚机制的存在也被证明可以促进稳定的合作均衡的实现（Gächter et al.，2008；Henrich et al.，2006；Henrich and Boyd，2001；Boyd et al.，2003）。

在社会困境问题的惩罚效应研究中，通常假设存在一类利他性的惩罚者，即自身背负成本去惩罚背叛者（Fehr and Gächter，2002）。这类个体也被称为"强互惠者"，这一称呼的内在含义也同时表明惩罚虽然作为一种重要的合作促进机制，但是其本身并不能作为一种合作演化的动力机制，惩罚的演化模型通常也需要依赖潜在的机制如直接互惠（Sigmund et al.，2001），群体选择（Boyd et al.，2003；Bowles and Gintis，2004）或空间选择（Helbing et al.，2010；Szolnoki and Perc，2013）等。另外，由于惩罚需要付出成本，这就使得惩罚者相对只合作但不惩罚的纯粹合作者的适应度

---

① 另一种形式的社会困境称作旅行者困境（traveler's dilemma），也被用来研究合作的演化（见 Manapat et al.，2012）。

降低，于是就形成一个二阶搭便车问题（Panchanathan and Boyd，2004；Fowler，2005a）。从而强互惠者的存在和惩罚行为如何在自然选择中得以保留同样成为合作演化机制需要解释的核心问题，关键的问题则在于惩罚如何在人类社会的最初在人群中得以确立（Boyd and Mathew，2007）？

在人类社会进入较大规模的交往后的社会演化或文化演化中，惩罚机制可能扮演了更为重要的作用。在大规模的社会中，人类频繁地与陌生人发生广泛的合作关系，这时亲缘选择和直接互惠等机制对合作的保障根本不起作用，而利他惩罚则由于二阶搭便车问题使得惩罚成本的解决成为一个核心问题。在社会演化中，必然存在若干的增长惩罚能力的机制（韦倩，2009a；韦倩和姜树广，2013），如规范的内化、缔结同盟和第三方介入，从而保证了人类社会的合作秩序。

不同形式的惩罚对合作演化以及社会秩序的维持作用也得到了发展。针对传统合作演化模型中惩罚是无条件的和非协调的自发惩罚在解释惩罚的演化中的困难，博伊德等（Boyd et al.，2010）的模型认为，协调的惩罚更符合人类祖先的现实条件，这会使得随着惩罚者人数增加，惩罚单个搭便车者的平均成本会降低，从而即使在惩罚者稀少的情况下，惩罚也会得到繁衍从而增加群体的收益；而自发的同辈惩罚（peer punishment）只在群体的规模足够小或个体有不合作的选择权利等限制条件下才有效。

人类社会的层级结构和权威在合作秩序维护中扮演了重要的角色，甚至角色分化和等级统治也是大多数动物群体的组织原则。特别是在复杂的大规模社会，集权化惩罚（centralized sanctioning）和法定权威对维持社会的合作秩序更有意义，他们的权威来自所处社会阶层的位置（Baldassarri and Grossman，2011）。索尔诺基和佩尔克（Szolnoki and Perc，2013）则在空间交往情景中引入了有条件的惩罚者以区别于一般模型中的无条件惩罚者（即利他性惩罚者），有条件惩罚者的惩罚程度与其他惩罚者的数量成比例。他们发现，当惩罚成本较高时（更符合现实的情况），有条件惩罚比无条件惩罚更能有效维持合作效率。当人类进入大规模的社会时，制度性惩罚则日益扮演维持社会合作秩序的主要机制。

（3）自由选择博弈与合作的演化。

在自由选择博弈（optional games）中，是否参与合作的选择是自愿的，既除了合作和背叛之外，还存在另一个策略即单独行动（loners）。仍然假设在两个人情况，假设如果没有合作博弈，则双方的收益都是 $P_0$，在合作博弈中的支付仍保持以上合作困境的结构，即支付矩阵如图 1 - 2 所示。

$$
\begin{array}{ccc}
 & \begin{array}{ccc} C & D & L \end{array} \\
\begin{array}{c} C \\ D \\ L \end{array} & \left( \begin{array}{ccc} R & S & P_0 \\ T & P & P_0 \\ P_0 & P_0 & P_0 \end{array} \right)
\end{array}
$$

图 1-2　自由选择博弈的策略支付

如果 $R > P_0$，则合作者占优于单独行动者，如果 $P_0 > P$，则单独行动者占优于背叛者，如果 $T > R$ 并 $P > S$ 则背叛者占优于合作者，这一循环的占优策略结构意味着该博弈是一个非严格的社会困境问题。赫尔特等（Hauert et al.，2002）认为，在一个存在三种类型的人群中随时间推移会陷入石头—剪刀—布的循环，即如果大部分个体是合作者，则背叛行为得以入侵并得以复制，而当背叛者普遍时则单独行动者得以入侵，当单独行动者普遍时则小规模的合作群体开始形成并开始蔓延（见图 1-3 中的形象描绘）。

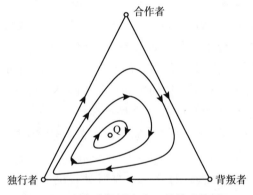

图 1-3　自由选择博弈中三种策略的循环

由于惩罚对于解决社会困境的重要性，实际对合作演化的研究重点落在了如何解决二阶搭便车问题（Colman，2006），即利他惩罚行为是如何在演化中获得立足之地。赫尔特等（Hauert et al.，2007）以一个简单的模型表明，个体拥有自由进入的选择权是惩罚行为作为基础的合作出现和稳固确立的基础。在该模型中，个体可以自愿决定是否参加一项共同的事业，并假定存在四种策略类型者：不参加者，即不参加公共的事业而依赖我个人独立生产来获得收益；背叛者，参加共同事业但不贡献努力而占有合作者的贡献收益；合作者，参加共同事业并贡献努力，但是不惩罚；惩罚者，不仅参加共同事业并贡献努力，还对背叛者进行惩罚。在该模型中，惩罚者会入侵并在人群中获得支配地位。但是在缺乏自愿选择权时，惩罚者通常不能入侵，背叛者在人群中处于支配地位。模型分析还表明，自愿选择机制下即使最初惩罚者非常稀少，惩罚行为也可以获得优势并最终在人群中确定稳固地位，而惩罚一旦建立，就可以通过群体选择、社会顺从、声誉等机制促进亲社会规范的维持和扩散。

赫尔特等（2007）的模型是解决社会合作演化难题的重要突破性理论成果，更重要的现实意义则表明自愿地参加合作组织比起强制地参加更容易促进人们的合作倾向。

（4）社会多样性及其他机制。

在传统的演化博弈理论中，个体被假定为同质的个体，并不考虑多样性（diversity），而现实中多样性无处不在。桑托斯等（Santos et al.，2008）通过异质性的空间分布（heterogeneous graphs）引入个体可参与公共物品博弈的数量和规模的多样性，以及个体对每个博弈贡献额的多样性，以此来作为促进合作演化的机制。

图1-4显示了如何在种群结构中引入多样性，图1-4（a）是普通的种群空间分布图，每个节点的个体等同地与相同数量的个体发生关联；图1-4（b）是无标度的网络分布（scale-free graphs），存在领域规模（neighbourhood size）的较大异质性；图1-4（c）则显示中心的个体在此异质性的空间分布中属于不同规模的领域组内，可见该个体的连接（connectivity）有4个，从而归属于5个领域（α，β，γ，δ和ε）。当每个领域构成一个公共物品博弈时，个体则需参与不同数量和不同群组规模的公共物品博弈。桑托斯等（2008）的研究显示，这种多样性的引入可以显著提升公共物品博弈中的合作水平，这有助于解释在缺乏个体声誉和惩罚机制的情况下合作的出现。

桑托斯等（2008）重点考察了群组结构分布的异质性带来的人群互动形式的多样性，实际上这只是多样性的一种基本形式，多样性还可以广泛存在于策略和学习行为之中。索尔诺基等（2008）研究显示学习速度的多样性（即一些个体比其他个体可以更快地学习到最优策略）可以促进合作行为。范塞格布鲁克等（Van Segbroeck et al.，2009）则认为，人们处理社会交往方式的多样，或对他人保持忠诚的方式的多样性同样可以促进合作。桑托斯等（Santos et al.，2012）在更广义的社会多样性概念上探讨其作为促进合作的出现与维持的根本机制。他们重点关注了两大类的多样性，一是个体所涉及的互动交往数量的多样性，二是部分个体被作为社会榜样的

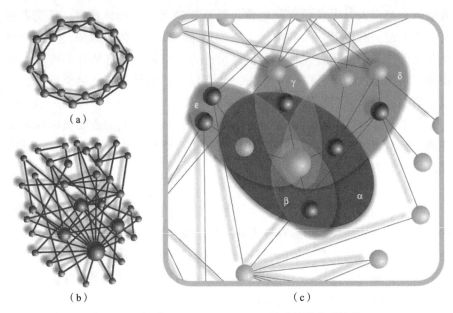

**图1-4　领域（neighbourhoods）异质性的种群结构**

注：图形来自 Santos et al.（2008）。

资料来源：Santos, F. C., Santos, M. D., Pacheco, J. M., 2008, "Social diversity promotes the emergence of cooperation in public goods games", *Nature*, 454, 213-216.

可能性高于其他个体。在多种形式的多样性中，行为依赖于个体所处的社会环境和社会地位（这与现实生活类似），合作水平因此大幅得以提升。他们还进一步证明，在演化的过程中，出于合作者和背叛者之间激烈的竞争，社会多样性可以在演化中自然出现并得以维持，从而带来合作的繁荣结果。

（5）文化与基因的共同演化。

成功地克服社会困境和构建高度的分工协作体系是当代文明得以发展的重要基础。由于合作的范围和程度在不同的社会、不同的行为领域以及不同的历史时期存在显著的差别（Chudek and Henrich, 2011），这很可能是构成经济发展水平的时际差距和国别差异的重要原因。而构成人类具有关心他人的社会偏好和做出亲社会合作行为的心理基础机制则是通过基因和文化的共同演化（culture-gene coevolutionary）形成的（Chudek and Henrich, 2011; Richerson and Boyd, 2005; Henrich et al., 2005, 2006, 2010）。如果说演化生物学的研究为我们探索人类的700万年的漫长岁月中如何克服社会困境和走向成熟的人类寻找答案，那文化演化的研究则更有利于我们认识在最近历史的人类大规模社会交往环境中合作的维持之谜。

文化演化的基本动力是基于学习的文化传递与惩罚、奖赏、信号传递声誉等激励体系的结合（Boyd and Richerson，1992；Gintis et al.，2001；Henrich，2009；Panchanathan and Boyd，2004；Axelrod，1986；Henrich and Boyd，2001；Kendal，Feldman and Aoki，2006）。这派学者强调社会规范对维持合作的重要性。一些学者（Henrich，2004；Boyd and Richerson，1985；Cavalli - Sforza and Feldman，1981）提出了文化群体选择理论（cultural group selection theory）来解释社会合作秩序的维持。他们认为，当个体的合作行为有利于整个种群时，合作程度更高的群体会因适应性强而生存下来，从而合作的特征就可能随种群的保存而得以繁衍和保留。

亨里奇和博伊德（Henrich and Boyd，2001）的社会顺从（conformism）理论则认为，合作和惩罚的演化是人类在同化过程中采用流行行为的一个负效应，文化演化模型可以解释一次交往情境中的惩罚行为。他们认为，人类的社会学习并不是随机复制别人的行为，而是复制成功者和大多数人的行为。这种学习机制虽然不能总是产生最优行为，但却可以快速地获得高适应行为，正是这种收益偏好传播和从众传播机制使得社会可以建立合作和惩罚的规范。他们的文化演化模型显示，在有限次惩罚阶段的条件下，仅有少数尊奉习俗者的传播就可以在演化均衡中稳定群体的合作和惩罚行为。一旦一个群体的合作稳定后，便可以通过群体选择机制使得群体受益的文化特征在一个多群体的人口中扩散。文化群体选择进程主要以两种方式来扩散一些亲社会行为：一是合作的群体具有更高的生产能力，从而可以支持更快的人口增长；二是模仿成功人士的行为也会使得合作行为被模仿。最后，一旦合作均衡变得普遍时，自然选择也会偏爱那些喜欢合作和惩罚背叛者的基因，因为这些基因降低了人们遭受惩罚的成本。

人类学对社会困境问题研究的贡献主要体现在以亨里奇为代表的一系列跨文化研究。这些研究是在大批人类学家和经济学家的合作下完成的，主要是通过在人类学通常的研究对象——小规模的传统社会中进行基本的经济学行为实验。这些研究为文化演化理论提供了重要证据。亨里奇等（Henrich et al.，2006）在分布于五大洲的 15 个社会的 1762 名成人的样本进行了最后通牒实验和第三方惩罚实验发现：所有人群都表现出随不公平行为增加的惩罚意愿，而惩罚的幅度在不同人群呈现显著差别，并且有成本的惩罚行为与利他行为正相关。这同文化基因公共演化理论的预测是一致的。类似的来自不同人群的证据支持不同的社会可能经历了通往合作的不同文化演化路径（Henrich et al.，2010）。

豪斯等（House et al.，2013）研究了来自 6 个不同社会（文化、地理和主要谋生方式的不同）的 326 名 3~14 岁儿童和 120 名成年人的亲社会行为的个体发生（Ontogeny）。研究发现当亲社会的行为需要个体承担成本时，亲社会行为的发生率随儿童接近童年中期在全部 6 个社会都出现下降，之后随他们效仿所在社会成人的行为而在不同社会表现出差异。当亲社会行为不需要个人牺牲时，亲社会行为则随儿童走向成熟而稳步增加并在不同社会呈现较少差异。这一研究支持通过文化传承获得的社会规范是塑造有成本的合作行为的重要力量。

文化与基因的共同演化理论认为相比于其他非文化物种，文化可以通过推动人脑和身体的演化来塑造人类基因，从而使文化得以通过基因的方式传承（Laland et al.，2010；Richerson et al.，2010）。文化与基因的共同演化不仅有助于解释人类为何在大规模的社会中可以与陌生人达成合作，还有助于解释合作水平为何会在不同的时期和不同的社会中呈现如此巨大的差别。

## 1.1.4　总结与简评

从简单的细胞，到蚂蚁、蜜蜂等社会性昆虫，再到复杂的人类社会的运转都建立在个体相互合作的基础之上。人类以高度的合作精神创造了灿烂的文明，成为地球的主宰生物。来自当今实验经济学和神经科学的证据表明，很大一部分人在决策中偏离理性自利人的经典假说，表现出关爱他人的亲社会合作行为，并且这种倾向内化于人的生理和心智结构之中。毫无疑问，人类偏爱合作的心智结构是人类在长期演化过程中通过自然选择固化的产物，即自然选择会使得人类进化出偏好合作行为的神经机制，并把它编码到直觉或情感的神经过程中。

对于合作演化的根本动力机制，出现了亲缘选择、直接互惠、间接互惠、网络互惠和群体选择的理论解释。然而这些机制都不足以支撑人类在如此大规模的社会合作中的利他行为（韦倩和姜树广，2013），于是惩罚机制被认为是维持人类合作秩序的重要机制，这需要一种叫作"强互惠者"的利他性惩罚行为，然而惩罚面临二阶搭便车问题，所以人类的利他性惩罚行为的演化仍然是需要被解释的问题。

韦倩和姜树广（2013）认为，人类合作演化的一个很可能的途径是：原始人最初只是小规模的群居生活，日常交往对象都是亲戚和近邻，这时候亲缘选择和直接互惠的动机发挥主要作用，在这种情景下，人类出于哺育后代的压力等演化出同情共感、关爱他人、惩恶扬善的能力以及丰富的情感情绪，从而具有了在更大范围合作的神经基础。在此基础上，人类的交往与合作范围开始扩大，因为此时间接互惠以及利他性惩罚开始扮演维持合作秩序的主要角色，再加上人类社会已经演化出增强惩罚能力的一些机制，人类的生产水平也能够支持微弱劣势的个体不会立刻被演化淘汰，从而利他性惩罚者可以始终在人群中维持一定的比例，构成社会秩序的终极守护者，使人类成为自然界中唯一一个可以在大规模群体中与非亲属成员进行合作的物种。

## 1.2　经济学实验对人类合作问题的研究

本部分涉及的学科范围并非仅限于实验经济学领域，而是包括政治学等更广泛的社会科学。之所以采取这个题目，是由于本部分的重点是人类合作决策的决定因素与促进合作的机制探索，而这方面的证据主要是来自经济学实验。经济学实验可以帮助我们认识在怎样的环境或激励条件下当代的人类更加愿意合作或者更少进行合作（Fudenberg and Maskin，1986；Fehr and Gachter，2002；Milinski et al.，2002；Herrmann et al.，2008；Rand et al.，2013）。

### 1.2.1　社会偏好：理论与实证

合作问题并非经济学的传统研究领域，以市场竞争为主线的经济学理论建立在理性自利人的假设基础之上，在此基础上社会困境问题不存在合作解的可能性，维持社会合作秩序只能依靠外在的激励。在没有外在激励安排的情况下，个体在社会困境中的选择永远是不合作。行为和实验经济学大量的研究对这一经典假设提出了质疑和调整，以社会偏好理论为代表的亲社会行为假设被提出来代替理性自利的传统人性假设。在社会偏好存在的情况下，社会困境问题可能实现合作这一皆大欢喜的均衡结果，所以实验经济学对社会偏好是否存在的验证是对社会困境问题研究中极重要的一部分。

经典的研究人类社会偏好的实验包括独裁者实验（Forsythe et al.，

1994)、最后通牒实验（Güth et al., 1982)、礼物交换实验（Fehr et al., 1993)和信任实验（Berg et al., 1995)，以及包含（Fehr and Gächter, 2000, 2002)或不包含（Isaac and Walker, 1988a)惩罚机制的公共物品实验。这些经典实验都是在标准的实验经济学方法控制下进行的并被不同国家的不同学者多次复制检验，包括采用代表性的样本、支付高的实验筹码以及在相关的实地环境进行的验证。这些实验得到的大量证据都不支持理性自利人的传统预测。

独裁者实验是最基本形式的行为实验，两个参与者被随机赋予"独裁者"或被动的接受者角色，独裁者可以决定将多少比例的实验筹码与被动接受者分享，而接受者只能接受这一分配方案。这一实验设计下理性自利的独裁者应该会选择独吞筹码而不与接受者分享。如果独裁者将部分筹码分享给接受者则提供了利他（altruism)，或更广义地说他涉偏好（other-regarding preferences)的证据。大量精心控制的独裁者实验都不支持理性自利人的传统预测。恩格尔（Engel, 2011)的荟萃分析发现在关于独裁者博弈的 616 个实验处置中，平均的分享比例是 28.3%，而大约 36% 的参加者选择不分享。

稍微复杂的最后通牒实验（ultimatum game)（Güth et al., 1982)则在独裁者实验的基础上允许回应者（responder)接受或拒绝提议者（proposer)提出的分配方案，如果回应者接受提议者的分配方案则双方按提议分配筹码，如果回应者拒绝则双方都得到零收益。在理性自利人假设下，回应者应该会接受任何正数的分配，而提议者则只需提供一个很小的份额给回应者。大量的实验证据同样推翻了这一预测（Oosterbeek et al., 2004)。提议者平均会提供 30% ~ 40% 的份额给对方，并且一个通常的方案是 40% 和50% 的分配，只有很少提议少于 10% 或多于 50%。对回应者来说，低于20% 的提议的通常会拒绝接受，而平分的提议则会非常愿意接受。

查尼斯和库恩（Charness and Kuhn, 2011)梳理的大量礼物交换实验则发现工资和努力水平高度显著的相关性，支持在礼物交换博弈中存在偏离理性自利动机的较强的积极互惠。类似地，约翰逊和米斯林（Johnson and Mislin, 2011)基于 25 个国家进行的 162 个信任博弈实验的荟萃分析发现委托人平均送出 50% 的禀赋给受托人而受托人则平均返还 37% 的可返还额度，这同样支持极强互惠的存在。在公共物品实验中，同样发现参加者广泛地偏离理性自利行为和表现出互惠合作的倾向性（见 Ledyard, 1995;Chaudhuri, 2011)。

## 1.2.2　合作的决定因素与合作促进机制探索

现有实验研究对影响社会困境中合作水平的因素进行了广泛探索，发现的重要因素包括群组规模（group size），参与者异质性、贴现率、性别、边际投入回报率、临界值等（Ledyard，1995）。获得诺贝尔经济学奖的政治学家奥斯特罗姆（Ostrom）长期致力于公共资源的治理问题，对解决社会困境特别是公地的悲剧问题提出了一系列的解决方案，强调在小规模群体的层面的惩罚和奖励、监督、交流和冲突解决等机制的安排（见 Ostrom，2010）。

公共物品实验是研究合作问题的主要实验形式。在最基本的线性连续公共物品实验中，在一次性的博弈中一组 n 个实验参与者被告知他们每人可以得到一个初始的禀赋 W，之后每人须决定将禀赋的一部分 C（0≤C≤W）贡献给一个公共账户。所以没有贡献的部分作为个人账户为参与者本人保留，而贡献给公共账户的资金则在扩大 k（1＜k＜n）倍后平均分配给所有参与者。参与者贡献的决策是在匿名无交流的情况下同时做出的，最后的个人收益是保留的个人账户与来自公共账户分配金额的加总。在这一实验背景下，不论其他人的决策是怎样的，单个人的占优策略总是零贡献，即保留所有的初始禀赋在个人账户，这便是一个典型的社会困境。

以公共物品实验为基础，大量经济学实验考察了广泛地提高合作水平的机制，莱迪亚德（Ledyard，1995）对早期文献的综述揭示了一系列可以提高合作的因素包括：交流，引入临界值，高的边际投入回报率，以及性别、群组规模等。乔杜里（Chaudhuri，2011）在莱迪亚德（1995）的基础上对公共物品实验中的三方面重要因素进行了系统梳理：一是条件合作行为；二是有成本的货币惩罚的作用；三是其他非货币惩罚机制。

菲斯巴赫等（Fischbacher et al.，2001）首次以实验发现大约50%的实验参加者是有条件的合作者，即"对公共物品的贡献与关于其他人贡献额的信念呈正比例"。进一步的大量实验表明有条件合作行为是一种广泛存在于人群的稳定偏好类型，并在不同文化群体和不同引导方式中表现出稳健性（见 Burlando and Guala，2005；Fischbacher and Gächter，2009，2010；Kurzban and Houser，2005）。对于有条件合作行为的动机，则可以在不平等厌恶（Fehr and Schmidt，1999；Bolton and Ockenfels，2000）和基于意图的互惠（Rabin，1993；Dufwenberg and Kirchsteiger；2004；Falk and Fischbacher，2006）理论中得到解释。

山岸（Yamagishi，1986，1988）和奥斯特罗姆等（Ostrom et al.，1992）探讨了惩罚对维持社会困境中合作的重要作用。费尔和加赫特（Fehr and Gächter，2000）以实验研究了公共物品供给中有成本惩罚的作用。实验参加者进行每组 4 人 20 个轮次的公共物品实验，并在前 10 轮中没有任何惩罚机制，在后 10 轮中则引入惩罚。后 10 轮有惩罚的实验决策分为两个阶段，第一阶段进行经典的线性公共物品实验，在观察到所有参加者的贡献额后，在第二阶段参加者可以选择是否对其他成员进行惩罚。每 1 个惩罚点数使被惩罚者的收益降低 10%（意味着超过 10 点的惩罚使被惩罚者收益降为 0），同时惩罚者的成本也随惩罚点数的增加而增加。

实验还分别以固定搭档（partners）和陌生搭档（strangers）的不同机制进行。结果在整个实验中，无惩罚的平均贡献额是 19% 而有惩罚情况下的平均贡献额是 58%，并且随实验轮次增加，在无惩罚情况下的贡献额逐渐下降，而有惩罚情况下的贡献额随轮次稳步上升。惩罚机制可以维持合作的原因来自大量的个体确实愿意付出成本进行惩罚，如在费尔和加赫特（Fehr and Gächter，2002）实验中超过 80% 的参加者都至少进行了一次惩罚。自愿惩罚机制在实验中表现出显著的提高合作水平的作用。

进一步地，纪尔克等（Gürerk et al.，2006）分析了在参加者可以自由选择是进入一种无惩罚的实验环境还是进入惩罚性的制度环境下的合作行为。在实验的第一阶段，参加者选择进入以上两种环境（惩罚或无惩罚）中的一种，在第二阶段进行公共物品实验。对于选择惩罚环境的参加者在第二阶段后进行第三阶段，这时可以对其他成员进行有成本的奖励或惩罚。进行奖励时奖励者每付出 1 点被奖励者得到 1 点，进行惩罚时则惩罚者每付出 1 点被惩罚者损失 3 点。实验重复进行 30 个轮次并在每轮重新分配实验搭档，每轮实验后得到本轮收益的信息。结果在第一阶段中，大部分的参加者（63%）选择进入无惩罚的制度环境，并且第一轮次在惩罚制度中的贡献额显著高于无惩罚制度。随着轮次进行，惩罚制度逐渐成为占优的制度并最终全部参加者都选择了惩罚制度并在惩罚制度中维持极高的合作水平。

以上惩罚机制发挥作用的重要机制可能来自实验的重复动态特征，即基于对未来收益的考虑进行惩罚。那么在一次性的合作博弈中惩罚是否仍然发挥作用？加赫特和赫尔曼（Gächter and Herrmann，2009）以及库比特、德鲁维利斯和加赫特（Cubitt，Drouvelis and Gächter，2011）发现即使在严格的一次性博弈中惩罚仍然存在并发挥威慑作用。加赫特等（Gächter et al.，2008）则发现，给定足够长的时间范围，惩罚的威胁本身足以维持合作，而并不需要实际的惩罚执行。

进一步地，惩罚实施的成本收益问题也被发现是实现惩罚效力的重要方面（Nikiforakis and Normann，2008；Egas and Riedl；2008），一般而言，在同样的成本下，惩罚的效果越重，综合的效果越好。另外，在允许被惩罚的搭便车者进行反向惩罚的情况下，合作者的惩罚意愿会降低（Nikiforakis，2008）。自然中的惩罚经常表现为非正当（perverse）或反社会（anti-social）的，即搭便车者往往惩罚合作者。赫尔曼（2008）在 16 个不同地区的跨文化研究提供了反社会惩罚的更充分证据，并且表明反社会惩罚在法治弱化，缺乏合作的社会规范的社会更为普遍。如果只允许亲社会的惩罚存在，可以起到促进合作的作用，然而如果同时允许反社会惩罚的使用，则净的效果可能是对合作有害的，反社会惩罚的负面影响更为突出（Denant-Boemont et al.，2007）。

马斯克莱特等（Masclet et al.，2003）的开创性研究证实非货币的惩罚，如负面评价的表达也可以促进合作。通过对货币惩罚和非货币惩罚的对比，研究者发现两者在初期对合作有类似的促进作用，但是随时间推移，货币惩罚比非货币惩罚具有更强的效果。另外，研究发现非货币惩罚在固定搭档的实验局中比陌生搭档的实验局中效果更好。辛亚布古玛等（Cinyabuguma et al.，2006）则允许群组成员以多数投票的方式对搭便车者进行驱逐，这种惩罚形式在实验中尽管很少实际发生，但是有效地提高了平均的公共物品贡献水平和最终收益。

其他的非惩罚机制也可能起到重要作用。早在道斯等（Dawes et al.，1977）以及艾萨克和沃克（Isaac and Walker，1988b）等研究即发现交流可以促进合作。博凯特等（Bochet et al.，2006）深入考察了三种形式的交流：面对面交流、网上聊天室交流，以及只有数字的空口白话谈判交流（cheap talk）。乔杜里等（Chaudhuri et al.，2006）则考察了另一种特定形式的交流：允许实验参加者传递建议，以此刻画代际的合作社会规范的传递。另外，群体分类对合作的影响也得到了研究者的兴趣，分类则可以是外生的（Gunnthorsdottir et al.，2007；Gächter and Thöni，2005）或内生的（Page et al.，2005；Charness and Yang，2014）。

更广泛地影响群体合作水平的具体机制设计对于现实世界的应用更为重要，也逐渐得到深入的考察。如豪瑟（Hauser et al.，2014）在代际公共物品博弈（intergenerational goods game）的实验中，一组决策者可以选择攫取一种可再生的资源到耗尽而实验自身的收益最大化或者留下一部分资源给下一组成员。发现当获取资源的决策是个体做出的情况下资源几乎总是被损毁，而当决策是由集体共同民主投票方式做出的情况下，资源则可以得到持续的利用。集体民主决策的机制使得占大多数的合作者可以阻止背叛者的贪婪，这一发现便具有重要的政策意义。

### 1.2.3 总结与简评

行为和实验经济学对合作问题研究的贡献主要来自两个方面：一是大量实验证据表明实验参加者对理性自利偏好的背离，大量社会困境问题并非如经典假设那么悲观，人类具有内在和合作倾向性使得社会困境存在合作解的可能性；二是大量实验设计来对广泛的合作决定因素和机制安排进行考察，使我们对社会困境的认识更加全面和深入。目前的实验研究主要是围绕公共物品博弈来进行的，然而公共物品供给机制只是现实中一种形式的社会困境，如与犯罪、腐败、环境污染等问题具有显著不同，因而以其他博弈机制开展相应的实验研究是未来需重点发展的方面。

## 1.3 心理学对人类合作问题的研究

心理学对合作行为的研究主要集中于社会心理学领域。在社会困境问题中，心理学需要解释的重要问题是人类作出亲社会行为的认知过程是怎样的？即人类具有什么样的心理认知过程，才得以使人类能够表现出亲社会行为，从而克服社会困境。另外，心理学与经济学研究的显著不同在于，经济学往往假设人是同质的，考察不同的激励对行为的影响，而心理学则通常假设人本身特征的差异性，考察不同的人格特征如何影响行为的结果。

### 1.3.1 基本理论框架

心理学中关于社会困境的早期著名理论称作相互依赖理论（interdependence theory）（Kelley and Thibaut, 1978; Kelley et al., 2003; Van Lange and Rusbult, 2012），该理论假设一个相互依赖的决策互动是三方面的组合：

相互依赖的结构（如囚徒困境的结构）、相互依赖的参与者（如角色 A 和角色 B）和动态的互动（如使用针锋相对的策略）。该理论对社会困境中合作行为的解释重点在于一个"转换"（transformations）过程。或者出于对他人福利的关切（社会关注），或者出于对自身行为的长期后果的关切（时间关注），合作需要决策者将直觉水平的自利偏好转换到对群体利益的偏好。

早期的理论主要强调"社会转换"，即亲社会倾向和自利倾向的转换，将转换理解为人类对自我、他人以及平等的结果在个人效用中所赋予的权重（Van Lange，1999）。在此假设下，除了自利动机，利他、集体主义、平等主义等重要的行为动机可能会构成合作的基础（Van Lange et al.，2007）。最近一些的发展则强调"时间转换"，即未来导向或对未来后果的关心与现时利益的权衡（Joireman，2005；Kelley et al.，2003；Van Lange and Joireman，2008）。在此背景下，社会困境问题面临的调整来自自我控制的能力和意愿，即个人为了长期利益放弃短期利益的决策（如 Joireman et al.，2008），这时影响自控能力或对未来关注程度的个人特征或背景情况就会影响到合作水平（如 Insko et al.，1998；Joireman et al.，2008；Van Lange et al.，2011）。另外，一些最近的理论也开始强调认知（cognitive）或情感（affective）转换（如同情，Van Lange，2008）。

在转换过程中，决策者将决策时面临的客观支付的给定矩阵（given matrix）转换为一个主观支付的效果矩阵（effective matrix）。给定矩阵即是传统博弈中实际的支付矩阵，而效果矩阵是决策者考虑了广泛的社会和时间关注后生产的主观价值评判，如对他人利益的考虑，对长期结果的考虑等。具体的转换实例参见下文关注三种社会价值倾向者在囚徒困境博弈中的不同支付转换。

另一派关于社会困境的理论则是韦伯等（Weber et al.，2004）的"适当性框架"（appropriateness framework）。该框架假设决策受到三方面因素的驱动：对环境的意识（如这是否是一个合作的任务？）；身份（如我是否强烈认同所在的群体）；以及决策规则或启发式（heuristics）的应用（如己所不欲，勿施于人）。这三个方面回答了"在这种情况像我这样的人应该怎么做"，可见该理论强调社会规范、身份和决策启发式的重要影响。

### 1.3.2　影响合作水平的心理因素

（1）社会价值取向。

在社会心理学的研究中一直认为人与人之间在合作的倾向性上存在差

异，并发展出一种稳定的人格特质来描述人们在自我与社会偏好之间权重程度的差异，即社会价值取向（social value orientation，SVO）（Messick and McClintock，1968；Van Lange，1999）。根据社会价值取向的差异，心理学中一般将人划分为三种类型：具有亲社会倾向者（prosocials）、利己倾向者（individualists）和竞争倾向者（competitors）。亲社会者偏好最大社会收益和平等的分配结果，利己主义者偏好最大化的个人收益，竞争倾向者则偏好个人收益高于他人收益。亲社会者是有条件的合作者，即在他人合作的条件下合作；而利己主义者是工具性的合作者（instrumental co-operators），即当合作是有利的选择时才合作，如在针锋相对的情况下合作；而竞争倾向者是一致性的非合作者。大量研究表明具有亲社会价值倾向的个体在社会困境中具有内在的合作意愿（见 Bogaert et al.，2008）。亲社会倾向者在真实世界也被广泛证实更加愿意捐款和帮助穷人、从事环境友好行为，偏好公共交通、善于协作以及被认为是合作的（见 Van Lange et al.，2013）。

社会价值取向的一体化模型（integrative model of SVO）（Van Lange，1999）认为 SVO 反映了决策者对自身利益和他人利益所赋予的不同权重，因此亲社会倾向者相比偏利己倾向者具有进行合作更强的社会责任感。图 1-5 展示了三种不同社会价值取向者对一个经典的囚徒困境博弈的转换过程。图 1-5 中带下画线的数字显示为决策者的占优策略对应的支付，可见在囚徒困境中经过价值转换后亲社会倾向者的占优策略是合作，而利己倾向者和竞争倾向者的占优策略都是背叛。

另外，针对社会价值取向不同导致合作行为差异的心理解释还出现了"目标界定的合理性原则"（goal prescribes rationality principle）（Van Lange and Liebrand，1991），"功利与道德假设"（might vs. morality hypothesis）（Liebrand et al.，1986），以及"目标界定的道德和功利原则"（goal pre-scribes morality and power principles）（Joireman et al.，2003）等解释。这些理论分别认为亲社会倾向者视合作为理性行为从而合作，利己倾向者视非合作为理性行为从而不合作；亲社会倾向者通过道德视角来看待合作从而合作，利己倾向者通过功利视角来看待合作从而不合作；亲社会倾向者以社会总体利益来定义道德和功利，而利己倾向者以个人利益来定义道德和功利，竞争倾向者则以相对利益来定义道德和功利。

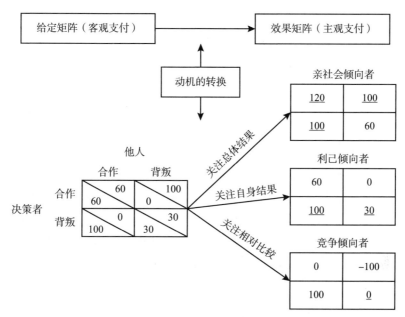

**图1-5 囚徒困境博弈中三种社会价值倾向者的不同支付转换**

资料来源：Parks，C. D.，Joireman，J.，& Van Lange，P. A.，2013，"Cooperation，trust，and antagonism how public goods are promoted"，*Psychological Science in the Public Interest*，14（3），119-165.

（2）未来偏好倾向与自我控制。

另一种重要的影响合作的心理倾向是个体对未来的重视程度，即对短期的利益与长期的利益的权衡考虑。由于短期利益与长期利益的冲突是许多社会困境的重要体现，这种心理倾向就可能直接影响个体的决策行为。许多实验研究表明较为重视长期利益的个体比相对轻视长期利益的个体在实验室的社会困境（Kortenkamp and Moore，2006）以及现实社会的困境问题如公共交通（Joireman et al.，2004）中更愿意合作。在短期利益与长期利益的权衡决策中，自我控制的能力至关重要，自我控制意味着抑制自身面临短期较小利益的诱惑而去追求长期的最大化利益，从而合作在一定程度上成为一个自我控制问题（Dewitte and De Cremer，2001；Joireman et al.，2004）。

（3）信任。

另一项影响社会困境中合作行为的重要心理倾向就是信任，即对他人是否诚信可靠的信念。社会困境中信任的早期研究发现具有高信任倾向的个体比起低信任倾向者在社会困境中更可能进行合作（Yamagishi，1986）。进一步的研究表明不信任他人者并非一定是在动机上"非合作的"，而是简单认为他人不会合作，从而担心自身的合作被破坏。当给予惩罚非合作者的惩罚机制时，低信任者则实际表现得非常"合作"（Yamagishi，2011）。山岸（2011）再进一步发现信任在决策者缺乏他人意图或行为的信息时更为重要，也就是当决策者在面对相对不确定的环境时需要信任来增强合作的信心。另外，信任在自身利益与他人利益存在较强冲突的情况下更为重要（Balliet and Van Lange，2013）。

（4）其他个性特征。

在一些研究中还发现一些个性特征差异对合作行为具有影响。具有低自恋（narcissism）倾向（Campbell et al.，2005）、低嫉妒倾向（Parks et al.，2002）、低外向型和高亲和度（Koole et al.，2001）、高内向型（Sheldon and McGregor，2000）、高度追求刺激和自我监督（Boone et al.，1999）、具有高群体归属需求（De Cremer and Leonardelli，2003）的个体在社会困境中的合作水平更高。

### 1.3.3　影响合作水平的决策特征

（1）决策框架。

决策框架对行为的影响早已得到大量心理学实验的证明。在社会困境中，当决策环境被描述为一个经营决策时相比被描述为一个伦理决策（ethical decision）（Tenbrunsel and Messick，1999）或社会决策（Liberman et al.，2004；Pillutla and Chen；1999）时合作水平相低。即当强调决策的获利方面会导致决策者更加自私而低合作，强调决策的贡献方面时则促进人们的合作。将社会困境描述为公共物品的框架或公共资源问题（commons）的框架同样会影响合作，德·德勒和麦库斯克（De Dreu and McCusker，1997）将之与决策者的社会价值取向相联系，表明亲社会倾向者在"给"框架中相比"取"框架情形中合作水平更高，而利己倾向者在"取"框架中相对合作水平较高。

（2）禀赋特征。

个人对他们初始禀赋的看法会影响其在合作中的贡献决策。在公共物品情形中，当个人认为其初始禀赋是通过个人努力挣来的物品，会不太乐意投入公共物品中（Muehlbacher and Kirchler，2009）或遵从平均的分配规则（Van Dijk and Wilke，1994）。另外发现，在公共资源博弈中，当将初始的资源通过框架安排描述为共有财产时比描述为私人财产时的合作水平相对较高。

（3）启动效应与决策启发式。

在心理学实验中常常使用启动效应（priming）来考察身份等对参与者决策的影响。在社会困境中一个自然的问题是：是否可以通过微妙的提示或建议起到诱导个体参与合作的作用。乌茨（Utz，2004a）发现通过诱导参与者一种相互依赖的思维模式（interdependent mindset）可以有效地促进合作，而如果参与者本身具有亲社会倾向，则最好是诱导其自身的思维模式（self-mindset）以激活其固有的合作意愿（Utz，2004b）。另外，亲社会倾向者当被鼓励思考"精明"的行为时表现出合作的提高，而如此"精明"的启动效应则使利己倾向者更加自私（Utz et al.，2004）。

与启动效应类似，决策启发式（heuristics）也可以成为社会困境中行为的指引。平等的启发式收到了较多的关注，这意味着在公共资源问题中人们聚焦于使所有人得到同等量的资源（Allison et al.，1992），而在公共物品中意味着每个人给出同等额度的贡献（Stouten et al.，2005a）。

（4）情感情绪因素。

巴特森（Batson，2014）认为，人们帮助他人仅仅是出于纯粹的好心，并认为利他行为的根本动力来自移情作用（empathy），当我们对某人的感觉感同身受，就会努力去帮助对方，这一理论被称为移情—利他假说。

积极的情绪并不一定带来合作行为。积极的情绪可能导致人们更多地关注强调自利的内在自我状态，而负面的情绪可能导致更关注可以提高合作的外部行为（Tan and Forgas，2010）。研究发现对于过去在社会困境中自我感觉行为糟糕的个体会在后期的困境博弈中更加合作，即使在两次之间存在较长的时间间断（Ketelaar and Au，2003）。进一步地，实验发现合作行为可以由一系列的负面情绪所引发，这些情绪包括嫉妒（Parks et al.，2002）、内疚（Nelissen et al.，2007）、羞愧（De Hooge et al.，2008）、后悔（Martinez et al.，2011）、生气和失望（Wubben et al.，2009）。深入的研究还发现合作行为与搭档的情绪相关联，如发现当搭档不存在报复的可能时，人们在搭档高兴的情况下更倾向合作；而当搭档存在报复可能时，人们在搭档生气的情况更倾向合作（Van Dijk et al.，2008）。另外，不同社会倾向者的情感情绪也会呈现不同，如合作者更可能在讨论事情时保持微笑，谢莉等（Shelley et al.，2010）发现根据非语言行为就可以对人的社会倾向性进行划分。

在社会价值、信任和未来偏好上的个性特征差异以及框架效应、启动效应、启发式和情感情绪等机制有助于理解在社会困境中决策的心理机制。这些效应可以帮助我们理解在面临社会困境下真实的人类决策中都存在哪些具体机制，从而有助于我们发现具有效率的合作促进机制。

## 1.3.4 影响合作水平的环境变量与结构影响

由于众多的因素都可以影响社会困境中的合作水平，这些因素也在演化论、经济学实验等学科中进行了广泛探讨，为节约篇幅，表 1－2 在帕克斯等（Parks et al.，2013）和范兰格等（Van Lange et al.，2013）综述的基础上整理，简要概括了心理学对相关问题的研究。可以看出，心理学与经济学关注的问题非常类似，往往就同一问题采用不同的研究视角和研究方法进行分析。比如群体规模均作为影响合作水平的重要的环境变量受到重视。在下文的应用研究中我们也将考察群体规模在公害品的合作困境中的重要角色。还可以发现，交流和奖惩机制作为重要的合作促进机制也得到了心理学研究的重视。社会规范、身份等因素的考察同样与行为经济学的思路非常接近，而对不确定性和噪声的考察则具有较强的心理学研究特色。总体而言，心理学考察的这些影响合作的变量均值得仔细考察，以适当应用于对具体问题的分析中。

表 1－2　　　　　　　　　影响合作水平的环境与结构变量

| 特征变量 | 影响 | 文献 |
| --- | --- | --- |
| 群体规模 | 群体规模越大，合作水平越低 | 布鲁尔和克莱默（Brewer and Kramer，1986）、汗博格等（Hamburger et al.，1975）、科摩里塔和拉普沃斯（Komorita and Lapworth，1982） |
| 交流 | 交流促进合作 | 科摩里塔和帕克斯（Komorita and Parks，1994）、巴利耶（Balliet，2010） |
| 社会规范（norms） | 当存在合作的社会规范时，个体倾向合作，特别是自身与规范的群体类似时 | 比基耶里（Bicchieri，2002）、克雷西达和金默尔（Cress and Kimmerle，2007）、帕克斯等（Parks et al.，2001） |
| 不确定性 | 不确定性破坏有效的协调，导致人们对自愿者状况过度乐观，以及正义化非合作行为 | 布德斯库等（Budescu et al.，1990）、德夸德斯特尼特等（De Kwaadsteniet et al.，2006）、范迪克等（Van Dijk et al.，2009） |

续表

| 特征变量 | 影响 | 文献 |
|---|---|---|
| 噪声（noise） | 噪声表现为意愿合作与实际合作的差异，消极的噪声会降低合作并影响后续无噪声环境的合作 | 范兰格等（Van Lange et al.，2002）、布鲁克斯和范兰格（Brucks and Van Lange，2007，2008） |
| 奖惩激励 | 奖励合作和惩罚背叛可以促进合作 | 巴利耶等（Balliet et al.，2011） |
| 驱逐威胁（ostracism） | 存在被驱逐出群体的可能时合作水平得以提高 | 克尔等（Kerr et al.，2009） |
| 身份角色 | 领导者与追随者在群体合作中扮演不同角色 | 德克雷默和范迪克（De Cremer and Van Dijk，2008）、斯托滕等（Stouten et al.，2005b）、范戴克和德克雷默（Van Dijk and De Cremer，2006） |
| 竞争群体 | 当存在与其他群体的竞争时，群体内的合作水平提高 | 博恩斯坦等（Bornstein et al.，1989）、冈索斯多蒂尔和拉波波特（Gunnthorsdottir and Rapoport，2006）、范武格特等（Van Vugt et al.，2007） |

## 1.3.5　社会合作的认知过程

心理学和相关学科的一项重要的最新进展是开始研究支撑合作的基本认知过程，即合作的决策究竟是如何作出的？一种方法是认为合作决策是基于一个双系统的认知框架（dual-process cognitive framework）（Zaki and Mitchell，2013；Rand et al.，2012），即将决策作为来自直觉（intuition）和慎思（deliberation）相互作用的结果。直觉系统的特征是快速、自动化、低努力成本和情绪化，而慎思系统（reflective processes）则表现为慢速、更控制化、高努力和慎重。

将此双系统应用于合作场景时面临的问题则是：当面临社会困境时，是自觉的反应更自私还是慎思的结果更自私？对此，兰德等（Rand et al.，2012）发现决策时的时间压力带来积极的合作效果，而廷霍格等（Tinghög et al.，2013）则没有发现存在显著效果。为此，兰德等（Rand et al.，2014）提出了社会启发式假设理论（social heuristics hypothesis）以在理论上解释直觉和合作的关系。这一假设认为在日常生活中成功的策略被自动化为人的直觉，而慎思则使个体在决策环境中向自利最大化的策略进行调整。因为合作是在日常的生活中通常是有利的策略选择，所以在一次性匿名的社会困境博弈中，背叛是对个体最优的策略选择，基于直觉的反应比起慎思的结果就更加倾向于合作。

对合作决策认知过程的深刻认识还来自神经科学与心理学实验或经济学实验结合的大量最新进展，这些研究帮助我们理解人类在进行社会决策的过程中以大脑为中心的神经系统以及相关的神经化学物质是如何运作的。

# 1.4 神经科学对人类合作问题的研究

神经科学可以帮助研究决策的认知神经基础和神经生物基础。神经科学与心理学和经济学中决策理论与实验方法的结合诞生了一门新兴的交叉科学——神经经济学。神经经济学的研究扩展了涉及人类在社会困境决策中重要的信任、互惠、利他、公平、惩罚、情感情绪等的大脑神经过程。神经科学对人类合作问题研究的贡献集中体现在对社会决策过程的认识（Sanfey，2007；Rilling and Sanfey，2011）。

## 1.4.1 神经科学的研究工具

在神经经济学中，很基本的一种研究方法是在经济学实验中同时对决策者的大脑活动进行监测。根据里林和桑菲（Rilling and Sanfey，2011），功能性神经成像（functional neuroimaging）是最重要的研究工具，功能性磁共振成像（functional magnetic resonance imaging，fMRI）是目前在神经决策研究中最普遍的方法，即在被试进行决策的过程中同时使用磁共振成像扫描被试大脑区域的血流量。该方法具有低成本、低创伤、便于时间和空间安排等优点。除了 fMRI，常用的测量技术还包括脑电图（electroencephalography，EEG）、脑磁图（magnetoencephalography，MEG）和正电子成像技术（positron emission tomography，PET）等。

其次，则是直接地对大脑进行实验性的干预来具体研究大脑的作用机制，最基本的方式则包括大脑刺激技术（Brain Stimulation）和研究脑损伤（brain lesions）的技术。目前最流行的两种刺激大脑的技术是经颅磁刺激（transcranial magnetic stimulation，TMS）和经颅直流电刺激（transcranial direct current stimulation，tDCS），这两种技术可以在无创伤的情况下对正常人的大脑特定区域产生刺激，从而产生对神经活动的干涉。对神经脑损伤病人的研究也被大量使用，如对腹正中前额皮质（vmPFC）损伤病人的研究得到关于社会决策的大量成果（Beer et al.，2003；Mah et al.，2004）。

药物控制（pharmacologic manipulations）方法可以用来了解人类决策的神经化学机理，如以血清素为代表的单胺类物质，以催产素为代表的神经肽物质，以及以睾酮为代表的甾类激素类物质被实验中大量使用来研究对人类决策行为的影响，并可同时结合正电子成像技术（PET）对这些物质的影响进行成像监控。另外，遗传基因的关联研究（如 Knafo et al.，2008），精神病人的病态决策行为研究，以及对灵长类动物的病变和单细胞记录研究（如 Kable and Glimcher，2009）等也都被用于认识人类的社会决策机制。

## 1.4.2　神经科学对人脑社会决策的基本认识

互惠、利他、信任、惩罚、公平感、情感情绪，以及对社会规范的遵从等行为是构成人类合作和避免社会困境的基础，神经科学对这些人类行为决策基础的认识，是帮助我们认识人类合作的演化与维持的重要基础科学证据。根据大量神经科学研究的可靠证据表明，人类的亲社会合作行为（或说社会决策行为、社会偏好）是由大脑特定区域做出的。这些区域主要包括纹状体（striatum）、腹正中前额皮质（ventromedial prefrontal cortex，vmPFC）、背外侧前额叶皮层（Dorsolateral Prefrontal Cortex，dlPFC）、脑岛（insula）、the anterior cingulated cortex（ACC）、前扣带皮层（anterior cingulate cortex，ACC）、杏仁核（amygdala）以及颞顶交界区（temporoparietal junction，TPJ），这些区域在大脑的位置以及在社会决策中作用如图 1-6 所示。

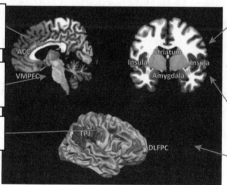

**图 1-6　涉及亲社会行为决策的大脑区域及主要功能**

资料来源：根据 Glimcher，P. W.，& Fehr，E.（Eds.），2013，Neuroeconomics：Decision making and the brain，Academic Press；Rilling，J. K.，& Sanfey，A. G.，2011，"The neuroscience of social decision - making"，*Annual Review of Psychology*，62，23-48 整理所得。

（1）奖赏的神经基础。

根据基础的神经过程，个体的决策过程是由享乐动机（hedonic motivation）驱动的，人类之所以表现出互惠和惩罚等合作行为，可能源自个体在相互合作中获得的效用超过背叛行为（Fehr and Camerer，2007）。自然的问题是人体大脑是否存在这种奖励合作和惩罚非合作的神经机制？基础的神经科学研究认为，人类大脑使用一套通用奖励标准（common-reward metric），以此来在不同的情况的奖励中作出选择，大脑的背侧纹状体（Striatum）包括尾核（caudate nucleus，CAU），与壳核（putamen，PUT）的神经回路则是人类及灵长类动物的一个与激励相关的关键部位（O'Doherty，2004；Knutson and Cooper，2005）。

另外，前额叶皮层（prefrontal cortex）是大量涉及社会决策神经研究的重点区域，腹正中前额皮质（vmPFC）也是一块与奖赏相关的区域，并且涉及合作中短期利益和长期利益的权衡，个人回报与他人回报的评价以及情绪管理等（Damasio，1994）。许多研究是围绕 vmPFC 受损病人展开。如贝查拉和达马西奥（Bechara and Damasio，2005）发现 vmPFC 创伤病人会比较缺乏远见。科尼格斯和特兰尔（Koenigs and Tranel，2007）发现 vmPFC 受损病人比控制组被试更倾向于在最后通牒实验中拒绝不公平的分配提议。但是当 vmPFC 受损病人要求给出一个最低的接受额度时，他们的行为表现与控制组并没有不同（Krajbich et al.，2009），另外他们在独裁者实验中几乎不分配钱给对方，在信任博弈中很少回馈信任，并且在最后通牒实验中通过给出的提议额低于自己给出的意愿接受额（Krajbich et al.，2009）。基于此，有理由认为人脑纹状体和 vmPFC 在奖励合作决策中可能处于中心地位，神经成像扫描的研究进一步证实了这一判断。

里林等（Rilling et al.，2002）发现，尽管在这两种情形下其货币收益是相同的，被试在与人类对手在互惠合作时可以比他与电脑对手合作时获得更高程度的纹状体激活。而非互惠的合作则对应纹状体区域的活跃下降，这表明人类在互惠合作行为得到了奖励。另外，金—卡萨斯等（King–Casas et al.，2005）在重复信任实验中发现受托人在进行善意互惠（benevolent reciprocity）和恶意互惠（malevolent reciprocity）时只有尾核的活跃度存在明显差异，并且尾核活跃程度与之后的返还比例是相关的，表明该区域的活跃可以通过立刻的奖励互惠合作和作为反馈的学习信号两个机制有效的促进合作。

但这个建立在重复博弈之上的实验可能会混同其他影响因素，从而影响结果的可信性，因此，里林等（Rilling et al.，2004）进行了关于一次序贯社会困境博弈的实验，实验结果再一次表明，与计算机对手情况相比，被试与人类对手的合作可以产生更高的纹状体激活，此外还发现，被试与人类对手合作也产生了一个比在个体决策任务中获得同样金额货币更高的激活。辛格等（Singer et al.，2004）完成了一个更深层次的实验，他们发现，仅仅看到以前合作的个体的脸就可以激活激励相关脑区，这揭示了合作行为的特殊效用品质。这个结果意味着人们可以从与合作的人们的相互交往中获得更大的效用，这不仅是因为他们在这些互动中可以获得更多的金钱，而是因为这些互动本身就具有奖励作用。

在对利他行为的研究中，莫尔等（Moll et al.，2006）发现在慈善捐赠中捐赠和收到捐赠都与纹状体区域相关，哈博等（Harbaugh et al.，2007）发现收到钱和看到别人进行慈善捐赠都伴随纹状体区域的活跃，而当慈善捐赠是自愿而不是强制的时活跃度会更高。基于间接互惠理论，利他行为的一个动机在于向别人传递声誉信号，那么利他行为在被他人可观测的情况下应该会得到内在奖赏。伊卓玛等（Izuma et al.，2010）的捐赠实验发现在捐赠行为被观测情况下有略微有多捐赠的倾向，并且左腹侧侧纹状体在被观测下捐赠时的活跃度增强。

不仅积极的合作存在神经奖赏机制，李健等（Li et al.，2009）发现被信任本身也可能存在内在的奖赏。他们在信任博弈中研究受托人在了解委托人货币转移情况下的大脑反应，并设置了是否允许受托人可以威胁惩罚对方的两种机制，研究发现当受托人接收到不面临惩罚威胁的委托人转移来的钱时vmPFC区域的活跃度相比有惩罚威胁的情况要高，并且vmPFC的活跃程度可以预测受托人之后的返还数额。

（2）惩罚的神经基础。

人类神经细胞在合作行为中得到奖励，同时在面临背叛时也应有相应的神经活动机制。前岛叶皮质（anterior insular cortex）的活跃伴随着在合作中遭到背叛行为，这可能是作为对搭便车行为（Rilling et al.，2008）或更广泛的违法规范（Montague and Lohrenz，2007）行为的反感。

观察到背叛行为没有得到惩罚则是一件令人痛苦的事情。同时人们从惩罚背叛行为本身中也可以获得奖励的满足，即使惩罚本身会给惩罚者带来成本。如果这种奖赏惩罚的脑神经机制存在，则可以在合作演化中的利他性惩罚提供合理性的存在依据。德·奎尔文等（De Quervain et al.，2004）使用正电子发射成像技术（PET）在信任博弈的背景研究这一问题。

当委托人的投资没有得到受托人的互惠回报时，参与者可以对背叛者进行有成本的惩罚。实验发现惩罚行为伴随着尾状核区域的活跃度增加，并且在真实惩罚的情况活跃度高于惩罚仅仅是象征性的情形。

在另一项研究中（Singer et al., 2006），参与者首先进行一项序贯囚徒困境博弈，其搭档者可能是合作的或不合作的，然而在参与者自身或其搭档（合作的或不合作的）被电击（轻微疼痛）时使用 fMRI 扫描其大脑，结果只有男性表现出更高的对不合作搭档的报复动机，当观测到不合作者被电击时男性被试的左腹侧纹状体和伏核（nucleus accumbens）的活跃度增强，并且男性对惩罚反应的大脑奖赏区域活跃度与自我报告的对非合作者报复意愿是相关的，这与观察到对不合作者惩罚可以得到奖赏价值的观点是一致的。这两项研究表明利他性惩罚同样与大脑的奖赏系统存在较强的关联性。

第三方惩罚也是合作演化和经济学中大量研究的重要间接互惠行为。鲍姆加特纳等（Baumgartner et al., 2012）在两人进行囚徒困境博弈后，让被 fMRI 扫描大脑的第三方参与者选择是否对囚徒困境博弈中的一方进行惩罚，并且该实验的一个独特之处是第三方的惩罚者可能来自与囚徒困境博弈方相同的（组内）或不同的（组外）军事排。研究者发现第三方惩罚者在进行决策时更愿意惩罚组外的背叛者，并且相应伴随右侧 vmPFC 和右背侧纹状体的活跃度增强。这表明惩罚陌生人违反社会规范的内在奖赏高于要高于惩罚自己所属的群体的成员。

这些研究表明纹状体[1]和腹正中前额皮质（vmPFC）[2] 作为对内在激励进行奖赏的关键大脑区域，通过对自利行为和合作行为的内在回报进行权衡，从而在特定情况表现出可以带来内在奖赏的亲社会行为。

（3）社会情绪的神经基础：前脑岛与杏仁核。

除了对成本收益权衡的激励奖赏机制，情感情绪对社会决策行为同样

---

[1] 纹状体与社会决策关系的进一步证据，参见特里科米等（Tricomi et al., 2010），鲍尔特等（Bault et al., 2011），黑尔等（Hare et al., 2010），徐铭等（Hsu et al., 2008），张卢克等（Chang et al., 2011），鲍姆加特纳等（Baumgartner et al., 2012），弗利斯巴赫等（Fliessbach et al., 2007）和塔比尼亚等（Tabibnia et al., 2008）等。

[2] 对腹正中前额皮质（vmPFC）与社会决策关系的进一步证据，参见特里科米等（Tricomi et al., 2010），鲍尔特等（Bault et al., 2011），黑尔等（Hare et al., 2010），徐铭等（Hsu et al., 2008），张卢克等（Chang et al., 2011），鲍姆加特纳等（Baumgartner et al., 2012），塔比尼亚等（Tabibnia et al., 2008），鲍姆加特纳等（Baumgartner et al., 2011），以及扎基和米切尔（Zaki and Mitchell, 2011）等。

具有重要影响①，对这部分的理论和实证探讨详见第二部分。根据达尔格利什
（Dalgleish，2004），大量的脑区，包括与奖励相关的纹状体区域，以及位于中
脑和大脑皮层的腹正中前额皮质（vmPFC）、眶额叶皮层（orbitofrontal cor-
tex）、前扣带皮层（ACC），以及杏仁核和脑岛都与人类的情绪过程相关。

　　前脑岛主要涉及感知人的内脏（如心、肝、肠）状态并会对大量的负
面社会交往作出反应。前扣带皮层 ACC 的活动则常常是与脑岛结合在一起
的，两者合作作为互补的边缘感觉和动力区域（Craig，2009）。对前脑岛的
fMRI 研究显示在社会决策中，该区域会发现对于合宜的"公平"结果的潜
在或实际的偏离并提供指导对这些偏离的修正行为必要的信息。桑菲等
（2003）使用功能性磁共振成像对最后通牒游戏中不公平行为伴随的情绪反
应进行测量，发现随着分配提议的不公平程度增加，前脑岛和 ACC 区域的
活跃度增强，并且当被试的游戏对手是人类时比对手是电脑时该区域的活
跃度更强。进一步地，该大脑区域的活跃还预测了随后是接受还是拒绝提
议，拒绝行为比接受行为伴随更高的活跃度。

　　类似地，塔比尼亚等（Tabibnia et al.，2008）发现对于提议方不公平
的提议被拒绝时前脑岛的活跃度增加，而不公平的提议被接受时活跃度下
降。徐铭等（Hsu et al.，2008）发现面对潜在或真实的不平等时脑岛的活
跃与偏好更平等的分配结果是相关的。更多关于该区域对公平的反应见鲍
姆加特纳等（2009）、道斯等（2012）、扎基和米切尔（Zaki and Mitchell，
2011）、张卢克等（Chang et al.，2011）、居罗格鲁等（Güroğlu et al.，
2010，2011）、怀特等（Wright et al.，2011）等。

　　这些研究表明该区域（前脑岛和 ACC）对不公平的反应相对公平的反
应更强烈并且与降低不公平的努力相关。更广泛地，前脑岛区域的活跃还
被发现与遭到社会驱逐（Eisenberger et al.，2003）、看到喜爱的人遭受痛苦
（Singer et al.，2004）相关。由于前脑岛同时是对生理疼痛刺激作出反应的
区域，结合以上大量研究可以认为前脑岛主要的功能在于映射（mapping）
身体的生理状态如疼痛、触觉以及内脏的感觉（Craig，2002；Critchley；
2005）。功能性神经成像的研究发现前脑岛右侧主要从事厌恶性条件反应
（Seymour et al.，2004）。因此前脑岛在情绪过程中可能主要扮演厌恶情绪
的制造者角色，从而降低对背叛者的信任和互惠偏好。

---

①　如范特·沃特等（van't Wout et al.，2006）使用皮肤电反应（skin conductance responses）
作为情感状态的指标对最后通牒实验中的行为进行研究，发现不公平的分配提议引发更高的皮肤电
反应。

杏仁核（amygdala）也是处理情绪过程的重要区域并在社会决策中起到关键作用。杏仁核被发现在信任评价中发挥核心作用。杏仁核遭受创伤的病人被发现缺乏恰当地通过面向判断他人是否可信的能力（Adolphs et al.，1998），表现出对不值得信任行为较低的负反应（Koscik and Tranel，2011）。比卡特等（Bickart et al.，2011）认为杏仁核涉及对他人的情绪状态和意图作出评价和反应。温斯顿特等（Winstonet et al.，2002）的实验发现面对不值得信任的面孔，被试的杏仁核区域显著的活跃。在对公平反应的研究中则发现，公平的考虑（脑岛控制）并非唯一的决定社会行为的因素，不公平导致的由杏仁核控制的情绪反应机制也是导致后续惩罚等行为的重要机制（Haruno and Frith，2010；Gospic et al.，2011）。

（4）自我控制的神经基础：背外侧前额叶皮层。

背外侧前额叶皮层（DLPFC）则是涉及认知控制和自我控制的区域（Hare et al.，2009；MacDonald et al.，2000），在社会决策中，则会涉及通过认知努力控制个体克服自我利益的冲动来遵守社会规范或实现公平的结果。右侧的dlFPC在大量研究中发现与亲社会行为相关，如桑菲等（2003）的最后通牒实验中被发现当回应者面临不公平的提议时该区域被激活，张卢克等（2011）和范登博斯等（Van den Bos et al.，2009）的信任博弈实验中受托人（trustee）返还他们认为委托人（trustor）期望的数额时该区域也被激活。该区域还被发现当被试付出自我控制的努力来克服立刻的自我利益以避免因违反社会规范而被惩罚时，或者当作出对犯罪行为的惩罚时也被激活（Buckholtz et al.，2008；Spitzer et al.，2007）。

由于DLPFC处于大脑的表层，非常便于使用TMS和tDCS技术进行干涉研究，一组研究人员分别使用TMS（Knoch et al.，2006）和tDCS（Knoch et al.，2008）在阻断该区域的神经活动情况下发现在最后通牒实验中对不公平提议的拒绝率大幅下降。DLPFC对社会行为的控制可能主要是下调在vmPFC中自私冲动的权重从而对不公平行为作出回应（Baumgartner et al.，2011）。

在一项采用独特样本（meditators）的研究中，柯克等（Kirk et al.，2011）考察了认知与情绪的权衡在社会决策中与大脑活动的关联。研究者发现冥想者在最后通牒实验中显著的比控制组更容易接受极其不公平的提议额，而控制组的普通人在面对不公平提议时伴随更强的前脑岛活跃并表现较低的接受率，而在冥想者中则无此现象发生。相比最自私的控制组普通人和冥想者，控制组个体同时伴随提高的dlPFC活跃度，表明他们需要自我控制来接受不公平的提议。即冥想者更高水平的认知控制能力降低了由不公平引发的情趣反应带来的惩罚冲动，进一步证实情绪反应在惩罚等社会行为中的重要作用。

（5）心智理论的神经基础：颞顶交界区。

在人类的相互合作交往中，理解别人的心理状态和行为动机至关重要，在心理学中称这方面为心智理论（Theory of Mind，ToM），颞顶交界区（temporoparietal junction，TPJ）则是执行该功能的主要脑区（Decety and Lamm，2007；Frith and Frith，2007；Saxe and Kanwisher，2003；Van Over-walle，2009）。

森岛等（Morishima et al.，2012）在一个涉及优势不平等（advanta-geous inequality）和劣势不平等（disadvantageous inequality）两种情境的独裁者实验中发现扮演独裁者的被试在面对优势不平等时表现出更高的利他倾向。利用 fMRI 结合一种用来测度脑灰质量的技术，研究者发现在 TPJ 区的脑灰质量与在优势不平等中独裁者的慷慨行为高度相关，而在劣势不平等情境中则不存在该反应，并且 TPJ 的活跃度在被试选择自私和利他的转折点最接近时是最强的。

另外，TPJ 区域的活跃还被发现在捐赠决策中的捐赠意愿（Hare et al.，2010），在信任博弈中返回对方期望的份额（Chang et al.，2011）是相关的。古罗格鲁（Güroğlu et al.，2010）发现在最后通牒博弈实验中做出拒绝对应时，左侧颞顶交界区在面对提议者没有替代可选方案的情况下比起提议者有可选的公平替代方式情况下的活跃度要高，并且在无替代方案时该区域的高活跃度与较低的拒绝率一致。这表明回应者在决策时考虑了提议者的意图是否是善意的。TPJ 和 dlPFC 一起可能在面对社会结果或他人的意图难以评价时作出反应，这是进行更加深度的考虑（dlPFC 负责）和从他人的角度来看待问题（TPJ 负责）对于最后作出合宜的行为决策就非常必要。

## 1.4.3　神经化学物质对亲社会行为的调节

（1）血清素。

神经系统是由一系列的神经化学物质进行调节的。药物控制的研究表明血清素（serotonin）可能是神经奖赏机制的基本物质。谢伟树和邦德（Tse and Bond，2002）和伍德等（Wood et al.，2006）发现在重复博弈囚徒困境中，通过色氨酸耗竭（ATD，一种通过饮食调节使大脑中血清素量暂时快速下降的技术）导致的低血清素水平引起博弈中后行动者合作水平的下降，而通过选择性的血清素再吸收抑制剂（SSRI）提高血清素水平可以对合作产生积极影响。

由于在实验中血清素的下降可能同时伴随价值评判、情绪、感觉等的变化，区分其具体的影响机制需要更精巧的实验设计。克罗基特等（Crockett et al.，2008）通过在最后通牒博弈实验中通过变化提议分配额的绝对值和公平程度来区分色氨酸耗竭对被试物质利益和公平偏好的影响，结果发现色氨酸耗竭技术引起的血清素下降确实可以改变社会偏好，血清素下降的被试更倾向于拒绝不公平的分配提议，即他们更加愿意放弃个人的物质利益来降低不友善的对方的收益。进一步地，克罗基特等（2008）证实血清素的作用既不是通过影响情绪，也不是影响被试的公平感知，而是直接地影响社会偏好水平。

由于 vmPFC（腹正中前额皮质）是通过血清素调解的，所以血清素下降的效果有点类似 vmPFC 损伤，而向 vmPFC 的血清素激活则可能通过提高人们对合作长期利益的考虑而引起互惠行为（Wood et al.，2006）。另外，血清素也可能直接通过改变直接社会奖赏功能的纹状体获得来调解亲社会行为，克罗基特等（Crockett et al.，2013）在最后通牒实验中同时使用色氨酸耗竭技术和 fMRI 扫描技术检验了这一假设。研究者发现色氨酸耗竭提高了对不公平提议的拒绝率，同时神经扫描显示背侧纹状体的反应增强。这表明血清素也在管理大脑对社会价值的判断中发挥作用。

（2）催产素。

神经科学的研究还发现神经肽催产素（neuropeptide oxytocin，OT）可调解人类的大量社会行为过程（Bartz et al.，2011）。OT 可以降低男性的杏仁核活跃度（Baumgartner et al.，2008；Domes et al.，2007；Kirsch et al.，2005；Petrovic et al.，2008；Singer et al.，2008）而对女性不起作用（Domes et al.，2010）。

科斯菲尔德等（Kosfeld et al.，2005）通过在鼻内控制催产素在信任博弈中提高了委托人的投资份额（相比控制组提高17%），并进一步证实催生素对信任的影响不是通过单纯的提高风险偏好，而是通过人际交往提高了风险承担的意愿，支持催产素是一种亲社会行为的生物基础。

鲍姆加特纳等（2008）进一步通过 fMRI 神经扫描证实 OT 提高信任水平的同时确实抑制了杏仁核作用于评价对方是否值得信任（Adolphs et al.，2005）的活动。迪岑等（Ditzen et al.，2009）认为 OT 可能会在调解配偶双方的合作中发挥作用，如在配偶冲突中 OT 的提高会增加积极的沟通，从而推论人类非亲缘关系合作中催产素发挥一定的调解作用。

催产素还被发现可以降低背叛厌恶（De Dreu，2011），提高对背叛行为的宽容态度（Rilling et al.，2012）。但是 OT 对信任与合作的促进作用似乎是有条件的，最新的一项荟萃分析研究 OT 主要影响组内成员的信任水平，而对组外人的信任水平没有显著影响（Van Ijzendoorn and Bakermans-Kranenburg，2012），因为具体的社会环境在决定 OT 对社会行为影响中会发生关键作用（Bartz et al.，2011）。

（3）睾酮。

除了血清素和催产素，睾酮（Testosterone）这种主要雄性荷尔蒙也对社会行为决策具有重要的调节作用。研究发现睾酮水平与暴力犯罪（Dabbs，1997；Dabbs et al.，1995）以及竞争性水平（Mazur and Booth，1998）都高度相关。睾酮对亲社会行为影响可能是通过降低 vmPFC 区域的活跃来实现的（Mehta and Beer，2010）。从杏仁核到 vmPFC 的通路设计对他人负面情绪的感知和避免给他人带来沮丧，而睾酮可以破坏这一通路的功能（Van Wingen et al.，2010）从而使个体不能对他人的伤害作出考虑。

扎克等（Zak et al.，2009）发现提高男性的睾酮水平会显著降低最后通牒博弈中的慷慨程度，即睾酮对男性的亲社会影响是负面的。但是艾森格等（Eisenegger et al.，2010）发现在绝经前期的女性中，0.5 毫克的睾酮控制可以在最后通牒博弈中的提议者作出更加慷慨的分配提议，而回应者的行为则不受影响。类似地，范洪克等（Van Honk et al.，2012）使用女学生样本发现 0.5 毫克的睾酮可以提高公共物品博弈中的合作水平。这可能是由于女性的这类行为主要是由雌性激素调节的，睾酮则干扰雌性技术的作用。艾森格等（2010）和范洪克等（2012）等还从对社会地位的追求或对报复的信念判断等给出了行为解释。

血清素可以通过增强 vmPFC 的功能促进亲社会行为，如对合作的未来收益给予更高的重视，提高情绪管理能力，增强同情心等。睾酮则对 vmPFC 具有与血清素相反的作用。催产素通过降低男性杏仁核的活跃度促进信任水平，并且提高人的慷慨度和同情心。

## 1.5　总结与评价

由于社会困境与人类的合作问题是多学科面临的重大问题，本章对相关学科的主要贡献进行了分类论述，而实际上大量的研究成果都是来自跨学科的合作研究。由于该领域的研究仍在快速发展之中，产生的研究文献浩如烟海，笔者受精力所限，无法将所有的重要文献均作涉及，只能以一些主要的经典文献为主来展开分析。总的来讲，演化理论为我们提供了理解人类合作行为的终极动力来源，心理学理论则帮助我们理解人类行为的决策过程，经济学研究则更加关注促进合作的具体实现机制，神经科学则帮助我们理解人类决策的生理物质基础。我们需要一个打破学科界限的全局视野来认识社会困境和合作问题。

经济学实验中一般将参加者作为同质个体，研究处置效应，而心理学实验则注重人的类型划分。实际上在人群中，背叛者是少数，合作者是多数，而反社会者多具有非正常的心理特质。认识人类合作决策的现实基础，有助于为政策干预提供科学的理论指导。由于合作是人类的共同追求，对经济发展和健康社会的贡献意义重大，如何促进人类的合作精神便应当是一项重要政策目标。一方面，需要为合作者提供足够的社会激励和奖赏，如对见义勇为的奖励，使合作成为光荣而有好处的事情；另一方面，对违法犯罪等严重的背叛社会行为进行严厉的惩罚，从而起到反向的合作激励效果。心理学的研究告诉我们人格特质对行为的重要意义，这表明通过教育、感化等方式，以及构筑和谐的社会关系是防止反社会者出现的重要方面。

# 第2章 信念、效用与人类合作的行为动力*

## 2.1 引　言

认识人类的决策动机是理解人类合作行为的关键。按照传统经济学的分析框架，人类决策的根本动机来自对效用的追求，理性自利的经济人通过选择以达到自身效用的最大化。在此假设下，社会困境中的纳什均衡结果表现为集体背叛。纳什均衡的预测一方面无法对人类社会普遍的合作行为提供解释，另一方面也无法为解决社会困境中的非道德行为提供建设性的方案。

事实上，以理性自利为核心的决策效用论不过是新古典经济学对人类决策的"简化"。在休谟、边沁、密尔甚至亚当·斯密本人等这些重要思想家的关于效用的论著中，对人类的动机、意图、性情、美德、意志、习惯、情感等众多方面进行了深入探讨，并将之与道德、正义和自由等联系在一起（Rosen，2005）。随着新古典效用革命通过显示偏好确立了"效用"的固定意义（个体对选择集的偏好顺序），古典功利主义时代效用依赖的心理基础才被逐渐剔除出经济学（Bruni and Sugden，2007），效用的内涵简化到只关注"决策效用"。这一框架在消费者选择领域的成功应用使得效用内涵的关注域进一步缩窄到物质层面，个体更高的收入意味着更高的消费和更高的效用和幸福，国家层面则更高的 GDP 水平意味着更高的社会福利。

新古典经济学对人类决策的预测遭到了大量实验证据的反驳，实验中的受试者表现出持久和显著的对自利最大化行为的背离。为了更准确地分

---

　　* 本章内容由笔者与韦倩（第二作者）于 2013 年在《经济研究》第 6 期发表的《信念与心理博弈：理论、实证与应用》一文经大幅度补充修改所得。

析人类的决策动力机制，当代经济学的核心效用概念沿着两大方向拓展。一是仍然保持效用函数作为偏好表达和最大化行为决策的基础，对偏好和决策机制进行扩展，将信念和他涉偏好等影响决策效用的更多非物质的现实因素加入效用函数，以更好地刻画和预测决策行为。另一个方向则倡导效用作为主体全面福利的度量，研究除绝对消费量外，更复杂的决定主体全面（终身）效用的因素，这些研究多将幸福的度量指向"回归边沁"古典功利主义的体验效用概念（Kahneman et al.，1997；Hirschauer et al.，2015；贺京同等，2014）。如果人类确实是完全理性自利的经济人，那么最大化效用的决策将最大化体验的效用，欲求即所得，决策效用和体验效用两者即实现兼容。然而经济学和心理学都日益意识到基于选择的偏好表达并非个体幸福状态的良好度量（如 Köszegi and Rabin，2008）。以行为经济学为代表的对决策效用的扩展，表明人类既非完全自利也无法完全理性，这样决策效用的福利后果即与体验效用出现了冲突。正是因为个体偏好的复杂性和有限理性，导致新古典决策效用难以准确反映个体的幸福体验，也才导致了对体验效用的诉求。

为了深入认识人类决策的动力机制，特别是在社会困境中的决策动机，本章将围绕决策效用的当代拓展，从信念和偏好两个方向出发进行分析，为社会困境和非道德行为的研究提供理论基础。这两个方向的拓展并非完全独立，而是交织在一起。基于偏好拓展的效用理论一个共同特征在于捕捉到人类不仅在乎物质（货币）收益，而且受到"心理效用"的驱动。一个再执着经济学传统的经济学家恐怕也不得不承认对物质财富的追求并非人类的全部动机，我们的日常决策行为还受到感情、情绪、社会规范等左右而偏离物质收益最大化的目标。人类同时存在内在动机和外在动机（Bénabou and Tirole，2003）。相对于物质财富，很大部分人类可能更重视情感、道德等带来的心理收益，并且人类决策常常体现出情绪化的特征。然而，道德、情感情绪等往往是建立在相应信念的基础上。

在实际决策中（特别在互动决策中），参与者的信念可能直接构成选择行为的依据。人类是依照信念的指引选择行动的，信念决定行动。但是由于信念的复杂多变以及人际异质性，传统分析中实际将信念简化为同一的信息。在实际决策中，个体信念可能直接构成选择行为的依据。特别在互动决策中，个体的效用会直接依赖于他们所持有的信念（包括对选择的信念，对信念的信念，或对信息的信念）。考虑信念对决策的影响，可以在理性决策的贝叶斯信念基础上从信念依赖的动机，基于动机的信念，以及文化和道德信念等多方面进行拓展。

## 2.2　信念与经济决策

### 2.2.1　信念

信念（belief）是一个范围很广的类名。正如英国哲学家罗素所言，这一词语"带有一种本身固有的和不可避免的意义上的模糊不清"。罗素（2009）在《人类的知识》中认为，信念是身体上或心理上或者两方面兼有的某一种状态。他列举出五种不同种类的信念：一是那种以动物性推理补足感觉的信念；二是记忆；三是预料；四是只凭证据不经思考就得出的信念；五是那种得自有意识推理的信念。

信念在当代哲学中的含义指对理论的真理性和实践行为的正确性的内在确信（《哲学大辞典》），也被普遍描绘为"命题态度"（propositional attitude），即个体认为某种情况属实的心理状态（Schwitzgebel，2006）。心理学和相关学科视信念为心智表征的最简形式，因而是有意识思维的基本成分，是人们对待某人、某事或某种思想的态度倾向（《中国大百科全书·心理学卷》）。

信念在经济学中的含义也不尽相同。青木昌彦（Aoki，2011）将经济学中的信念概念总结为五种：一是在不确定的状态下对可控行为结果的主观概率估计，即贝叶斯信念；二是博弈中的"行为信念"，即参与者对其他人行动和预期的主观预期或猜测；三是文化信念或说信念系统，即特定群体成员随时间累积和传承形成的对事件意义和可能性的共享知识；四是价值观或规范/道德信念，对于特定个体或一个群体，认为什么是对的行为或认为事情应该是怎样的看法；五是直觉信念，是对新行为、新事物、新想法等可能产生的物理结果的直觉感知。

一百多年前印度哲人杰佛来期在诗歌《播种》①中就表达了信念决定行动的思想，由信念到行动，再到习惯、性格，最终影响人生命运。围绕主

---

① "播种一个信念，收获一个行动；播种一个行动，收获一个习惯；播种一个习惯，收获一个性格；播种一个性格，收获一个命运。"（杰佛来期《播种》）

观信念的探讨经久存在于各门社会科学与每个人的日常生活之中，经济学中基于信念依赖动机的决策的研究却是最近的事情，但是已经显示出旺盛的生命力。

对于社会困境和非道德行为决策，首先，信念依赖的动机可能扮演重要作用，这比较接近青木昌彦（2011）所提的"行为信念"的概念。当主体决策的考虑不仅取决于物质收益最大化的动机，还与所持的主观心理状态有关时，认为个体是具有信念依赖动机（偏好）的。信念依赖动机为人类所普遍持有。信念以目的、动机的形式贯穿于人类活动中，并与情感、意志相结合，形成一种稳固地支配人类行动的心理倾向。新古典效用概念用于表达个体对消费物品的偏好，但是在很多情况下，个体对结果的偏好取决于所持有的信念。人们的福利直接受到他们持有信念的影响，对世界持有正确或错误的信念直接对个人幸福和选择行为产生重要影响。一个普遍的情况是人类丰富多彩的情绪如愤怒、怨恨、内疚、羞耻、自豪、羡慕、后悔、欣喜、失望、得意、恐惧、希望、欢乐、悲伤、嫉妒、恶意、惊喜、厌倦、性欲、享受、担心、挫折等对个体幸福感觉和具体行为选择都具有重要意义，而情绪的一个关键特征是"它们是由信念引起的"（Elster，1998）。一个人是表现出利他还是充满恶意，取决于对他人的信念（Levine，1998；Rotemberg，2008）。另外个体还非常重视自我形象（self-image）或社会形象，在乎他人如何看待自己，注重身份和社会（与自我）认同，以及关注社会地位等等，这些都明显地受到所持信念的影响。

其次，基于动机的信念扭曲可能是非效率社会行为特别是一些非道德行为的重要原因。人类普遍持有扭曲的错误信念的例子无处不在，人们会自我欺骗、痴心妄想、过度地悲观或自信、执念不化，对自身的和世界的认识偏差是世界上绝大多数悲剧或不幸的重要原因。贝纳布和梯若尔等学者对基于动机的信念（motivated belief）分析取得了较大突破。与基于信念依赖的动机强调信念的需求动机，即人类为何需要非理性的信念不同，基于动机的信念理论主要在信念的供给侧，探讨扭曲的信念是如何实现和维持的问题。贝纳布和梯若尔（Bénabou and Tirole，2016）指出，人类操纵自身的信念以满足心理的和功能性的目的，在信念的正确性和自身愿望之间存在权衡，从而形成关于自身和世界的信念。虽然愿望美好，但是自我欺骗会导致非效率的个人和社会后果。自我欺骗有三个类别：策略忽视或痴心妄想、事实否认和自发信号。策略忽视指刻意避免可能的坏信息源而只想好的可能性，事实否认则是在面对大量事实信息时仍有选择地忽视却不能成功地更新信念，自发信号则倾向于根据自己内心的需要制造信息。在经济决策中，由于个体也会从对未来的期望中获得当前效用，向前看的决策者会扭曲信念，如个体会选择信念以最小化对坏结果的恐惧带来的不快乐（Akerlof and Dickens，1982）。期望偏差会导致错误的决策和非合意结果的出现，如在投资中决策者会过高估计投资的回报而作出非理性的决策（Brunnermeier and Parker，2005）。

最后，"文化信念"和"价值或道德信念"直接涉及对于社会困境中合作与背叛的道德判断。前者是指特定群体成员共有的观念或思想，而后者是指人们认为正当合理的，坚信正确的观念认识。个体亲社会性的稳固差异根本上源于所持固有信念的差异，一些人在从小接受的教育中形成对这类行为的信念，从事善意活动使个体获得自我满足。而反社会性行为则可能源于过去经历中受到伤害形成的信念（人善被人欺）。信念根植于每个人的内心，也强化于一个民族或国家的文化基因之中。尽管每个人都持有完全不同的人生信念和对世界的根本看法，但是一个民族或国家在整体上呈现出某种一致性的趋势，整体的平均信念水平在国别之间存在差异。世界价值观调查的数据表明各种信念程度的国别差异明显，即使在具有较高一体化程度的西欧国家内部也存在巨大的信念差别（Suhrcke，2001）。信念进而通过多个渠道作用于实际的经济结果，是导致不同国家和地区收入差异的重要因素（姜树广和孙涛，2016）。

无论在微观层面还是宏观层面，主观信念对经济决策结果都具有重要影响。将信念纳入决策分析是经济学核心领域最重要的课题之一，对经典的理性经济人假设可能带来最重要的修正，使经济学得以研究人类的选择行为，成为研究人类合作行为决策的重要基础。

## 2.2.2　信念与心理博弈论

为了弥补传统博弈理论对表达各种信念依赖动机的不足，受吉尔博亚和施迈德勒（Gilboa and Schmeidler，1988）提出的信息依赖的博弈启发，吉纳科普洛斯、皮尔斯和斯塔切蒂（Geanakoplos，Pearce and Stacchetti，1989）（以下简称"GPS 研究"）在传统博弈论的基础上建立了称为心理博弈的分析框架，开始将信念直接纳入效用函数。巴蒂加利和杜文伯格（Battigalli and Dufwenberg，2009）（以下简称"BD 研究"）推广并扩展了 GPS 研究的模型，提供了一个可以用来分析信念依赖动机博弈的一般框架。心理博弈论为分析基于信念的决策提供了统一化的工具，特别适用于涉及情绪情感的决策。本部分对心理博弈论的分析框架进行简要的总结，为下边具体信念依赖动机的分析奠定基础。

（1）心理博弈论的基本框架。

传统博弈论完全信息下表达参与者偏好的效用函数形式为 $u_i: Z \to \Re$，这里 Z 是终点结的支付。在 GPS 研究心理博弈的分析框架下，参与者的效用不仅取决于终点结的支付，还取决于他们持有信念（包括对选择的信念、对信念的信念或对信息的信念）的策略互动的情景。GPS 研究标准形式的心理博弈 $G = (A_1, \cdots, A_n; u_1, \cdots, u_n)$ 对参与者集合 $N = \{1, \cdots, n\}$ 的每个参与者 i 包括一个行动集合 $A_i$，$\Sigma_i = \Delta(A_i)$ 是参与者 i 混合策略的集合，$\Sigma = \times_{i \in N} \Sigma_i$。参与者 i 的一阶信念是对其他参与者混合策略的概率估计，其一阶信念集合为 $B_i^1 = \Delta(\Sigma_{-i})$，令 $B_{-i}^1 = \times_{j \neq i} B_j^1$ 和 $B^1 = \times_{i \in N} B_i^1$，对 $k \geq 1$ 相应的高阶信念定义为 $B_i^{k+1} = \Delta(\Sigma_{-i} \times B_{-i}^1 \times \cdots \times B_{-i}^k)$，对每个 k，$B_i^{k+1}$ 被赋予弱拓扑，参与者 i 信念的集合就是 $B_i = \times_{k=1}^{\infty} B_i^k$，即被赋予乘积拓扑。这里二阶信念是对 $\Sigma_{-i} \times B_{-i}^1$ 的概率测度，涉及对对手策略和对对手一阶信念的关系。合理的二阶信念应该与一阶的信念相一致，以此类推高阶的信念应与低阶的全部保持一致，理性的决策者也可以预期他人的信念也都是一致的，信念一致性被作为参与者的共同知识。以 $\bar{B}_i$ 代表参与者 i 的全局一致信念，是 i 的原初信念的无限阶层空间，参与者 i 的效用函数表示为 $u_i: \bar{B}_i \times \Sigma \to \Re$。

扩展形式的心理博弈 $\Gamma = (F, (u_i)_{i \in N})$ 对每个参与者 i 包括博弈形式 $F = (N, V, <, m, \rho, \Pi, A)$ 和一个效用函数 $u_i: \bar{B}_i \times \Sigma \to \Re$。其中 N 为参与者集合 $\{1, \cdots, n\}$；V 是顶点的有限集；< 是一个偏序关系；移动函数 m 指定在每个决策结上哪一个参与者在移动；$\rho$ 为概率分布系统，规定自然地移动；$\Pi$ 为决策结的信息划分；A 为决策结的行动集合；扩展式博弈的原初信念集合与标准形式相同，效用函数的含义也是相同的。

由于 GPS 研究的信念只涉及行动前的"原初信念"，而许多重要的信念依赖动机需要随博弈展开进行信念更新，故 GPS 研究的框架只能模型化策略环境中一些特定信念依赖的动机，而将许多其他合理的信念依赖动机排除在分析之外。汲取巴蒂加利和西尼斯卡尔基（Battigalli and Siniscalchi, 1999）表达多阶条件信念的方法，BD 研究对 GPS 研究的模型进行了扩展，意在提供一个更基本的分析框架，而将传统博弈论和 GPS 研究的心理博弈作为特殊情况包括在内。BD 研究主要在三个方面对 GPS 研究的信念概念进行了扩展：一是允许更新的高阶信念、他人的信念、行动的计划和不完全信息都可以影响动机；二是解决了随着博弈的展开，参与者对他人信念的信念是如何修正的问题；三是定义了心理序贯均衡的概念，这一般化了传统博弈论中序贯均衡的概念，证明了在温和假设下的存在性，并特别允许对博弈进行非均衡分析。

BD 研究扩展形式的心理博弈具有结构 $\Gamma = \langle N, H, (u_i)_{i \in N} \rangle$，其中 $N = \{1, \cdots, n\}$ 是参与者集合，H 是可行博弈历史的有限集，$u_i = Z \times M \times S_{-i} \rightarrow \Re$ 是 i 的（可测度且有界的）心理支付函数。支付函数中 Z 为终点结的物质支付，$S_{-i}$ 是除 i 外其他参与者的策略集合，M 是所有参与者的全局一致层阶条件信念的集合，支付函数还可以表述为形式 $u_i : Z \times M_i \times \prod_{j \neq i} (M_j \times S_j) \rightarrow \Re$，其中 $M_j$ 是 j 关于其他对手策略和条件信念的可能条件信念的集合，$S_j$ 是 j 的策略集合。

虽然基于多层阶条件信念的动态博弈理论比较复杂，但通过假设心理效用取决于参与者自己和他人的一阶信念可以对许多类型的信念依赖偏好建立简洁的模型进行分析，尤其对定性的分析是足够的，这也是目前对情感情绪分析中常用的方法。巴蒂加利和杜文伯格（2011）提供了一个简洁形式信念依赖动机动态博弈的分析思路。假设两个参与者张三（A）和李四（B），周期 $t = 1, 2, \cdots, T$，令 $m_A(z)$ 和 $m_B(z)$ 为博弈的物质支付，$\mu_A^0 \in \Delta(M)$ 为张三对结果的原初信念，$\mu_A^t \in \Delta(M)$ 为张三在 t 期末的信念，假设张三对于结果 m 的效用依赖于张三和李四信念的时间序列：$u_A((\mu_A^0, \mu_B^0), \cdots, \mu_A^t, \mu_B^t), m$。张三的信念 $\mu_A^t$ 会引发其自身对结果预期的情感（可能是正面的或负面的），如焦虑或兴奋，这会影响其 t 期的效用；另一些 t 期的情感（如失望）则可能依赖于前期的信念 $\mu_A^k (k < t)$；张三也可能在乎李四的情感，如对李四伤害的内疚、羞耻，对李四焦虑的关注等，对这类情感的预期也会影响行为。

具体地，在每一个博弈的节点 x，参与者 A 和 B 的信息为 $H_A(x)$ 和 $H_B(x)$，一阶条件信念为 $\alpha_A = (\alpha_A(\cdot | h))_{h \in H_A}$，在信息 $h \in H_A$ 由 $\alpha_A$ 导出信念：$\mu_{\alpha_A}(m | h) = \sum_{s:m(z(s))=m} \alpha_A(s | h)(h \in H_A)$，其中 s 为导致结果 m 的策略集合。则 $U_A(\alpha_A, \alpha_B, z) = u_A((\mu_{\alpha_A}(\cdot | H_A(x^t)), \mu_{\alpha_B}(\cdot | H_B(x^t)))_{t=0}^T, m(z))$ 是给定张三和李四的一阶条件信念系统 $\alpha_A$ 和 $\alpha_B$ 下，由结果 z 导致的物质支付和信念的时间序列的共同效用。

虽然基于多层次的条件信念的动态博弈理论比较复杂，但通过假设心理效用取决于参与者自己和他人的一阶信念可以对许多类型的信念依赖偏好建立简洁的模型进行分析，尤其对定性的分析是足够的。

（2）心理博弈与传统不完全信息博弈的区别。

心理博弈论与传统博弈论最根本的区别在于参与者的最终支付不仅取决于每个人怎么做，还取决于每个人怎么想。容易混淆的是传统不完全信息动态博弈的支付也与层阶的信念有关，但两种情况下信念的根本意义是不同的。正如开篇所述，传统博弈论的基本假定前提是理性自利人，不完全信息博弈的参与人并没有心理效用。所以传统博弈论在完全信息的情况下并不涉及信念问题，不完全信息情况下，参与者的效用函数是类型（如参与者的能力或品位）依存的，即参与者所拥有的私人信息 $\theta \in \Theta$ 进入效用函数，参与者有关于 $\theta$ 的信念，这个信念是一个概率分布，为了分析均衡，通过海萨尼转换引入自然。由于参与者类型是自然选择的外生参数，对参与者类型的层阶信念也就是外生的。

动态博弈中信念体系通过贝叶斯法则从策略组合中导出，参与者随博弈展开修正后验概率，均衡时要求信念与均衡策略相容。不完全信息动态博弈中概率的修正或说信念的更新，甚至博弈中改变对手的固有信念，但最终必然以某种方式依附于物质支付，信念没有直接作为效用的一部分。这样传统博弈论就难以分析大量信念依赖的心理动机如惊喜、自信、失望等。心理博弈中，终点结的支付依赖于对策略的信念以及对此信念的信念等类推的多层阶信念，进入效用函数的参与者信念不是外生的参数，而是内生的变量，信念问题在完全信息的情况下同样存在。

（3）心理博弈的均衡解。

心理博弈的均衡概念与传统博弈论类似。GPS 研究和 BD 研究实际上一般化了传统博弈的均衡概念以考虑信念进入参与者效用函数的情形。因此使用与纳什均衡同样的逻辑来解静态心理博弈问题，而用倒推归纳的逻辑以及序贯均衡来解动态心理博弈问题。这样在处理均衡行为时，就产生两个额外需考虑的问题（Attanasi and Nagel，2007）：一是"信念正确"的条件要求"表述的效用正确"。给定分析中信念的不同顺序，明确地强制它们在均衡时正确。在均衡中，参与者根据对行动持有的正确信念以及对对手信念的测度，最大化他们的总效用。同时，不同顺序的信念应符合参与者对总效用形式正确计算的最佳反应。二是随着博弈展开，关于他人信念的信念会修正，参与者的信念更新也会导致效用的更新。在一个心理博弈中，为了决定最优的行动步骤，参与者可能需要形成对其他参与者信念的无限层阶的信念。

GPS 研究提出了一个心理纳什均衡和子博弈精练纳什均衡的概念，但只允许先于行动的原初信念进入参与者的效用函数。BD 研究提出了心理序贯均衡的概念来处理信念更新问题。克雷普斯和威尔逊（Kreps and Wilson，1982）认为，在扩展型博弈中均衡的一个适当定义必须涉及状态（assessments），即行动策略和条件（一阶）信念的组合，一个状态当是一致性的且满足序贯理性的时候是一个序贯均衡。BD 研究在序贯均衡概念的基础上加入第三个要求以包含高阶的信念，需要参与者在每个阶段持有共同的、正确的对彼此信念的信念。

在心理博弈中，假设参与者知道其他人的心理倾向是不现实的，所以完全信息的条件比较传统博弈更难满足。在不完全信息情况，用 $\theta = (\theta_A, \theta_B)$ 概括表示并非共同知识的与博弈所有支付相关的参数向量。$\theta_i (i = A, B)$ 是仅归参与者 i 知道的部分（如其自身对某种心理动机的敏感度）。$\theta$ 属于一个参数空间 $\Theta = \Theta_A \times \Theta_B$ 是共同知识。$\Theta$ 的元素称为自然状态。在动态心理博弈中，简单起见假设参与者并没有随博弈展开得到更多关于自然状态的信息，而只观察到博弈先前阶段选择的行动，这就容易一般化信念空间的结构已包括对自然状态的信念。如 B 互惠或内疚的敏感性参数 A 都不知道，A 可以推测 $\theta_B$ 来自一个混合分布，对其有一个先在的判断。这样就可以类似传统博弈论处理不完全信息的方法处理心理博弈的不完全信息问题。同时 BD 研究认为心理博弈的非均衡分析是非常重要的。

## 2.3　基于偏好拓展的效用函数

过去 20 多年行为经济学呈现蓬勃的发展趋势，重要的进展体现在将人类决策的心理、社会等人类决策的现实因素纳入传统经济学理性决策的框架，意在使对人类决策的分析更加贴近心理动机的真实性。要理解行为经济学对新古典效用函数的拓展，首先我们从拉宾（Rabin，2002）概括的经典效用函数出发：

$$\max_{x \in X} \sum_{s \in S} \pi(s) U(x \mid s)$$

其中，X 是选择集，S 是状态空间，$\pi(s)$ 是按照贝叶斯法则更新的主观信念，U 是良好定义的稳定的偏好。拉宾（Rabin，2002）列举了传统经济学对人类行为的系列假设，包括：①狭隘定义的自利；②具有良好定

和稳定的偏好；③只对最终结果具有偏好而不关心改变；④最大化期望效用；⑤对当前和未来福利使用指数贴现；⑥贝叶斯信息处理；⑦只对信念和信息具有功利性品位（instrumental taste）。因此对经典效用函数的拓展体现在三个层次：一是对偏好假设的拓展，即 U（X|S）应该是怎样的；二是对人们如何形成决策信念 π(s) 的拓展；三是对人类是否真的最大化这一效用函数的拓展（Rabin，2002；Della Vigna，2009）。

可以单纯地对偏好进行拓展探讨其效用的真实来源，但仍可以保留对信念理性和理性最大化的假设，因而传统的理性分析框架仍然适用。对偏好的拓展体现为人类效用并非完全来自绝对的收入和消费，而是具有更广泛的社会动机，这直接为人类合作何以可能提供了行为动力的解释。

## 2.3.1 参照点依赖偏好

参照点依赖（reference-dependent）的效用理论认为，人类不仅关注绝对值本身，也在乎财富、收入等的相对变化。将参照点依赖偏好纳入效用函数意味着仅需要在传统效用函数中加入一个参照值。作为特别的例子，人类在参照点两侧对收益与损失表现出不同的态度，似乎更加害怕损失，称为损失厌恶。这一思想突出体现在卡尼曼和特沃斯基（Kahneman and Tversky，1979）提出的前景理论。在此基础上卡兹吉和拉宾（Köszegi and Rabin，2006）将这一思想更加地一般化，将个人效用概括为如下的函数：

$$u(c|r) = v(c) + n(c|r)$$

v(c) 为不依赖于参照的消费效用，n(c|r) 为相对参照点 r 的收益与损失的效用变动部分，称为增益效用（gain-loss untility）。相比传统的效用函数，这一突破体现在将一个相对参照点的效用变动部分纳入效用函数。参照点依赖效用函数的重点在于参照点的确定。许多研究中直接使用禀赋或现状作为参照点，卡兹吉和拉宾（2006，2007）则将此一般化为个人对未来结果的预期水平。

参照依赖效用的扩展不仅有助于理解人类的消费、投资等重要经济行为，对于理解合作与非道德行为同样重要。人类不仅在乎物质结果的绝对量，同样在乎相对参照点的比较，这个参照点或者是他人的收入，或者是自身过去的收入状况，更普遍的可理解为个人对于合理状况的预期信念，社会困境中影响这些参照水平的因素无疑对个体决策产生重要影响。

### 2. 3. 2　利他与公平偏好

对传统效用函数的一个更直接的拓展体现在对狭隘自利假设的偏离，即认为人类不仅在乎自身的物质利益，同时也关注他人的利益以及自身利益与他人利益的比较。他涉偏好拓展的效用函数可以简单概括为 U(x，B)，x 为传统效用函数关心的决策者相关的物质利益，B 为决策者之外他人的物质利益。

利他行为是他涉偏好最直接的体现，如人们会帮助陌生人、无偿献血、匿名捐赠、见义勇为甚至舍生取义。安德雷奥尼（Andreoni，1989）提出的利他模型认为人们在帮助他人中获得温情（warm-glow）的效用，并用于解释公共物品供给的决策动机。莱文（Levine，1998）的模型则认为对他人的态度不仅包括利他，还可能是负面的憎恶，而这取决于对手的类型。

他涉偏好中引起最广泛关注的当数费尔和施密特（Fehr and Schmidt，1999）和博尔顿和奥肯费尔斯（Bolton and Ockenfels，2000）的不平等厌恶模型，他们认为个人决策中不仅考虑自身的物质收益，还在乎与他人收益的比较。费尔和施密特（1999）的模型认为，当个人的收益低于参照的比较者时，会遭受劣势不平等的效用损失，而当个人收益高于可比他人收益时则遭受优势不平等的效用损失，个人更加厌恶劣势不平等。博尔顿和奥肯费尔斯（2000）的模型则认为个人会严格偏好平均的收益分配，并在行为决策中会采取行动来使他们获得的份额接近平均值。不平等厌恶的意义可能超出分配偏好本身而体现为一种对公平观①。卡佩伦等（Cappelen et al.，2007）提出效用来自个人分配份额与公平的分配份额的差异的观点，并分别指出三种不同的公平观下的效用函数形式。平均主义观念认为个人的公平收入应该是平均的分配份额，自由主义观念则认为公平的份额即是个人贡献的份额，自由平均主义则处于中间状态并认为只有在个人可控因素范围内按照贡献分配是公平的。阿莱西纳和安吉莱托斯（Alesina and Angeletos，2005）和贝纳布和梯若尔（2006a）还具体将这一思想引入对人生努力投入的决策中，认为个人对社会正义具有偏好。

查尼斯和拉宾（2002）在分配偏好的基础上，加入社会福利偏好的考

---

①　在许多文献中公平与平等的概念是混用不清的，我们这里界定平等指数量上的均等，而公平指一种主观上的信念。

虑，即认为决策者不仅在乎公平，也关注效率，决策中存在使总收益最大化的动机。另外，该模型还将分配偏好进行了不同的分类并通过参数设置将不同类型统一在一个模型：竞争偏好意味着决策者总是偏好比其他人拥有更高的收益，差异厌恶偏好意味着决策者偏好均等收益，社会福利偏好意味着偏好所有人的总收益更高，并更加关心状况最差的人。需要指出的是，查尼斯和拉宾（2002）的模型还在分配偏好基础上考虑了基于意图的互惠，是一个典型的混合模型。表 2-1 总结概括了基于利他与公平偏好的效用模型，并简要介绍了数学模型的符号含义和主要的模型意义和特征。

表 2-1 　　　　　　　　　　利他与公平偏好的效用模型

| 模型文献 | 主要模型 | 符号与模型意义 | 模型的核心含义 |
|---|---|---|---|
| 利他模型（Andreoni, 1989） | $U_i = U_i(x_i, Y, g_i)$ | x 私人消费，Y 公共物品，g 温情效应 | 利他的温情效应是公共物品供给的决策动机 |
| 利他与憎恶（Levine, 1998） | $V_i = u_i + \sum_{j \neq i} \dfrac{a_i + \lambda a_j}{1 + \lambda} u_j$ | $u_i$ 是 i 的直接效用，后一项来自他涉效用，$a_i > 0$ 表示利他，$a_i < 0$ 表示憎恶，$\lambda$ 代表了对不同类型对手的态度 | 他涉偏好可能是利他，也可能是憎恶，人们关心对手的类型 |
| 不平等厌恶模型（Fehr and Schmidt, 1999） | $U_i(x) = x_i - \dfrac{\alpha_i}{n-1} \sum_{j \neq i} \max(x_j - x_i, 0) - \dfrac{\beta_i}{n-1} \sum_{j \neq i} \max(x_i - x_j, 0)$ | $x_i$ 为纯物质收益的效用，第二部分为劣势不平等的效用损失，第三部分为优势不平等的效用损失，$\alpha_i$ 对劣势不平等的敏感性，$\beta_i$ 对优势不平衡的敏感性，$\beta_i \leq \alpha_i$，$0 \leq \beta_i < 1$ | 分配结果的不平等导致个人效用损失，个人收益低于他人存在劣势不平等厌恶，个人收益高于他人存在优势不平等厌恶 |
| 公平偏好模型（Cappelen et al., 2007） | $V_i(y; a, q) = \gamma y - \beta_i \dfrac{(y - m^{k(i)}(a, q))^2}{2X(a, q)}$<br>平均主义：$m^{SE}(a, q) = X(a, q)/2$<br>自由主义：$m^L(a, q) = a_1 q_1$<br>自由平均主义：$m^{LE}(a, q) = \dfrac{q_1}{q_1 + q_2} X(a, q)$ | 效用来自个人的分配份额 y 和他人的份额 X - y，q 为投入，a 为回报率，X(a, q) 表示总产出，$\gamma$ 为赋予个人收入的权重，$\beta$ 为赋予公平的权重，$m^{k(i)}(a, q)$ 对应不同的公平观念 | 个人效用受到分配是否公平的影响，不同人持有不同的公平观念，分别就三种流行的公平观念的进行建模 |

续表

| 模型文献 | 主要模型 | 符号与模型意义 | 模型的核心含义 |
|---|---|---|---|
| 社会正义偏好（Alesina and Angeletos，2005） | $U_i(c_i,\ k_i,\ e_i,\ \Omega)=c_i-\dfrac{1}{\beta_i}\varphi(k_i,\ e_i)-\gamma\Omega$ | $c_i$ 为消费效用，$k_i$ 表示在人生第一阶段的投资，$e_i$ 表示在人生第二阶段的努力，第二项为投资与努力的成本，$\beta_i$ 度量推迟消费和努力工作的意愿，$\Omega$ 是对社会正义的度量，$\gamma$ 度量对社会正义的需求强度 | 对社会正义的需求进入效用函数，体现为理想或公平的收入和消费水平与社会实际水平的差异带来负效用 |
| 综合社会偏好模型（Charness and Rabin，2002） | $U_B(x_A,\ x_B)=x_B+(\rho r+\sigma s+\theta q)(x_A-x_B)$ | $\theta$ 表示互惠偏好参数，$\rho$ 和 $\sigma$ 为分配偏好参数，$x_B>x_A$ 时 $r=1$，否则为 0；$x_B<x_A$ 时 $s=1$，否则为 0；A 行为非善意时 $q=-1$，否则为 0 | $\sigma\leq\rho\leq0$ 表示竞争偏好，$\sigma<0<\rho<1$ 表示差异厌恶偏好，$0<\sigma\leq\rho\leq1$ 表示社会福利偏好 |

# 2.4　道德与情感情绪决策

斯密早在《道德情操论》中就对人类的道德与情感情绪的重要性进行了广泛和深入的探讨，认为个人决策是欲望驱使的激情和道德自律之间权衡斗争的结果（Ashraf et al.，2005）。道德和情感情绪是构成人类行为内部动机的主要方面，也是理解人类合作和非道德行为的关键。例如，作为人类积极情感的互惠动机具有促进合作的积极作用，但这种积极作用同样可在腐败这种非道德行为中成为帮凶（Malmendier and Schmidt，2017）。内疚、羞耻等情绪为非道德行为带来心理成本。一些心理学和经济学理论从内部动机的角度为非道德行为提供了丰富解释，如道德平衡论（Ploner and Regner，2013；Gneezy et al.，2014）、自我形象维护论（Mazar et al.，2008）、自我导向的合理化（Shalvi et al.，2015；Gino et al.，2016）等。

本小节一方面围绕道德与情感情绪决策的经济学理论进行梳理，这些模型大多数使用了心理博弈论的工具来建模，另一方面虽然没有明确使用心理博弈论，实际上本质的思路都是以心理效用作为核心来分析，与心理博弈论异曲同工。

### 2.4.1　同情与道德

同情心（sympathy），即对他人的情感共鸣，是构成道德的重要情感基础。萨利（Sally，2001）认为，同情意味着个人的效用与他人的效用正相关，因此考虑同情心理的总效用包括来自个人福利的直接效用和来自对他人的情效用，但对他人福利的关注程度低于对个人福利的关注，并同时受到他人是否同样同情自己的感知影响。影响同情程度的最重要因素是人际距离，包括物理距离和心理距离。萨利（2001）模型的效用函数可表示为：

$$V_i = v_i + \Lambda(\lambda_{ij}, \lambda_{ji}) v_j$$

其中 $v_i$ 和 $v_j$ 分别为 i 和 j 的直接效用，$\lambda_{ij}$ 为 i 对 j 的同情，$\lambda_{ji}$ 为 j 对 i 的同情。

莱维特和李斯特（Levitt and List，2007）在对大量实验证据总结的基础上，提出一个简单的效用最大化模型，认为人类最大化的动机不仅包括财富最大化，还力图做正确的事情或说道德的选择，即个体效用由财富效用和道德效用两部分构成。效用函数为：

$$U_i(a, v, n, s) = M_i(a, v, n, s) + w_i(a, v)$$

其中 M 表示道德效用，w 为财富效用，a 表示行动，v 表示行动相关的货币价值，n 为社会规范，s 表示行动被审视的程度。在该模型中，个体面临一个简单的行动选择，行动将通过两个渠道影响个人效用，一是财富，二是非货币的道德成本或收益。个人视为非道德的行动选择给决策者带来道德成本。笔者提出三个影响道德成本的渠道：对他人的外部性、社会规范或法律准则，以及行动被审视程度。这一简化将广泛的涉及非物质的效用来源统一起来。另外，扎克（Zak，2011）也提出了类似的模型，并使用神经科学等更广泛的证据支持道德价值对人类的重要性。

### 2.4.2　互惠情感

人类的互惠行为得到了社会科学家广泛的研究兴趣，如演化生物学家使用了间接互惠和直接互惠等机制来解释人类合作行为演化的动机。拉宾（1993）使用心理博弈论模型建立的基于意图的互惠模型为分析人类的互惠行为的决策机制提供了基本框架。按此模型博弈参与者会对友善的行为（不友善行为）友善（不友善）（以德报德，以直报怨），这里的关键概念

"善意"依赖于信念。拉宾（1993）双人博弈互惠模型中参与者 i 的效用函数形式为：

$$U_i(a_i,\ b_j,\ c_i) = \pi_i(a_i,\ b_j) + \tilde{f}_j(b_j,\ c_i)[1 + f_i(a_i,\ b_j)]$$

其中第一项 $\pi_i(a_i,\ b_j)$ 是 i 最终获得的物质效用，第二项为互惠情感带来的心理效用，$f_i(a_i,\ b_j)$ 是参与者 i 对 j 的善意程度；$\tilde{f}_j(b_j,\ c_i)$ 则刻画了 i 对 j 对自身善意的感知。$a_i$ 为 i 采取的策略，$b_j$ 是参与者 i 对 j 采取策略的信念，$c_i$ 则是 i 关于 j 对 i 策略信念的信念（二阶信念）。$\tilde{f}_j(b_j,\ c_i) < 0$ 时意味着当参与者 i 认为 j 对自身不友善时 i 使自己效用最大化的策略是以怨报怨，也就是 $f_i(a_i,\ b_j) < 0$。$\tilde{f}_j(b_j,\ c_i) > 0$ 意味着当参与者 i 认为 j 对自身友善，时 i 使自己效用最大化的策略是以德报德，也就是 $f_i(a_i,\ b_j) > 0$。

拉宾使用的是标准形式的博弈，局限于同时行动的博弈分析。杜文伯格和寇斯泰格（Dufwenberg and Kirchsteiger, 2004）则发展了扩展形式博弈的互惠理论。在动态情况下，信念依赖于参与者在不同历史得到的新信息，而不仅是原初的信息。这样参与者的策略选择在博弈的所有阶段都是最优反应。参与者 i 在历史（history）h 的效用函数为：

$$U_i(a_i(h),\ (b_{ij}(h),\ c_{ijk}(h)_{k \neq j})_{j \neq i}) = \pi_i(a_i(h),\ (b_{ij}(h))_{j \neq i})$$
$$+ \sum_{j \in N \setminus \{i\}} (Y_{ij} \cdot k_{ij}(a_i(h),\ (b_{ij}(h))_{j \neq i})$$
$$\cdot \lambda_{iji}[b_{ij}(h),\ c_{ijk}(h)_{k \neq j}])$$

这具有与 Rabin 模型类似的结构，右式第一项为 i 的物质效用，第二项为心理效用。$k_{ij}$ 是在历史 h 参与者 i 对另一个参与者 j 的善意程度，$\lambda_{iji}$ 是参与者 i 对 j 对 i 善意的信念。其中 $a_i$ 和 $b_{ij}$ 的含义与 Rabin 模型相同，$c_{ijk}$ 是 i 对于 j 对其他参与者 k 策略的信念的信念，这里所有表达都是针对历史 h 的。本模型在 Rabin 模型两人博弈基础上考察了多人博弈的情形，并提出了一个"序贯互惠均衡"的解概念。

福尔克和菲斯巴赫（Falk and Fischbacher, 2006）构造的互惠模型同样使用了心理博弈论的方法来刻画善意函数，模型中参与者 i 的效用函数为：

$$U_i(f,\ s''_i,\ s'_i) = \pi_i(f) + \rho_i \sum_{\substack{n \rightarrow f \\ n \in N_i}} \varphi_j(n,\ s''_i,\ s')\sigma_i(n,\ f,\ s''_i,\ s')$$

右式第一项 $\pi_i(f)$ 为物质支付，第二项为互惠效用，$\rho_i$ 为互惠参数，$\varphi_j(n,\ s''_i,\ s')$ 为善意项，$\sigma_i(n,\ f,\ s''_i,\ s')$ 为相互作用项，f 为博弈的终点结支付。参与者 i 的一阶信念为 $s' \in S_i$，即 i 认为 j 将采取 $s'$；i 的二阶信念为 $s'' \in S_i$，即 i 认为参与者 j 认为 i 将采取策略 $s''_i$。参与者根据自己的一阶和二阶信念判断对方的善意水平，并进行战略决策。

　　塞加尔和索贝尔（Segal and Sobel，2007）等学者也分别建立了不同的基于信念依赖的互惠模型，塞巴尔德（Sebald，2010）进一步在具体的环境分析了互惠行为。对互惠行为的分析是心理博弈论最活跃的研究领域。以下借用阿塔纳西和纳格尔（Attanasi and Nagel，2007）以信任游戏来具体分析互惠决策的心理博弈情境。考虑如图 2-1（a）的信任游戏：参与者 A（授信人）和 B（受信人）作为搭档获得 2 单位的总收入。参与者 A 先决定是否信任 B 而继续合作，如果 A 不信任 B 而结束游戏，按合约两人平分收益。如果 A 信任而继续总收益会翻倍到 4 单位，之后 B 有权决定与 A 分享收益或不分享。按传统博弈论分析我们知道唯一的子博弈精练纳什均衡是 A 选择结束合作，B 选择独吞如果 A 继续。

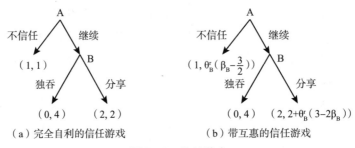

图 2-1　信任游戏

　　现在假设 A 是自利者，B 是互惠者，B 的总期望效用函数为：

$$u_B((\alpha_B, s_B); \beta_B) = \pi_B(\alpha_B, s_B) + \theta_B^r \cdot E_B[K_A; \beta_B] \cdot \pi_A(\alpha_B, s_B)$$

　　右式第一部分为 B 总效用的物质部分，第二部分为 B 的总效用的心理部分。$\theta_B^r \geq 0$ 为 B 对互惠敏感程度的测度，$E_B[K_A, \beta_B]$ 为 B 对 A 的善意的感知，$\pi_A$ 为 A 的物质支付函数。$\alpha_B$ 是 B 关于 A 会选择继续的初始一阶信念，条件二阶信念为 $\beta_B = E_B[\alpha_A | 继续]$ 度量 B 知道 A 已经选择继续时，B 关于 A 对他信任的预期。其中 $\alpha_A = Pr_A[B 分享，如 A 继续]$ 为 A 选择继续后相信 B 会分享的初始一阶信念。$K_A$ 为 A 对 B 的善意。善意和感知的善意取决于信念。A 的善意取决于 A 的一阶信念，而 B 的善意感知取决于 B 的二阶信念（B 关于 A 的信念的信念）。当 A 选继续，他越少考虑 B 会在继续后分享，他就越善意，在 A 选结束的情况下可以直观地认为他对 B 不友善。因此，如果 $\alpha_A$ 值较低继续可能被认为"善意"。当 $\beta_B$ 值较低继续被 B 感知为善意。如果 $\beta_B$ 低并 B 是有强烈互惠动机考虑的，他会回报 A 而选择分享。

　　A 对 B 的"善意"为 A 给予 B 的期望支付和公平支付 $\pi_B^{eA}$ 的差值：

$K_A(s_A,\ \alpha_A) = E_A[\pi_B;\ s_A,\ \alpha_A] - \pi_B^{eA}(\alpha_A)$，其中公平支付这里可取给定 A 策略下 B 的最大与最小期望支付的均值，具体地，当选择继续时 A 的善意为：

$$K_A(继续,\ \alpha_A) = 2\alpha_A + 4(1-\alpha_A) - \frac{1}{2}(2\alpha_A + 4(1-\alpha_A) + 1) = \frac{3}{2} - \alpha_A$$

因此当 A 选择继续时 B 感知的善意为：$E_B[继续,\ \beta_B] = \frac{3}{2} - \beta_B$，由此可计算出各终点结上 B 的效用水平如图 2-1（b）所示，该图表达了具有自利授信人和关注互惠的受信人的信任游戏的心理博弈，出现在终点结的不是物质支付，而是总效用水平。

### 2.4.3　情绪决策：失望、后悔、内疚、惊喜与愤怒

将情绪引入经济决策分析较早的尝试来自对失望和后悔情绪的建模。卢米斯和萨格登（Loomes and Sugden，1982）等对后悔情绪建立了效用模型，在他们的模型中效用由两部分组成，一是来自结果的直接效用，二是来自实现效用和替代方案效用差异带来的后悔或欣喜导致的心理效用。虽然后悔理论提出是作为一种体验效用的概念，但是当决策者在决策中对这种情绪的影响进行了预期，则后悔厌恶便作为一种偏好影响决策过程。

得到的结果比预期的差时，人们会感觉到失望，这种强烈的情绪对个体决策和福利有重要影响。贝尔（Bell，1985）、卢米斯和萨格登（1986）在心理博弈论出现之前就提出了基于信念依赖失望的决策模型。失望厌恶模型建立的思想是个体对于他们期望获得结果的背离是敏感的，当所得低于期望水平时会有一个心理的损失，而高于期望时会得到快乐。个体在期望支付处是损失厌恶的，即相对于期望的损失造成的痛苦远高于同等量的收益获得的快乐。个体在行为决策时会对未来的损失与收益作出预期，对失望的厌恶和对惊喜的期待会影响决策，而期望的参照点水平取决于信念。卡兹吉和拉宾（2006，2007）建立的参照点依赖的决策模型中已将信念作为构成决策参照点的主要部分。吉尔和普罗维斯（Gill and Prowse，2012）在一个竞争性的实验环境研究个体的失望厌恶行为，并沿着卡兹吉和拉宾（2006，2007）期望依赖参照点模型的思路，借鉴使用心理博弈论工具为失望厌恶者建立了模型。失望厌恶者 i 的一个简单的效用函数可表示为：

$$u_i = m_i - \theta_i \max\{E_{\mu_i^0}[\tilde{m}_i] - m_i,\ 0\}$$

$m_i$ 为 $i$ 最终的物质支付，对 $m_i$ 的期望依赖于初始的信念 $\mu_i^0$，$\theta_i$ 为对失望的敏感程度。

与失望密切相连的一种人类情绪是内疚（愧疚），当人们对他人造成伤害时自身会感到内疚，伤害他人的一个普遍形式是使他人失望。如果一个人认为自己使他人失望时会遭受心理效用损失，我们称他为内疚厌恶者。内疚的情绪也与信念密切相关，查尼斯和杜文伯格（2006）以证据表明人们努力迎合他人的预期以避免内疚，代理人认为委托人期望的水平越高，代理人实际的付出水平就越高。在信任游戏中，[①] 对内疚厌恶的敏感程度会引发受信者（B）的特定行为，实验证据显示 B 分享的二阶信念与信任的实现正相关，B 们在继续后选择分享的比选择独吞的有更高的平均期望值。巴蒂加利和杜文伯格（2007）使用心理博弈论提出了一个内疚厌恶的一般理论并给出其序贯均衡解。阿塔纳西（2015）还进一步将该模型拓展到不完全信息的博弈模型中。

在图 2 - 1 的基础上，对授信人 A，仍假设为仅受自利动机驱动，A 对每个信念依赖动机的感觉敏感程度为 0。因此，A 的总效用函数简化为他的物质支付，无心理效用部分。假设 B 受内疚厌恶的驱动，他会考虑 A 的失望（当 A 在继续后获得的物质支付与其期望水平不符时）。

在继续后期望获得的物质支付取决于其对 B 策略的一阶信念。A 选择继续后相信 B 会分享的初始一阶信念为 $\alpha_A = \Pr_A[\text{B 分享，如 A 继续}]$。$\alpha_A$ 度量了游戏开始时 A 对 B 的信任。同样定义 B 当 A 继续时会分享的条件二阶信念为 $\beta_B = E_B[\alpha_A | \text{继续}]$，因此 $\beta_B$ 度量了 B 知道 A 已经选择了继续下，B 对 A 对自身信任的预期。这样 A 在继续后的期望物质收益为 $2 \cdot \alpha_A + 0 \cdot (1 - \alpha_A) = 2\alpha_A$，当（继续，独吞）发生时 A 失望的确切值是 $-2\alpha_A$，即两种情况的支付差：（继续，分享）-（继续，独吞）。

B 的内疚是由他对 A 失望的预期给定的，当 A 已经选择了继续就是对 $-2\alpha_A$ 的预期。B 在 A 继续而自己独吞时确切的心理效用是 $-2\beta_B$ 乘以 B 对内疚厌恶的敏感程度 $\theta_B^g \geq 0$。B 的总效用就是 $4 - \theta_B^g 2\beta_B$，即总物质效用和心理效用的和。具有自利授信人和内疚厌恶受信人信任游戏的心理博弈如图 2 - 2 所示。

---

① 这里仍使用图 2 - 1 的游戏框架。

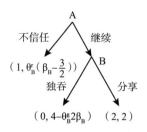

**图 2-2　具有内疚厌恶的信任游戏**

在简单的信任游戏中，A 继续的条件下，如果 B 从独吞中获得的期望效用负向依赖于对 $\alpha_A$ 的期望，则 B 表现出内疚厌恶。与互惠情感类似，内疚厌恶情绪也会导致博弈结构的改变。为了不让他人失望，个体更倾向在社会合作中表现出信任和合作的行为，有助解释了实验中对自利行为的背离。

惊喜情绪是内疚的反面，喀麦斯基等（Khalmetski et al.，2015）认为人类不仅因为让他人失望感到内疚，也会偏好超过他人的预期而享受带给他人的惊喜。他们拓展了内疚厌恶的模型以分析这一人类情绪对决策的影响。在一个独裁者博弈的框架下，假设接受者对独裁者分配的份额有一个预期，独裁者的动机可能包括超过这一预期来满足惊喜心理，以及避免低于这一预期而带来内疚。马门迪尔和施密特（Malmendier and Schmidt，2017）在礼物交换的框架下提出了类似的思想（有别于互惠动机），在互动博弈这种个人对他人的策略有一个预期，当他人的策略导致个人物质收益高于预期水平时产生惊喜心理，这时会希望别人也更好。

愤怒是另一种重要的人类情绪，是催生许多带来严重后果行为的催化剂，同时也是触发惩罚等维持合作行为的情感动力（Fehr and Gachter，2002）。巴蒂加利等（2016）通过将挫折与愤怒情绪结合起来将之引入经济分析模型。实现的结果比期望的结果差时导致挫折感，愤怒表现为在遭受挫折时希望降低其他相关方的收益来提高自身心理效用的动机。简单的愤怒指即使挫折不是由对方导致的，仍然期望以伤害他人的方式获得心理效用，基于谴责的愤怒则只限于将非愤怒指向导致挫折的相关方[①]。

---

① 与此思想类似，卡德和达尔（Card and Dahl，2011）发现足球比赛中非预期的失败导致家庭暴力的增加，比赛结果与之前预期的参照值偏离引发的情绪反应导致个体更容易失去自我控制而发生暴力。帕萨雷利和塔贝里尼（Passarelli and Tabellini，2016）认为对不公平的感知触发愤怒情绪，并用于分析政治动乱的发生。

个体也会关注他人的焦虑等情绪而影响决策，医生想提供可靠的医嘱，但是又不想他们的预测吓坏病人，公司高管想作出明智的决策但是又不想破坏士气，政府要为国家面临的挑战作出准备，但又不能引起民众的恐慌和焦虑，军官、老师、父母、朋友、爱人等的行为都需要考虑士兵、学生、子女等对应者的情绪反应（Koszegi，2006b）。卡普林和莱希（Caplin and Leahy，2004）建立了医生和病人的博弈模型，假定有一个心理的生产函数，效用相关的心理状态如悬疑和焦虑受到展开的信念和实际产出的影响。信息通过影响信念而影响效用，进而影响心理状态。医生完全的富有同情心，医生的效用依赖于其关于病人福利状况的信念。这一医生—病人的分析框架可适用于各类因关切其他方的信念而影响个体决策效用的情形。表2－2总结概括了基于情绪的决策模型。

表2－2                    基于情绪的决策模型

| 模型文献 | 主要模型 | 符号与模型意义 | 模型的核心含义 |
|---|---|---|---|
| 后悔效用模型（Loomes and Sugden et al.，1982） | $u(x) + R(u(x) - u(y))$ | R 为后悔—欣喜函数，$u(x)$ 为实现的结果带来的效用，$u(y)$ 为已放弃的替代结果可产生的效用 | 实现的结果与可行的替代结果的差异导致的后悔情绪构成效用的来源 |
| 失望效用模型（Loomes and Sugden et al.，1986） | $u_i = m_i - \theta_i \max \{ E_{\mu_i^0} [\tilde{m}_i] - m_i, 0 \}$ | $m_i$ 为 i 最终的物质支付，对 $m_i$ 的期望依赖于初始的信念 $\mu_i^0$，$\theta_i$ 为对失望的敏感程度。期望结果 $E_{\mu_i^0}[\tilde{m}_i]$ 与实现结果 $m_i$ 的差值构成个体心理效用的变量 | 期望结果与实际结果的差异导致失望的心理效用，对失望的厌恶是重要的决策动机 |
| 内疚厌恶模型（Battigalli and Dufwenberg，2007） | $u_i(z, s_{-i}, \alpha_j) = m_i(z) - \sum_{j \neq i} \theta_{ij} G_{ij}(z, s_{-i}, \alpha_j)$ | z 为博弈终点，$m_i(z)$ 为终点 i 的物质收益，$\alpha_j$ 为 i 对 j 的期望信念，$s_{-i}$ 为其他参与者的测度，$G_{ij}$ 为 j 的失望程度，$\theta_{ij} \geq 0$ 度量 i 的内疚敏感程度 | i 对 j 的内疚，实际的结果与 j 期望的结果差异构成 j 的失望，j 的失望导致 i 的内疚负效用 |
| 愤怒与挫折（Battigalli et al.，2016） | $u_i(s_i \mid h) = \pi_i(s_i) - \theta_i F_i(h) \pi_j$ | 决策者 i 在历史 h 选择策略 $s_i$，$\pi_i$ 和 $\pi_j$ 分别是 i 和 j 的财富收益，$F_i$ 是挫折感，等于实际结果减去期望结果，$\theta_i$ 则是愤怒敏感程度的度量 | 实际结果与期望的差异导致挫折感，挫折引发希望伤害他人的愤怒 |

| 模型文献 | 主要模型 | 符号与模型意义 | 模型的核心含义 |
|---|---|---|---|
| 惊喜情绪<br>（Khalmetski et al.，2015） | $S_i(t_i \mid h_j) = \alpha_i \int_0^{t_i}(t_i - x)h_j(x)dx - \beta_i \int_{t_i}^1(x - t_i)h_j(x)dx$ | $S_i$ 为惊喜函数，$t_i$ 为 i 对 j 分配份额的实际值，$h_j$ 为 j 关于 i 分配份额期望值 x 信念的概率密度函数，$x < t_i$ 带来正面惊喜的正效用，$x > t_i$ 带来负面意外的负效用，$\alpha_i$ 和 $\beta_i$ 分别度量两种情绪的强度 | 个人有给予他人惊喜的决策动机，给予他人份额超过他人的预期伴随惊喜的正效用，低于他人预期则伴随负效用 |
| 欣喜情绪<br>（Malmendier and Schmidt，2017） | $U_i = m_i(s) + \sum_{j \neq i} \alpha_i^j(s \mid \sigma)m_j(s)$ | s 为所有人的纯策略组合，$\alpha_i^j(s \mid \sigma)$ 为 i 对 j 关注敏感性的权重，$m_i$ 和 $m_j$ 分别为 i 和 j 的财富收益，$\sigma$ 为 i 期望的其他人策略组合 | 欣喜，当他人的策略导致自身收益高于期望的策略时，自己也希望他人更好 |

## 2.5　身份认同、形象与规范遵从

除了对他人的关注，人类决策动机另一块重要部分来自对自身的关注，即我是谁，我应该如何，别人如何看我。身份认同（identity）是社会心理学的重要研究领域，关乎"我是谁"的自我感觉，阿克洛夫和克朗顿（Akerlof and Kranton，2000）将这一概念引入经济学中，将认同作为个人效用的组成和行为决策的重要动机。认同可进一步区分为个人认同和社会认同，个人认同强调个体区别于他人的独特性，而社会身份强调与所属的群体成员共享类似的特征。我们的性别、民族、籍贯、职业、宗教信仰将我们置于不同的社会身份之中，有些身份是无法选择的，而有些取决于自身的选择。个人对身份所属的内在认同是构成自我的重要部分。阿克洛夫和克朗顿（2000）的模型中认同构成效用，认同效用取决于个体所属身份的社会地位，个人特征及与所属身份理想状态的相称性，以及个人和他人行为与身份理想规定的合宜性。

本杰明等（Benjamin et al.，2010）拓展了阿克洛夫和克朗顿（2000）的模型并聚焦于认同的自我归类（self-categorization），认为通过启动效应（priming）可以使个人对所属身份的归属感得到加强。个体行为偏离所属身份的规范会导致负效用，因而启动效应使身份归属感在一定的情境中加强会引发行为改变。个人存在不考虑身份的偏好决策和身份规范的决策之间的权衡，并最大化总效用。克洛尔和沙约（Klor and Shayo，2010）从另一个角度解释社会认同，认为认同一种身份意味着在乎所属身份群体的社会地位，即将群体利益作为个人利益的一部分，这样身份认同以一种间接的方式构成效用。

贝纳布和梯若尔（2011）将认同的重要性拓展到超越身份本身的信念与价值观。像生命、正义、自由、荣誉、爱和宗教信仰等是无价的，因此对婚姻、友情忠诚等赋予金钱价值是被认为极不道德的。这一概念可以延伸到广泛地存在道德考量的市场行为，从事类似行为成为一种禁忌（ta-boos）。人们不仅有动机通过行动，甚至会通过他们的认知和观念来增强这种禁忌。在该模型中个人的道德认同信念成为一种资本，个人投资于这种资产可以获得回报（如帮助他人可以增强人际关系）。

自我形象或自尊（self-esteem）理论认为个人对自我的认可非常重要，从自信中获得快乐，而自卑则导致苦恼。卡兹吉（Köszegi，2006a）将个人从自我的正面评价中获得的效用称为自我效用（ego utility）。由于自信带给个体效用，当个体对现有自我形象满意时，会扭曲选择以避免获得关于自身的信息（自我形象保护动机），而当个体对现有自我形象不满意时，会努力获得信息来提升信念（自我信念提升动机）。人们还普遍表现过度自信的倾向。贝纳布和梯若尔（2002）指出个人偏好过度自信的三方面原因：一是直接从自我感觉良好中获得快乐（消费价值），二是充满自信者更容易说服别人（信号价值），三是对你能力的自信有助于挑战更高的目标并在逆境中坚持不懈（动机价值）。

受卡兹吉（2006a）模型的启发，拉宾（Rabin，2010）提出了一个简洁的自我效用模型。假设有两种类型人，擅长做小工具者和不擅长者，张三的效用函数是 $u = w - e - \varphi\sqrt{p}$，其中参数 $\varphi \geqslant 0$，w 是他的收入，e 是他工作努力的成本，p 是认为自己擅长制工具的概率。当 $\varphi = 0$ 时就是普通的效用表达，当 $\varphi \geqslant 0$ 即认为张三有自我效用。假设张三有一个关于擅长制工具原初的信念 $\bar{p} \in [0, 1]$，当他工作时 e = k > 0 就会确切发现是否擅长，如果擅长则 w = 1，不擅长则 w = α < 1。如果不工作则 e = 0，w = 0，也不能得到类型的信息。这样工作的效用就是 $u = \bar{p}[1 + \varphi\sqrt{1}] + (1 - \bar{p})[\alpha + \varphi\sqrt{0}] - k$，不工作的效用是 $u = \varphi\sqrt{p}$。张三是否工作取决于两种效用的权衡，$\varphi$ 和 p 值的大小对决策具有决定影响，而不再是简单取决于成本与收益的权衡。

社会形象理论认为人们同时在乎他人如何看待和评价自己，希望得到他人的认可、喜欢和尊重，这也是人类从事亲社会行为的重要动机。贝纳布和梯若尔（Bénabou and Tirole，2006b）的模型认为人们从事亲社会行为的动机中，除了物质收益和来自做好事带来自我形象的效用，还包括来自家人、朋友、同事、雇主等他人的评判带来的声誉成本和收益考虑，而声誉的价值既包括功利性的考虑也包括纯情感的社会尊重。埃林森和约翰内森（Ellingsen and Johannesson，2008）在行为委托代理理论的框架下分析社会尊重的影响，核心假设是参与者会对其他人怎么看自己有骄傲感，他们会喜欢被别人认为是一个利他的人而不是自私的人。由于员工在乎老板和同事对自己的看法，因此在企业管理不能仅依靠物质激励，对雇员的尊重也非常重要，并分析了物质激励的设置不当如何会挤出来自社会尊重的激励。类似的思想，安德雷奥尼和伯恩海姆（Andreoni and Bernheim，2009）假设人们喜欢被他人认为是公平的，并将这种内在需求加入效用函数中以解释普遍存在的五-五分派的社会规范。塔德利斯（Tadelis，2011）认为，人们因在乎他人看法而具有羞耻厌恶的动机，这对于亲社会行为意义重大。

在乎社会形象的一个重要行为体现表现为遵从社会规范（conformism）。伯恩海姆（1994）模型中个人从他人尊重中获得效用，定义尊重为大众对个人类型的认识，并假设在均衡状态所有人形成共同的标准而可以给个人定义一个唯一的类型。尊重仅依赖于他人对个人类型的认知而与个人的真实类型无关，但个人的类型不可直接观测，他人必须通过个人的可观测的行动选择来推断。因此，个人通过遵从社会规范以获得他人的尊重。斯利沃卡（Sliwka，2007）则提出遵从取决于认为他人会如何行为的道德信念，当遵从者认为很高比例的其他人公平时自身也会表现公平。假设有三种类型的参与者，纯自利者，公平者和遵从者。遵从者对特定条件中合宜的行为不确定，因此受到社会规范的影响，选择遵从人群中高比例类型者的行为模式。虽然没有提出明确的效用函数，其核心思想体现为人们从规范遵从行为中获得效用。

费希尔和哈达特（Fischer and Huddart，2008）则从负面的角度指出当团队成员的努力水平低于其他成员时自身会遭受效用损失。该模型的独特之处在于定义了一个规范函数，包括个人规范和共同的社会规范，社会规范指所在组织的不合宜行为的人均水平。当个人行为偏离同辈多数人的行为模式时会感到内疚等身心不适，从而会在决策动机中表现出遵从规范。由于遵从规范是个人重要的效用组成，因此在组织激励结构的设计中考虑规范的作用对于激励成员的努力非常关键。与以上文献将规范局限于一定的组织范围不同，塔贝里尼（Tabellini，2008）认为社会规范通过代际传承和教育内化于个人的价值观念之中，个体决策时面临物质利益和内化的个人价值之间的权衡，因此这一概念适用于分析普遍的情形。表2-3简要概括了基于身份认同、形象与规范的决策模型。

表2-3　　　　　　　　基于身份认同、形象与规范的决策模型

| 模型文献 | 主要模型 | 符号与模型意义 | 模型的核心含义 |
|---|---|---|---|
| 认同效用模型（Akerlof and Kranton，2000） | $U_j = U_j(a_j, a_{-j}, I_j)$ $I_j = I_j(a_j, a_{-j}; c_j, \epsilon_j, P)$ | j的效用来自j的行动$a_j$和他人行动$a_{-j}$以及身份认同I，认同取决于社会分类$c_j$，个人特征$\epsilon_j$及与所属身份理想状态P的相称性 | 身份认同效用来自个人特征和行为与身份理想状态的相称性，个人选择行动以最大化身份效用 |
| 身份效用模型（Benjamin et al.，2010） | $U = -(1-w(s))(x-x_0)^2 - w(s)(x-x_C)^2$ | x为个体采取的行动，$x_0$为没有身份考虑时偏好的行动，而$x_C$为身份规范的行动，w(s)为决策中赋予身份考虑的权重，s则度量了身份归属感的强度 | 行为偏离所属身份的规范导致负效用，给定个体的身份归属强度s，选择行动以最大化效用 |
| 身份地位效用（Klor and Shayo，2010） | $U_i(a) = u(\pi_i(a)) + v(S_j(a), d_{ij})$ | $S_j(a)$是认同的身份群体j的社会地位，取决于j群体的平均收益与参照其他群体的比较，$d_{ij}$为i对身份群体j的认同距离，v是$S_j$的增函数，$d_{ij}$的减函数 | 个人效用与身份群体的社会地位正相关，与个人和身份群体的认同距离负相关 |
| 道德认同模型（Bénabou and Tirole，2011） | $U_0 = -ca + \lambda V(v_k, v_k, A_0+ar) + (1-\lambda)V(v_k, \tilde{v}(a), A_0+ar)$ | a是0期投资决策，c是投资成本，k为类型（高利他H或低利他L），v是投资可获长期回报，以概率λ预先可知，以1-λ的概率通过自我推断形成对v的预期信念$\tilde{v}(a)$，r是投资的回报率，$A_0$为初期的资本量 | 信念作为资产，投资于道德认同资本以最大化效用，通过"禁忌"的信念保护无价的社会资产 |

续表

| 模型文献 | 主要模型 | 符号与模型意义 | 模型的核心含义 |
|---|---|---|---|
| 自我形象<br>（Köszegi，2006a） | $U = \omega u(\ \overline{q}\ (S^t)) + a_i^t$ | $a_i^t$ 是选择实现的结果，$\omega$ 是赋予自我效用的权重，$u$ 是自我效用，$\overline{q}\ (S^t)$ 是基于先前信念和信息集 $S$ 形成的对自身能力的平均信念 | 自我形象的效用取决于个体主观自认为是高能力（高品质、高漂亮等）类型的概率 |
| 自我形象<br>（Bénabou and Tirole，2002） | $U = E\lfloor\ \max\{\theta V - c,\ 0\} + u(\theta)\ \rfloor$ | $\theta$ 是个人对自身能力的自我感觉，体现为在任务中成功的概率，$c$ 是参与任务的成本，$V$ 为任务成功的收益，$u$ 为自我形象的效用 | 自我形象的效用动机可以导致过度自信的倾向 |
| 社会形象<br>（Bénabou and Tirole，2006b） | $u = (v_a + v_y y)a - C(a) + \mu_a E(v_a\ \vert\ a,\ y) - \mu_y E(v_y\ \vert\ a,\ y)$ | 选择 $a$ 水平的参与导致成本 $C$ 和物质收益 $ya$，$y$ 为激励率，$v_a$ 和 $v_y$ 分别为社会收益和物质收益的内在价值，$\mu_a$ 和 $\mu_y$ 为对声誉的关注，$\mu_a$ 是正面的亲社会性，$\mu_y$ 是反面的不贪婪 | 个人有声誉考虑，效用来自他人的评判，为此个人有通过亲社会行为维持正面形象的动机 |
| 社会尊重与形象<br>（Ellingsen and Johannesson，2008） | $u_i = m_i + \theta_i m_j + \widetilde{\theta}_{ji}$ | $\theta$ 是参与者类型，分两种（自私和利他），$m_i$ 是 $i$ 的物质支付，第二项表现利他倾向，$\widetilde{\theta}_{ji}$ 是 $i$ 感觉到的 $j$ 对 $i$ 的尊重 | 在乎别人如何看待自己，从感知的他人对自身的尊重获得效用 |
| 社会规范与形象<br>（Andreoni and Bernheim，2009） | $U(x,\ m,\ t) = F(1 - x,\ m) + tG(x - x^F)$ | $x$ 是给予他人的分配份额，社会形象 $m$ 依赖于相关方对自身是否公平的看法，$t$ 是对公平重要性考虑，反映了决策者的类型，$x^F$ 代表最公平的分配方案 | 人们遵从公平的社会规范，是因为在乎他人对自身是否公平的评判 |
| 规范遵从<br>（Fischer and Huddart，2008） | $U_i = w_i + b_i h(a_i + u_i) - f(a_i) - f(u_i + N_i)$<br>$N_i = (1 - \lambda)P_i + \lambda S$ | $i$ 选择两个行动 $a_i$（合宜的）和 $u_i$（不合宜的），$w_i$ 和 $b_i h$ 分别为 $i$ 报酬合约的固定和可变部分，$b_i$ 是在报告 $h$ 基础上的激励系数，$f$ 是 $i$ 行动的成本函数，$N_i$ 为规范，$P_i$ 为个人规范，$S$ 为社会规范 | 规范遵从，个人从事偏离规范的不合宜的行为导致效用损失，规范由组织成员的大多数行为构成 |

| 模型文献 | 主要模型 | 符号与模型意义 | 模型的核心含义 |
|---|---|---|---|
| 社会规范<br>(Tabellini，2008) | $V_t^{pk} = U(\theta^k, n_t)$<br>$+$<br>$d \int_0^{Y_T^K} e^{-\theta Pz} g(z) dz$ | 类型 p 的父母对类型 k 子女的期望收益，U 为期望的物质收益，第二项为在距离 $Y_T^K$ 范围与匹配者合作的期望非物质收益，$n_t$ 是他人中合作者的比例，g(z) 为随机与距离 z 的某人匹配进行博弈的概率，d 为合作的心理收益，θ 为随距离增加的指数衰减率 | 社会规范的内化，父母通过代际传承将合作的价值观念传递给子女，合作的价值观带来非物质的心理效用 |

# 2.6 围绕信念与理性拓展的效用模型

基于偏好的效用拓展仍假定个体在形成信念和决策时可以保持理性，并实现效用的最大化。在过去几十年，心理学和行为经济学已报告了大量人类决策偏离理性的现象，如禀赋效应、锚定效应、框架效应、同辈效应（peer effect）、小数定律、代表性偏差、启发式（heuristics）、心理账户、短视的损失厌恶等（Kahneman，2003；Della Vigna，2009），并基于认知失调、决策疲劳、自律失败、人际排斥、本能和情绪，以及深层次的心智模式等进行了丰富的解读。决策的非理性也构成人类合作的重要行为基础。

## 2.6.1 跨期与不确定性前景中的非理性决策

人类决策的非理性普遍体现在跨期决策中信念形成偏离标准的贝叶斯理性信念。在经典的跨期效用函数即贴现效用模型（指数贴现）中，个体对未来的效用按照一定的贴现率 δ 进行折现，个体在当期和未来之间进行权衡。这一基本模型假定人们对未来各期赋予相同的贴现率，即偏好的跨期一致性。对跨期决策的典型拓展体现在双曲贴现效用模型（Laibson，1997）的提出。双曲贴现模型主要是在经典贴现模型折现率 δ 的基础上引入一个刻画现时偏好程度的参数 β，这样个体对当期（t 期）效用的权重为 1，而对未来 τ 期的权重为 $\beta\delta^{\tau-t}$，下一期对当期的贴现为 βδ，而未来任意两期之间的贴现率为 δ。双曲贴现函数的主要含义体现为偏好的时间不一致性，这在决策中就出现了短期和长期之间的冲突。双曲贴现模型又可称为现状偏差模型，行为含义指个人总是赋予现时效用更高的权重，从而引发自我控制问题，具体体现为拖延、最后期限效应和成瘾等问题（O'Donoghue and Rabin 1999；Gruber and Köszegi，2001）。

双曲贴现模型从不一致的时间贴现系数来解释经典贴现模型无法解释的异象，另一些模型则认为异象的存在可能来自瞬时效用函数本身的错误设定。预想效用模型认为个人的当前效用不仅来自当期的消费，还来自对未来消费的预期。人们会对未来可能发生的好事情充满期待，对坏事情担忧恐惧。这种预期的情感对个体福利的影响常常超过事实本身，如对于一次即将到来的长途旅行，可能会兴奋很多天，而旅行真正开始的时候反而没有那么愉快。这种包含个体对未来信念的情绪特别对涉及跨期决策的情形具有重要意义，如罗文斯坦（Loewenstein，1987）证实为避免焦虑许多个体会选择一个立刻执行的电击而不是一天后执行的电击。

卡普林和莱希（2001）建立了包括预想效用的模型，特别关注对不确定事实的焦虑情绪和在决策中降低焦虑的动机。卡兹吉（Koszegi，2006a，2010）以类似的思想建模，假设委托人的效用是物质结果和信念依赖情绪的函数，预想的效用和物质效用分别占一定比例的权重。在两期决策下，预想效用等于在第 1 期信念的条件下对第 2 期的期望物质效用。卡兹吉（2006b）模型不同于卡普林和莱希（2001）的特点是将物质效用和预想的心理效用进行了完全的分离。

对风险与不确定前景中决策的拓展主要体现在对期望效用理论的挑战。卡尼曼和特沃斯基（Kahneman and Tversky，1979）提出的前景理论和其后发展的特沃斯基和卡尼曼（1992）的累积前景理论是标志性的突破。卡兹吉和拉宾（2006，2007）基于期望的参照点模型也是分析风险决策的重要模型，当期望涉及对结果的不确定性时，使用概率信念为参照点来替代以结果的参照点。对于参照点概率信念的形成，该模型认为来自对结果概率的最近预期，并分析了在面临的多种决策环境中均衡参照信念的形成。

失望厌恶模型（Loomes and Sugden，1986）在分析风险和不确定性决策中具有类似参照信念的思想，如果实现的前景结果差于预期的结果个人面临失望，因此在形成预期中失望厌恶的考虑会影响到对前景概率的估计。另一种偏离理性风险决策的方式体现为个体不是依赖真实的概率进行选择，而是风险态度受到不同结果显著性的影响而被赋予不同的权重，玻尔达罗等（Bordalo et al.，2012）的模型描述了这种情况。其对标准期望效用模型的偏离在于引入一个决策权重函数，决策权重的计算依赖于决策者对不同可能结果显著性的排序，显著性则来自某个彩票结果相对其他可得彩票结果的比例差距非常大。

不确定前景中的决策模型则主要围绕模糊厌恶（ambiguity aversion）对主观期望效用模型进行了拓展。吉尔波亚和施迈德勒（Gilboa and Schmeidler, 1989）发展的可称为最大最小期望效用模型（Maxmin）中，决策者根据对事件发生概率的主观概率的先验信念进行决策，模糊厌恶意味着给定这一先验信念的条件下以最悲观的方式对主观事件进行评估。对最大最小期望效用模型的一个一般化扩展形式称为最大最小模型（Ghirardato et al., 2004），该模型是最大最小期望效用和最大最大（Maxmax）期望效用的线性组合，线性系数用来度量模糊态度。

另一个由克里巴诺夫等（Klibanoff et al., 2005）发展的模型称为平滑模糊偏好模型。该模型对不确定性决策中的模糊和模糊态度进行了区分，用模糊来表示决策面临的主观信息特征，而用模糊态度表示决策者的偏好（品味）。模型还将不确定决策过程分解为风险和模糊两部分。平滑模型使得对模糊态度的分析可以使用类似处理风险态度的方法。马切罗尼（Maccheroni et al., 2006）的可变偏好（variational preferences）模型则在最大最小期望效用模型的基础上引入了度量模糊态度的成本函数，意味着获取概率分布的信念需要付出成本。

高尔曼等（Golman et al., 2015）在期望效用的框架下分析面对风险或不确定情形的信念如何影响效用进行了拓展。模型认为风险决策中面临信息差（information gap），即围绕实际结果发生的不确定性的思考，如投硬币时想象是出现正面还是反面。这种对结果的不确定性感觉带来不适，风险厌恶来自避免对这种不确定性思考的需求。当额外的不确定性增加时风险厌恶程度增加，因此对混合彩票的厌恶更胜。在不确定性情况下的模糊偏好具有类型的性质，当厌恶对前景不确定的思考时表现模糊厌恶，当享受对前景不确定的思考时呈现模糊爱好。

## 2.6.2 统一化的有限理性模型

现象的多样性和模型的零碎化使得对非理性的经济学分析饱受诟病。最新的一些有限理性模型力图能够为分析非理性行为提供一个统一化的框架。

（1）双自我模型。

弗登伯格和莱文（Fudenberg and Levine，2006）提出了一个双自我模型来解释时间不一致偏好等行为现象，该模型假定个体是由一个富有耐心的长期自我和一系列缺乏耐心的短期自我构成的，这些自我共同进行决策。在每期，长期自我和短期自我对当期的偏好都是相同的，但是对未来的看法不同。在决策中长期自我可以首先通过一种自我控制行动来影响短期自我的效用函数，之后短期自我根据修正了的偏好进行最终选择。在面对未来决策权衡时，短期自我是无差异的，因此长期自我可以用较低的成本控制短期自我，但是面对当前和未来权衡时长期自我的控制成本变高，有时不得不放弃对短期自我的控制，出现利益冲突的结果。

布罗卡斯和卡里洛（Brocas and Carrillo，2008）类似的基于神经科学关于大脑双系统决策的证据提出了一个双系统的决策模型并分析了三种类型的决策冲突：同时持有两种不同信念的信息冲突，对当前和未来重要性权衡的跨期冲突，以及面对诱惑物的激励显著时冲动与慎思的冲突。大脑两个系统的冲突对最优决策制定产生约束，这时需最大化两个系统相加的效用函数，以选择消费 c 和劳动 n 的决策为例，这时需最大化函数：

$$U = \theta_1 u(c_1) - n_1 + \theta_2 u(c_2) - n_2$$

其中 $\theta$ 刻画消费与劳动的相对吸引力。$\theta_1 u(c_1) - n_1$ 和 $\theta_2 u(c_2) - n_2$ 分别代表两个系统的效用函数。

（2）有限注意力与显著性理论。

另一块近来发展迅猛的领域称为有限注意力（limited attention）理论。有限注意力是指在决策中并非利用所有可得的信息，而是只关注有限的信息。理性决策理论的捍卫者认为决策错误并不代表决策非理性，决策者需要在最优决策和面临的信息搜寻成本之间进行权衡，因此有限注意力一定程度可被解读为理性的不注意（rational inattention），在相对经典模型假设利用所有信息而言在此认为这些模型都是对传统模型的拓展。以卡普林和迪恩（Caplin and Dean，2015）的模型为例，决策者面临的最优决策问题可描述为最大化如下的函数：

$$U = \sum_{\gamma \in \Gamma(\pi)} \left[ \sum_{\omega \in \Omega} \mu(\omega) \pi(\gamma | \omega) \right] \left[ \max_{a \in A} \sum_{\omega \in \Omega} \gamma(\omega) u(a(\omega)) \right] - K(\pi)$$

函数第一项为使用特定信息结构 $\gamma(\omega)$ 的决策导致的总收益，第二项为决策的信息成本。这一效用模型包括三个重要成分：信息成本函数 K（描述在不同类型信息获取的主观成本），注意力函数（在每个决策问题中对信息结构的选择），选择函数（依据接收的信号作出选择）。在决策问题 A 中

在状态 ω 需选择行动 a，在状态 ω 形成的主观信号 γ，$\pi(\gamma|\omega)$ 即为给定状态 ω 下信号 γ 的概率。

显著性理论则认为在决策中呈现只关注或过度关注具有显著特征的属性（如股票涨停）而没有利用所有可能信息的价值导致非最优决策。玻尔达罗等（2013）认为，在面临普通的选择问题时，物品属性（如价格）的显著性来自这一属性相对物品的其他属性更加引人注目。卡兹吉和赛德尔（Köszegi and Szeidl，2013）的模型具有类似思想，个人选择时会太过倾向将重点聚焦于选择集中最与众不同的特征上，而理性最大化要求赋予所有备选对象同等关注。将这一行为特征应用于跨期选择问题会出现现时偏差和时间不一致问题。该模型中决策者在一个具有 K 维属性的消费束 C 中进行选择时力图最大化一个称为聚焦权重的效用函数：$\sum_{k=1}^{K} g_k u_k(c_k)$，其中 $g_k$ 为对属性 k 赋予的聚焦权重。

（3）稀疏模型。

加贝克斯（Gabaix，2014）力图为有限理性建立一个更具一般性的分析框架，其建立的稀疏（sparsity-based）模型依赖于一个稀疏最大化算子，在该模式下决策者为自己建立一个简化的稀疏模型并据此进行决策，这一决策模型中只考虑最重要的因素而忽视其他信息。稀疏最大化算子为：

$$u(a, x) = -\frac{1}{2}(a - \sum_{i=1}^{n} \mu_i x_i)^2$$

表示决策在选择行动 a 时需考虑的因素 x，如 a 为消费，$x_1$ 是收入，$x_2$ 是 GDP……$x_{100}$ 是明天地震的概率。$\mu_i$ 为根据因素重要性赋予不同的权重，这时最优行动满足：

$$a(\mu) = \sum_{i=1}^{n} \mu_i x_i$$

在稀疏决策中决策者只考虑最重要的极少因素，因此其他因素的权重都为 0。

人际互动博弈中拓展到有限理性的主要模型基于，一是逐步思考信念的认知层次结构理论（CH）或 level - k 模型（Camerer et al.，2004）；二是允许博弈者犯小错误的随机最优反应均衡模型，学习模型以及包括老练者的学习模型（见 Camerer and Ho，2015）等。这些拓展表明人类在追求最大化效用的道路上面临来自本能的障碍，决策并不总是能够最大化自身期望的结果，特别是面临短期利益和长期利益的冲突时，自我控制等问题会造成"一失足成千古恨"的悲剧结果。经济利益驱动的市场在利用人性弱点获取利润的同时必然伤害社会整体福利，因此良好的经济社会结构应该以"助推"的思想帮助人们战胜本能障碍。

## 2.7　道德与情感情绪决策的实验证据

### 2.7.1　情感情绪决策的实验证据

拉宾（1993）等基于意图的互惠情感在理论上有助解释大量经济学实验中观测到的对自利最大化行为的背离，但是较难提供明确的实证①。实验中由于参与者对意图的不同理解，导致相同结果的行动可能引起完全不同的互惠反应，一个核心的问题是个体如何评价特定行动的善意程度。

一些实验是通过对比有意选择的行动与可选的替代行动来评价意图的，如在控制组先行动者可以在一组可选择的行动集中有意地选择如何行动，而在实验处置组选择是被随机决定的，在这种方法下布朗特（Blount，1995）发现了意图在消极互惠（negative reciprocity）中的显著证据。查尼斯（2004）通过对比一个标准的礼物交换游戏组和一个工资被随机决定的处置组，发现当工资是由雇主人为确定时工资和努力之间关系的斜率显著更高，证实了意图在积极互惠中的作用。福尔克等（Falk et al.，2008）发现公平意图的归因同时对积极和消极互惠行为具有显著的影响。

斯坦卡等（Stanca et al.，2009）则通过在一个对称的礼物交换游戏中操纵先行动者对后行动者策略空间的信念来考察动机的本源在意图与行动的相关性验证中的作用。游戏为参与者 A 和 B 提供相同的初始禀赋 20 游戏币，第一阶段 A 选择一个数目 a 送给 B，送出的游戏币乘以 3 倍到达 B，即一阶段结束 A 和 B 的支付为（20 − a，20 + 3a）。实验组 I 中参与者在实验前就告知有第二阶段实验互换角色（即 B 选择送数目 b 给 A），实验组 II 中在一阶段后参与者才被告知有第二阶段，最终的实验支付为（20 − a + 3b，20 − b + 3a）。两组间就产生了 A 在一阶段行为不同的动机因素，对给定的

───────────────

① 如独裁者实验、最后通牒实验、信任实验、礼物交换实验和公共物品实验等类似实验的发现与传统理论预测相悖，基于分配依赖偏好的模型对此提出了部分解释，如费尔和施密特（Fehr and Schmidt，1999）、博尔顿和奥肯费尔斯（Bolton and Ockenfels，2000）认为个体不仅在乎自身的物质收益，还在乎最终收益与其他人的比较，这类模型只关注最终的分配结果。

分配结果，基于策略动机的行动会被感受到较低的善意（A 是为了 B 的回报而友善，相对于 A 的纯粹利他动机，B 则感受到 A 较少的善意）。实验结果表明当先行动者的策略动机可被剔除时，后行动者反映出强烈的积极互惠行为，选择行为背后动机的类型对互惠行为有显著的影响。

杜文伯格和格内兹（Dufwenberg and Gneezy，2000）以及圭拉和齐佐（Guerra and Zizzo，2004）的"信任回应"实验同时提供了内疚厌恶动机存在的证据，信任回应与内疚厌恶实际上是同一枚硬币的两面，描述的是同样的情感，在信任游戏中表现为代理人二阶信念和信任实现的正相关①。查尼斯和杜文伯格（2006）的实验证明人们努力迎合他人的预期以避免内疚，从而显示出信守承诺的行为。范伯格（Vanberg，2008）则通过对人们信守承诺行为的研究，认为迎合他人预期的说法不能解释承诺行为，人具有信守承诺本身的偏好，但是两种解释都可以在内疚情感中找到根据，打破承诺本身就会使人感到内疚，内疚情绪是由对于对契约或道德义务规定了的"应该做"而没有做出一致行为引发的。鲁本等（Reuben et al.，2009）显示在信任游戏中大部分代理人当面对委托人较低的期望时回应以不值得信任的行为，不信任行为是自我实现的，这与内疚厌恶理论一致。

以上实验虽证实了内疚厌恶的存在性，但是提供很少内疚厌恶重要性的定量信息。埃林森等（2010）通过三个独立的实验（独裁者实验、完全信息的信任实验和隐藏行动的信任实验）分别测度内疚厌恶，发现实验中慷慨行为与引出信念的相关性接近于零，所以认为内疚厌恶可能没想得那么重要。贝利玛尔等（Bellemare et al.，2011）使用类似的外生引出二阶信念的方法对荷兰人口大样本做了一个简单的提议——回应实验。研究者通过估计内疚厌恶的结构模型来测度人群为避免令他人失望而内疚的意愿支付水平，估计结果显示显著的意愿支付来避免内疚，回应者平均愿意支付 0.4~0.6 欧元来避免提议者 1 欧元的失望。

阿塔纳西、巴蒂加利和纳格尔（Attanasi，Battigalli and Nagel，2011）构造了一个简单的机制来同时引出和传递心理博弈中参与者对内疚和互惠的敏感性。研究者通过结构化的问卷来引出受信人（B）的信念并揭露（或不揭露）给其搭档，这样内疚敏感性参数和互惠敏感性参数都可被作为参与者中的公共信息，这就可在几乎完全信息处置的情景和不完全信息处置

---

① 巴卡拉克等（Bacharach et al.，2007）再次实验验证了信任的自我实现性质，发现强烈的信任回应，但作者没有明确与内疚厌恶联系，而是解释为态度（attitudinal）理论，并考察了其他可能引起信任回应的动机，包括善意互惠和不平等厌恶等。

的情景间比较参与者的行为。当参与者玩一阶段的信任游戏时没有任何事前的信念依赖动机的传递。实验结果显示引出 B 的信念依赖偏好而不传递给 A 并不改变参与者的行为，这可被看作一个间接的信念依赖动机存在的证据（研究者并没有引起他们，而是仅仅把已经存在的东西引导出来）。而引出并传递 B 的信念依赖偏好并允许参与者玩几乎完全信息的一阶段信任心理博弈时参与者的行为明显不同（与对应的不完全信息心理博弈的设置相比）。受信人 B 的信念依赖偏好的信息导致授信人 A 感受到受信人的信念依赖动机（如内疚和互惠），这最终导致双方参与者更加合作的行为。

神经成像方法也直接用于情感情绪决策相关的研究。巴特和卡梅勒（Bhatt and Camerer，2005）使用功能磁共振成像（fMRI）扫描了参与者在制定决策、表达一阶以及二阶信念时的大脑活动。研究发现信念的表达和信念形成与特定区域的大皮层活动相关，特别的发现二阶信念的形成会激活前脑岛活动，这一过程似乎是一个做决策与形成信念的混合体，这与传统博弈论的认识明显不同。范登博斯等（2009）发现基于意图的互惠与大脑的颞部顶骨连接部位（TPJ）和内侧前额叶皮质（vmPFC）区域的活动有关。张卢克等（Chang, L. J. et al.，2011）使用 fMRI 研究了内疚厌恶情绪的神经元基础。当参与者最小化内疚，即当行为与他们对对手期望的信念一致时，脑岛、辅助运动区（SMA）、脑回前侧背面（DACC）、背外侧前额叶皮质（DLPFC）及颞部顶骨连接部位（TPJ）的活跃度增强，而当参与者返还额低于他们对对手的期望信念时，伴随腹内侧前额叶皮质（vmPFC）、双边伏隔核（NAcc）及背内侧前额叶皮层（DMPFC）的较高活跃度。对内疚敏感性系数的估计表明增强的内疚敏感性与增强的脑岛和 SMA 活跃度正相关，而与 NAcc 的活跃度负相关。

另外，焦虑、失望、后悔等情绪的研究正在兴起，越来越多的实验设计来对各类情绪决策机制进行验证，与信念依赖动机直接相关的主要实验文献见丹娜等（Dana et al.，2006，2007）、塔德利斯（2011）与吉尔和普罗维斯（Gill and Prowse，2012）等。

## 2.7.2 道德与道德判断：实验证据

人们之所以选择从事某种行为或不从事某种行为，往往根治于内心中对行为是否合理的信念判断，即做正确的事情而避免错误的事情。通常来说，即使谎言与欺骗不会被发现，人们依然珍视诚实与守信的道德品质

（如 Gneezy，2005；López – Pérez and Spiegelman，2013；Pruckner and Saus-gruber，2013）。

库比特等（Cubitt et al.，2011）在实验中使用来自道德心理学的方法引出参加者关于搭便车行为的道德判断来研究搭便车在多大程度上被认为是一个道德问题。实验的设置如下：实验的参加者扮演"旁观者"（specta-tors）的角色，面对两种类型的公共物品决策者 A 和 B 的行为进行道德判断。A 和 B 各有 20 单位的初始实验禀赋并进行公共物品投资，B 总是搭便车者即向公共物品投入为 0；不同的情境中 A 投入公共物品的数额为 0、5、10、15 或 20。之后被试作为独立的第三方观测者被询问针对 A 不同可能的贡献额如何进行道德评判的行为，道德评判的尺度介于 – 50（极端坏）到 + 50（极端好）之间。结果平均的道德评判总是低于 0，也就是人们认为 B 的搭便车行为是在道德上应该受到谴责的。另外，大约一半的被试的道德评价部依赖于 A 的贡献额，而约 1/3 的被试面对同样的搭便车行为在 A 给出更高的贡献额时认为更加的不道德。

既然搭便车被认为是不道德的，自然的问题便是这种不道德的价值判断是否同时会引发负面的情感情绪？愤怒和内疚作为两种与道德直接相关的情绪触动两种重要的执行机制，即外部惩罚和内在惩罚。在社会困境中，愤怒的被搭便车者会有强烈的对搭便车者进行惩罚的意愿，从而这种预期会给搭便车者一种外在的避免被惩罚的激励。内疚则作为一种负面的情感起到内在惩罚的作用，让搭便车者遭受道德的折磨。

库比特、德鲁维利斯和加赫特（Cubitt，Drouvelis and Gächter，2011）通过引出单轮公共物品实验参加者在决策后的情绪来研究搭便车行为在多大程度上导致合作者的愤怒和搭便车者的内疚。结果显示，实验参加者的愤怒和内疚水平几乎是彼此的映像，即搭档的贡献水平比自身的贡献水平越低，自身的愤怒感越强，而内疚感很弱，相反当搭档的贡献水平比自身贡献越高，则内疚感越强，而风怒感越弱。

有关道德评判的进一步证据来自费尔和菲斯巴赫（Fehr and Fischbach-er，2004）的第三方惩罚实验。在该实验中，两名参加者进行囚徒困境博弈，另一名参加者则作为囚徒困境的无关方可以在观察到另两人的决策后选择对他们进行有成本的惩罚。因为第三方的利益并不受囚徒困境博弈的影响，所以第三方惩罚行为可以作为一种道德评判的反应。结果显示相比相互背叛的情况，第三方更可能在囚徒困境博弈中其中一方选择合作的情况下对背叛方进行惩罚，而相互合作的情况几乎从未有惩罚发生。可以理

解，当一方选择合作时，另一方的背叛行为在道德上是值得谴责的，第三
方惩罚的实验表明人们愿意为这种道德评判支付成本。进一步的神经科学
（Buckholtz and Marois，2012），以及跨文化研究（Henrich et al.，2006）的
证据都支持第三方惩罚行为是一种广泛存在的人类内在行为倾向。

　　总的来说，对社会困境中行为的道德评判可以起到促进合作的作用，
当人们认为搭便车是一种不道德的行为时，会引发合作的甚至旁观者的愤
怒进而导致同辈惩罚或第三方惩罚，而搭便车者本身也遭受内疚的道德成
本。在此社会道德基础上，亲社会的合作行为便可以存在。

## 2.7.3　情感情绪引导与合作促进

　　既然情感情绪对行为具有决定作用，是否可以通过改变信念的机制对
行为产生积极影响，从而促进信任与合作，这对于组织管理者和政策制定
与实践者来说意义重大。

　　容易想到的是语言交流改变信念，很多研究者观察到面对面的交流可
以极大地提高合作。问题是交流是否以改变信念的方式对行为产生了影响，
要对此作出检验还需对其他因素严格控制。在用于检验内疚厌恶的信任实
验中，查尼斯和杜文伯格（Charness and Dufwenberg，2006）将行动前的交
流作为一种情感引出和传递的技术，考察了无约束行动前闲聊对参与者信
任和合作的影响。结果显示不同交流形式的效率水平差异明显，意图表达
对改变人们行为的感知似乎很有影响。在收集了参与者的策略决定后，研
究者引出委托人的一阶信念和代理人的二阶信念。实验只允许内容简单的
单方信息传递，以保证清楚的、交流功能受控的检测，并通过控制信息内
容以研究是否一些特定类型的信息影响决策。结果支持交流和承诺通过导
致二阶信念的改变影响了参与者的行为。

　　查尼斯和杜文伯格（2006）考察的是隐藏行动的情境下的交流作用，
查尔尼斯和杜文伯格（2011）则进一步研究了隐藏信息情况下交流是否可
以促进合作，并依据"撒谎的成本"（cost-of-lying）和"责备的内疚"
（guilt-from-blame）两种直接与心理博弈相关的行为模型来检验数据。承诺
机制在这过程起到关键的作用，承诺起到帮助抬高期望并增加信号可靠性
的作用。在一个以视频方式进行事先交流 3 人参与的独裁者实验中，格雷纳
等（Greiner et al.，2012）允许接受者对独裁者的单边视频交流，视频信息
成为影响独裁者（关于接受者的期望）的信念的工具，从而影响了独裁者

的分配决策。①

决策框架（framing）影响选择行为的结果已被心理学家和经济学家广为接受（Tversky and Kahneman，1981）。杜文伯格等（Dufwenberg et al.，2011）认为，框架是以通过影响信念来影响选择和行动的，如果个体是情绪化的或在乎他人的意图与需要，背景框架可以为决策者提供关于他人信念的线索，进而影响关于他人信念的信念。在同时考察互惠和内疚两种情感的公共物品实验中，研究者通过设置情境框架并引出参与者一阶和二阶信念来验证对参与者贡献的影响。在价框架（valence framing）方式中，参与者在"给"框架处置下的一阶与二阶信念及贡献都显著的比"拿"框架处置下高，这是因为框架为参与者提供了一个初始的焦点，参与者聚焦于明确指引他们去做的行为；在标签框架（label framing）方式中，"中性"的框架处置下的参与者一阶与二阶信念和贡献要高于"社区"（community）的框架处置，解释为参与者的社区环境为其提供了非合作的日常意识。社会规范、法律、合同和承诺等的暗示可能会转变个体关于他人行为和信念的信念，进而改变内在动机和行为，这对于理解社会环境如何塑造人们的行为提供了深入的理解。

## 2.8  总结性评价与展望

本章围绕当代经济学对效用内涵的拓展，从基于偏好、信念和情感情绪等维度的新决策理论对人类决策的根本动力进行解码。由于这一主题十分宏大，涉及的文献浩如烟海，受篇幅所限本文不能更详细地展现许多重要文献，对经典理论和相对旧的文献只做简要论述，重点围绕该领域的最近进展，并只聚焦于代表性的模型。特别地，我们对信念在人类决策中扮演的角色做了重点分析。以效用为核心的人类决策模式的最新拓展可在诸多方面为社会困境和非道德行为的认识带来新的视角。

（1）引发道德与情感情绪决策研究的重视。

情感与理智是人类行为的两大原动力。传统的理性选择模型实际上不考虑决策者的道德和情感情绪，理性代理人就像一架精心算计的机器，拥有无限的理智。传统的决策模型与其说是描述个体如何决策的，不如说是

---

① 对交流促进合作的众多机制的探讨可参见祖尔坦（Zultan，2012）及其引用文献。

教给个体如何决策的。将道德和情感情绪等因素纳入决策框架有助于更准确地刻画人类行为，使经济学更趋向科学化。由于个体的道德和情感情绪状态会影响其行为表现（Compte and Postlewaite，2004），对从微观的企业管理和激励制度设计到宏观的经济政策与公共管理都非常重要。

（2）深化对信任问题的研究。

信任是最重要的一项社会资本，是形成和维持合作的基础。人类的许多情感情绪（如内疚厌恶）对于维持信任行为都具有积极意义，通过一定的机制如交流（Charness and Dufwenberg，2006，2011）或对他人情感的开发（Cardella，2012）等来引致情感以提升信任水平的研究已引起大量学者的兴趣。

（3）为制度研究提供新的视角。

文化与社会规范作为重要的非正式制度与法律等正式制度共同起到对个体行为塑造的功能。本质上，文化与社会规范是作为一定群体成员共享的信念体系（Greif，1994）。群体成员的心理博弈决定了文化与社会规范的演化与均衡。心理效用论为研究制度提供了新的工具。如黄彼得和巫和懋（Huang and Wu，1994）分析了在考虑个体的情绪下法律、人情、社会规范、组织文化等对于控制腐败和维持社会秩序的不同角色。又如，在官僚与公众的心理博弈中，官僚的腐败与其对公众对自身期待的信念相关（Balafoutas，2011）。这样一个对腐败具有极高容忍度的社会可以催生高腐败，正式制度如何安排引导非正式制度达到好的自我实施均衡（Bohnet et al.，2001）是重要的课题。

（4）为大量非市场决策行为提供研究视角。

非市场行为占据了人类活动的大部分时间，人类在非市场行为中的情感情绪体验是构成个人幸福感的主要成分。鲁弗莱（Ruffle，1999）已使用心理博弈论研究了赠送礼物行为，杜文伯格（Dufwenberg，2002）分析了婚姻中的决策行为。另外人际关系的互动决策（如朋友、伴侣的选择问题等）对人类意义重大，其间涉及复杂的情感情绪与意图互动绝非单纯的理性最大化模型可以解释，心理效用论的发展有望为关系产品决策分析的兴起奠定基础。①

（5）为多学科融合提供基本分析工具。

近年来许多学者都探讨了社会科学或人类行为科学的统一问题（Gintis，

---

① 关系产品的重要意义参见乌尔哈纳（Ulhaner，1989）和巴托里尼等（Bartolini et al.，2013）。

2004；韦倩，2010）。心理效用论几乎包含了人类行为的全部动力机制，在这一框架下，个体不仅只在乎物质利益，还在乎道德、情绪情感、身份地位、他人看法等，从而为哲学、心理学、社会学等学科对人类动机的分析提供统一的基础。信念是比偏好更根本的动机源泉，心理博弈论则为广泛的人类行为提供了分析工具。心理博弈的决策基础还没有完全弄明白，这需要结合认知科学，对情感、认知与行为的关系做深入的研究，不断打开人类决策的黑箱。

# 第3章　制度性惩罚与人类
# 合作秩序的维持[*]

## 3.1　引　　言

无亲缘关系社会成员之间的大规模合作构成了人类社会的主要特征，这种合作生产的能力为人类祖先带来更多的食物、更好的保护和儿童照料，从而带来繁殖的成功并最终成为地球的主宰（Pennisi，2005）。根据大量学者对合作的定义（如 Griffin et al.，2004；Nowak，2006），合作是个人背负一定的成本而是使他人获益的行为，但是进化意味着个体间激烈的竞争，人类可以在大规模群体中与非亲属成员进行合作的现象就令人困惑（Nowak，2012）。人类合作行为如何演化与维持就成为摆在演化生物学家和更广泛的社会科学家面前的重大命题（Colman，2006）。对合作行为起源与演化的科学解释，出现了亲缘选择（kin selection）、直接互惠（direct reciprocity）、间接互惠（indirect reciprocity）、网络互惠（network reciprocity）、群体选择（group selection）以及基于利他性惩罚的强互惠（strong reciprocity）等理论。

探究合作的起源与演化固然重要，更有现实意义的问题是，如何维持当代人类社会的基本秩序？虽然人类已经在一定程度上成功解决了许多合作难题，但是在大规模社会下人类仍然面临如公共品"搭便车""公地的悲剧""逆向选择""道德风险"等导致的合作困境。特别的，偷盗、欺诈、腐败、逃税、污染环境和恐怖主义等严重的非道德行为仍盛行于当代，成为威胁人类健康与快乐的主要障碍。因此，解决人类在非道德社会困境中

---

* 本章内容以笔者与黄少安（第一作者）2013 年发表于《财经问题研究》第 11 期的《制度性惩罚与人类合作秩序的维持》一文为基础并经相应补充修订所得。

的合作问题成为当代更具现实意义的命题。

人类发展了正式和非正式的制度以促进社会成员的合作，激励生产创造。惩罚在保障制度有效运作中发挥关键性的作用，它在抑制违规行为，解决社会困境，促进人类合作中的扮演着独到的角色。制度性惩罚是大规模社会条件下保障人类秩序的基本手段，特别是解决类似腐败等非道德行为的根本手段。本章通过分析合作、制度与惩罚的相互关系，借鉴相应学科的研究成果，集中论证制度性惩罚如何保障社会基本合作秩序。

## 3.2　合作中的合约类型与合作困境

霍布斯（Hobbes，1960）在《利维坦》中描述的"自然状态"，讲述了由于个人追求自利的理性行为导致集体的非理性悲剧状况，这需要社会成员订立契约来规范个人行为。现代社会以高度的专业化分工为特征，所有人都处于紧密的社会合作链条中，社会的运转实际是由一系列的合约组成的，当合约以明确的方式确定下来时形成正式的制度体系，默认的合约以社会规范的方式为人类行为规则提供指引。广泛的涉及他人利益的行为都可被视为一种合作行为，无论是市场交易、政府行为，还是家庭或朋友的交往，都可以抽象为一种合作，而交往中明确的或是默认的规则体系构成合约，这个合约具有为交往主体所公同认可的性质。根据参与方的地位状况和参与者数目将合约进行如下划分。

### 3.2.1　同等责任合约

同等责任合约的订约方在合作中处于同等的地位，"公共物品"和"公共资源"问题是典型的同等责任合约。这类合约的参与者一般可以简化为同质的代理人，每个人对合约规范的责任是同等的，在执行规范和违法规范的选择权中的地位也是对等的。公共物品的合作困难主要在于"搭便车"问题，而公共资源问题则常被描述为"公地的悲剧"（Hardin，1968），合作困难的根本原因在于个人的利益与集体的公共利益相冲突，理性自利人的占有策略必然是背叛。一定规模利他者或互惠者的存在可以在一定程度上克服这类合作困境，但是无法保证在大规模社会下的任何群体都能适用。

### 3.2.2　不对等责任合约

同等责任合约的参与者常常是多方的同质参与者，而所有不对等责任合约可简化为都是双边的，即由参与方 A 和参与方 B 正式或非正式的确定合约。合约双方的责任一般是不对等的，双方在合约中的利益常常是相互冲突的，一方违约直接导致另一方的损失。根据合约双方参与者数目的不同可划分为三种类型。

（1）一对一合约。

双方签订的正式交易合同是常见的一对一合约，这类合约的参与双方的市场势力基本是对等的，但是对信息的掌握常常是不对等的。由于双方的信息不对称导致的"逆向选择"和"道德风险"使得合约签订时和签订后都可能存在一方对合约默认规范的违反。这里的合作难题在于不是违约直接导致相关合作的瓦解（在违反规范的同时一次性合作已经实现），而是引致社会同类合作和后续合作意愿的降低，导致"劣货驱逐良货"甚至市场的消失（Akerlof，1970）。以往学界对此问题的分析默认交易达成就符合规范，而只分析信息问题。实际上交易的平等性中暗含了必须同等信息的条件，信息优势的一方不公开信息完全可认定为欺诈行为，即使交易已经完成，信息劣势方在获得后续信息后可以要求对欺诈行为进行严厉的惩罚。当然惩罚的执行成本常常非常之高，现实中"信用"在保证这类合作中具有重要作用。整个社会的道德信用又是一个"社会困境"问题，即在没有惩罚下所有人都讲诚信是最优选择，而作为个人不讲信用是最优选择，别人不讲信用而自己讲信用不仅没有好处，还产生更大的负效用。

（2）一对多合约。

一对多合约除了同样存在一对一合约中的信息问题，合约双方的地位（市场势力）一般是不对等的，如企业与员工的雇用合约，垄断企业与消费者的交易合约。具有市场优势地位的一方经常可以随意的更改事先订立的合约或无视合约规则。这时人数众多的弱势一方的单个个体无力与另一方抗衡以保护合约规则，如果没有强有力的公允第三方介入，他们的利益基本很难得到保障。当强势方违约行为严重时，弱势方有时会走向联合惩罚（如罢课、罢工等），或建立工会、消费者协会等联合组织以对强势方施加惩罚威胁来保障自身利益。在弱势方的集体行动中，又存在着"搭便车"导致的合作困境问题。

（3）多对多合约。

多对多合约涉及广泛的人类各种交往活动，典型的如竞争市场的交易合约，理想的情况下合约规则简化为价格信息。而现实中完全的竞争市场并不存在，以上涉及的各种阻碍合作实现的问题在相当竞争的情况下同样存在，并且涉及更为复杂的合作问题。具有相同市场地位一方的各参与者中存在着竞争与合作的协调，他们的合作常常构成对市场另一方参与者利益的伤害。市场的复杂性使得参与者本身很难自我发展出对各方都公允的制度规则并得以自我实施。这种情况下如果没有独立地位的第三方存在，根本无法保证所有合约得到执行，第三方除了及时地惩罚违约行为，常常还需承担制定规则的角色。

在以上各种合约的执行中，尽管具有心理效用的个体出于道德与情感的内在需要可能会维持合作，但是由于囚徒困境、公地的悲剧、逆向选择、道德风险等问题，合作者总是吃亏而背叛者占尽好处。如果没有强有力的惩罚威胁，合约规则很可能就会形同虚设，违反合约的非道德行为将不可避免。第三方强制性的实施机制才能起到惩恶扬善的作用，保护和促进善的"心理效用"，抑制罪恶的冲动，是任何规则都能够得以实施的基本前提，这呼唤制度性惩罚的介入。

## 3.3 制度与实施机制

制度作为人类行为规范已在学界取得较为普遍的共识（黄少安，2004）。合作涉及人们之间相互交往协作的各种行为，人们一般是按照一定的规则参与合作的，没有规则就无所适从。制度的首要功能就是为人们在广泛的社会分工中实现合作创造条件，保证合作的顺利进行。人类社会中的任何制度都有其"合作性"的一面，而合作行为又在一定程度上必须依靠一定的组织形式和制度规范来维持（黄少安和韦倩，2011）。

制度由三个基本因素组成，即被社会习惯和习俗认可的非正式约束，国家法律和法规所规定的正式约束以及制度的实施机制（North，1990）。制度作为行为规则，个体的人必然涉及对规则的维护、遵守或违反。如果所有个体都可以自动遵守规范，则不存在违反行为，也就没有维护的必要。然而由于个体利益与制度规则可能存在的冲突，一定情况下个体会产生违反制度的行为动机，保证制度运行的维护体系就必不可少。实施机制是保障约束得以实施的条件和手段的总称，是规则的维护体系。

制度实施机制的功能在于形成对个体行为的塑造，包括对遵从规则行为的激励和对违反规则行为的惩罚。惩罚是一种反向的激励，最终目的都在于引导参与者达成行为规则的一致。如果违反规则而不能得到惩罚，这种违规行为就会受到激励而延续，并会被他人模仿而使违规行为蔓延，最终导致制度规则的崩溃，所以惩罚机制是制度的内在特征和必不可少的组成部分①。正式制度和非正式制度就是从实施惩罚的机制上进行区分的，即惩罚是自发的发生还是有组织的发生。惩罚可以由正式的法律制度执行，也可以由非正式的某个组织或个人执行，如家庭。当人们违反非正式制度的时候，惩罚的机制是通过非正式的渠道而发挥作用的，非正规的惩罚方式包括同等级的压力、流言蜚语和社会排斥等。正式制度的惩罚是有组织的，有国家强制力作为保障和后盾，正规的惩罚方式主要包括罚款、法律施加约束、个人对违规者付出货币和时间施加的约束（韦倩，2009b）。现实制度安排中存在正式约束和非正式约束没有区分好界限的问题，该正式制度介入的时候如果还是靠非正式制度的调节，而非正式制度的弱约束无法保证规则的实施，就会导致合作的困难。

## 3.4　惩罚与制度性惩罚

### 3.4.1　惩罚与人类合作秩序的维持问题

人类维护合作秩序的手段主要包括奖励、惩罚和驱逐，驱逐本质上也是一种暗含的惩罚。以正面奖赏激励遵守规则的现象在人类社会要少见得多（Szolnoki and Perc，2013），而惩罚无处不在，这可能源于人类社会的成员大多更倾向于遵守群体规范而不是违反，因此惩罚自然成为一种威胁少部分行为不端个体的手段。对所有遵守行为的个体都进行奖励会复杂得多，这可能最终导致演变成当今的法律制度，而不是演化成大规模的奖励

---

① 纪尔克等（Gürerk et al.，2006）以实验证明惩罚性制度相对无惩罚制度具有毫无争议的优势性，在长期的制度选择竞争中总人口成功迁徙到具有惩罚性制度中并保持高度合作，而无惩罚的制度中人口逐渐消亡。

制度①。

由于背叛可能会遭受严厉的惩罚，使得背叛行为的成本大于合作的成本，这使得合作而不是背叛成为理性的选择策略。大量实验（Fehr and Gächter，2002；Camerer and Fehr，2006；Nakamaru and Iwasa，2006；Herrmann et al.，2008）和人类学（Boehm，1993；Henrich，2004）的证据表明，许多人愿意自己承担成本去惩罚背叛者，甚至在一次性交往情况下也是如此，这种惩罚行为被称为利他性惩罚（altruistic punishment）。大量研究表明利他性惩罚者的存在可以有效确立社会合作（Gachter et al.，2008；Henrich et al.，2006；Boyd et al.，2003）。从人类进化的行为学角度看，惩罚是人们保证合作的重要条件，这种机制在人类的长期历史中都扮演了重要角色，已经内化在人性之中，赏善罚恶是人的内在需要和合作的前提（Fowler，2005b；Boyd and Richerson，1992）。②

## 3.4.2　制度性惩罚

人类最初的惩罚行为可能是无条件和缺乏协调的分散个人自发行为，但这种自发的同辈惩罚（peer punishment）只在一定的限制条件下有效，或者群体的规模足够小（Boyd et al.，2010），或者个体有不参与合作的群体的选择权利（Fowler，2005a；Hauert et al.，2007）。当群体规模很大而成员之间的互动交往很少的情况下，惩罚的未来收益不能被内化，双边的惩罚便不太可能维持合作（Greif，1993）。

为了提高惩罚的效力，群体趋向形成自我管理的机制，惩罚背叛者的权力被赋予特定的权威集中者（Henrich et al.，2010；Greif et al.，1994；Portes，2010）。如传统社会的村民会请求他们的首领来调节争端（Gibson and Marks，1995），中世纪欧洲的商人创立了工会来维持商业秩序（Greif，1993）。惩罚基金可被看作维护公共利益的制度雏形，如奥斯特罗姆（Ostrom，1990）描述了许多小规模社会自筹资金保证合约执行的例子（如雇用一个执法者）。

---

①　对于惩罚与奖励哪种机制更为有效处于热烈的争议中（如 Rand et al.，2009；Baron，2009），我们在此搁置这种争议，认为作为激励行为的手段本质上是一致的，奖励相当于对未被奖励者是一种惩罚，而驱逐本身也是一种惩罚。

②　在动物世界中也广泛存在惩罚行为，以确立支配关系、阻止寄生和欺骗行为、调教后代和配偶，以及维持合作行为等（Clutton‐Brock and Parker，1995），惩罚行为可能是一种生物进化来的本能。

由于集权化的制度可以更有效地克服协调问题和二次搭便车问题，在演化的角度来看比同辈惩罚更有效率（Guth et al.，2007），这种基于集权化制度的惩罚我们称为"制度性惩罚"。人类社会在发展过程中，制度性惩罚实际担当了维持社会秩序的主要责任。西格蒙德等（Sigmund et al.，2010）的模型显示人们会自发的采取自我管理的制度来监督对合作的贡献和惩罚搭便车者。在复杂的大规模社会，集权化的惩罚（centralized sanctioning）和法定权威对维持社会的合作秩序更有意义，并且作为权威的监督者扮演重要角色。

### 3.4.3　制度性惩罚的正当性

从社会实施的目的角度，制度性惩罚的正当性有两种主要的观点，一种认为个体以社会规范不允许的方式做出违反规范的行为而对社会造成了损害，社会正义的天平就失去平衡，对违法者的惩罚导致平衡的恢复。在这一观点下，违规者理应得到与他过去所犯伤害相应的惩罚（罪有应得理论），这一理论主要为康德所倡导（Kant，1952）。

另一种对应的理论认为惩罚被用于阻止未来违规行为的发生（功利主义或结果主义的观点），心理学家们（如 Butterfield，Trevino and Ball，1997）认为惩罚可产生动机以抑制特定的行为，边沁（Bentham，1962）认为预防应该是惩罚的首要目的，这是惩罚得以存在的真正理由。惩罚的阻止作用原理是基于理性选择模型，它通过改变特定行为的成本和收益使违规行为不合算，边沁认为如果行为后果产生的痛苦明显地超过产生的快乐和好处，一个人会绝对避免去做。

从法律角度的惩罚的目的还包括使罪犯失去进一步伤害的能力或通过惩罚以拯救犯罪者。虽然"应得"的动机可能是普通人更主要的心理动机（Carlsmith，Darley and Robinson，2002），作为社会实施的目的，惩罚更主要的功能应该用来阻止违规行为的发生，以保证合作的顺利进行。

## 3.5　制度性惩罚的前提与具体实施

制度性惩罚是保证任何制度得以运行的前提。长期以来一直都是国家在现实中承担主要第三方的角色，亚当·斯密把这种国家角色描述为"守夜人"。虽然诺斯（North，1981）认为国家的强制力在大部分历史中是以对经济增长有害的方式发挥作用的，笔者认为这原因不在国家强制力本身，而是国家并未真正承担起公允的第三方责任，却借助自身权力从事了更严重的违规行为。因此，制度性惩罚作为保障和促进合作的手段，并非普遍适用，必须在一定的前提条件下才能有效发挥。

### 3.5.1　规则与权利划分明确合理

作为合作的制度基础，新制度经济学家强调产权界定的重要性。权利界定是一个根本性的前提，而权利划分本身是一种规则，如果权利的划分不合理，难以得到所有合约参与者的认同，那合约的执行力就会大打折扣。按照科斯定理，在零交易成本下，只要产权充分界定，资源就可以得到有效配置。但是现实中人们对于什么是公平合理的权利界定有自己的观念认识，当感觉到制度给人公平的对待时，个人更可能自愿遵守法律规范（Darley，Carlsmith and Robinson，2001；Tyler，1990）。

规则合理是保证制度实施机制发挥的前提，规则合理的一项重要标准在于得到合约参与者普遍一致的认同。在大规模的人类交往环境下，人们普遍需要公平的制度规则以达到一致认同，公平是基本的制度规则和实施惩罚的前提。人们通过协商或历史实践对于什么是好的制度规范往往可以达成一致，实际上在人类社会的大部分领域，已经形成共识性的规范体系，这些共识性规范符合人类的根本利益，可以有力促进合作进行，如产品质量合格、守时守信、不得伤害别人、不可贪污腐败等，合约规范都是公认而清晰的，对于破坏这类规则的个人，社会需要施加恰当的惩罚，以反向激励对规则的遵守。当权利合理地得到充分界定后，规则需要得到参与者全体的明确理解。现实中由于立法与法律普及的有限性，很多违法者并不知道自身在从事违法活动，受害者也不知道有保护自己的规则，这就需要无论是国家还是企业组织在制定规则时还需做好普及传播。

### 3.5.2　第三方权威并且公允

现代国家作为正式制度安排，主要依靠自身权威管理全社会的秩序体系。国家角色要求其本身不受市场行为的影响，在执行中不涉及个人利益，简言之，就是要作为公允的第三方对所有的合约可以提供必要的裁决。不仅正式的规则需要第三方的惩罚机制，非正式的社会规范常常也需要第三方的权威并适当作出惩罚才能有效运转。现实的生活环境中流言蜚语、社会排斥这些无形的第三方惩罚具有重要形象力，在各种具体机构中，如教师对学生的惩罚，企业对员工的惩罚，带有半正式的性质，这些惩罚功能对于机构的有效运转，维护组织稳定具有重要作用。

无论是作为正式制度的第三方，还是非正式制度的第三方，权威性和公允性都是有效实施惩罚的基本前提。第三方需要评估参与方的合约权利责任，对违规作出评价，并对违规者做出相应惩罚。如果权威不足，不可能得到被惩罚者的接受，惩罚无从执行。而如果裁决一旦失去公平性，将产生比没有裁决更坏的结果，成为对违规的正向激励，并加重受害者的损失。没有权威公允的第三方，惩罚无从说起。

### 3.5.3　惩罚的成本收益与具体实施

制度的一项重要作用在于降低交易成本，而制度性惩罚有效实施的关键在于可以及时实施低成本惩罚①。惩罚的成本收益分析涉及到惩罚执行者和被惩罚者两个方面。

作为惩罚的首要目的，在于提高违规者的违规期望成本，降低违规收益，给合约参与者以威胁，使违规成为不合算的事情。诺斯（1990）认为，违规行为是否合算明显地取决于监督的有效性和惩罚的严重程度。违规行为被惩罚的概率乘以惩罚程度构成违规的期望成本，当这一成本高于违规的期望收益时，理性行为者不会选择违规，反则反之。

人类是唯一可以以低成本对受罚者施加严厉处罚的物种（韦倩，2009a），但是惩罚仍然是一项成本较高的活动。在涉及多人合作的情形下，由于惩罚成本的存在，与惩罚性的合作者相比，只合作而不惩罚者就成为一种二次搭便车者，这在惩罚上形成又一个层次的合作问题，面临新的社会困境。在自利者模型下，二次搭便车将会蔓延并最终导致合作的崩溃。由于实施惩罚的成本过高，在一些公共物品的实验中，惩罚导致合作的增加甚至抵不上惩罚的成本，结果总的最后支付反而下降了（Fehr and Rockenbach, 2003）。中国文化中有"枪打出头鸟"的说法，敢于挺身而出执行

---

① 制度性惩罚的效率问题也可归结为交易成本理论的一部分，威廉姆森（Williamson, 2000）认为交易成本理论是研究具体的治理制度或者具体博弈的实现。

正义者往往得不到什么好处，大家逐渐学会了"让别人出头，有好处共享"的习惯，理性的群体选择最后导致对违规行为的漠视和无可奈何。

众多违法违规行为不能及时得到制止和纠正，主要在于惩罚成本的高昂。虽然制度性惩罚一定程度上解决了惩罚的私人成本问题，但是制度执行者仍然面临同样的搭便车问题。发现规约行为、度量违约程度、找到并处罚违约者都需要付出大量成本。惩罚执行者也有自己的效用函数，他们的惩罚行为就会牵扯到自身利益的影响（North，1990），要达到提高违约成本的目的，就必须同时降低惩罚执行者的成本，提高其收益。由于惩罚是一项公共物品，它使群体受益而由小部分的执行者背负成本，因此制度必须为这些惩罚的执行者提供激励，否则执法者犯法情况可能会蔓延而瓦解根本的制度体系。由于二次搭便车者的收益大于惩罚者，故必须给予惩罚者以额外补偿，使他们的收益等于甚至超过搭便车者。在国家的层面，如果不能对公平惩罚的实施施加有效的激励，则会导致"软政权"现象，使所有规则成为软约束，是否执行取决于当权者的成本计算，而不是是否违反规则，惩罚走向反合作的方向（缪尔达尔，1992）。

提高违规成本的渠道一是提高监督水平，使违规及时得到发现，给予处罚，二是加重处罚的力度。一般来说，虽然惩罚执行者需要权威的第三方，但比较起参与方自发的监督，第三方监督往往是较低效率的。韦倩（2009a）总结了增强惩罚能力的三种社会机制，包括规范的内化、缔结同盟与第三方介入，但是并没有给出如何能在具体的社会中有效实施。作为具体的实施，最有效的手段在于加重惩罚的力度，并提高监督举报和惩罚者的收益，特别的在具体制度环境中要提高对参与者监督的激励。目前在制度设计中比较有效的是惩罚性赔偿制度，是指由法庭所作出的赔偿数额超出实际的损害数额的赔偿（王利明，2000），这一制度在英美法系中有长期的成功历史。惩罚性的赔偿制度安排可以显著地改善惩罚者与违规者的成本收益状况，但目前仅适用于法律中特定的领域，如何将这种机制推广与普遍的规则维护是各种应用研究需要重点关注的话题。

## 3.6　总结与讨论

惩罚不仅对于维护社会公平正义，而且对于保证制度有效运行，从而促进人类合作繁荣都具有重要作用。虽然人类是绝无仅有的能进行高水平合作的物种，但是由于广泛存在个人理性与集体理性冲突的社会困境，以及由信息不对称导致的逆向选择和道德风险问题，阻碍更全面的合作繁荣。即使人群中存在着利他者和互惠者，但是如果没有强有力的约束，自利者的逐利本性导致必然追求违反合作规则，最终导致合作的崩溃。而惩罚作为一种反向的激励措施，能够对违规行为施加威慑从而阻止其经常性地发生。

在过去极长历史时期内，我国大体上是一个小农经济的社会，这种社会的特征在于交往的个体之间极为熟悉，交往活动重复频繁，这时守信守约是大家的理性选择。但是在过去的二三十年来，我国的社会结构已经经历了剧烈的变迁，由于人口的频繁高速流动，人们的交往范围也得以迅速扩大，这时大量的合作或交易往往是一次性的，欺诈、卸责、机会主义等就成为合算的行为，这也是社会出现道德诚信危机的深层原因。在小规模的社会模式下，非正式的惩罚机制具有重要作用，而大规模社会更需要正式制度性惩罚施加的强约束来保证规则。中国已经从小规模社会向大规模社会结构转变，但目前主要的惩罚机制仍然是非正式的（Jansson et al.，2007），我们需要更加重视制度性惩罚机制的建设，使惩罚满足激励相容，成为合算的行为。

# 第4章 领导、追随与人类
合作秩序的维持[*]

## 4.1 引　言

　　无论在动物世界还是人类社会，领导者均扮演着至关重要的角色。领导者通过多种方式影响人类生活的方方面面（Brown，1991；Hogan，Curphy and Hogan，1994）。人们已经习惯于领导他人或遵从他人的领导，并极易识别他人的领导潜力（Lord，Vader and Alliger，1986），如范瓦格特和克雷默（Van Vugt and Cremer，1999）等的实验发现，当原本没有权属关系的人们被安置在特设的实验室环境中时，领导—追随模式会迅速出现。"领导—追随"的社会行为模式是人类社会的一个普遍特征，也是自然演化的结果。在人类社会维持合作秩序和抑制非道德行为的重要机制中，领导者也往往处于核心位置。因此，深入理解领导者在合作中的作用是破解社会困境难题的重要途径。

　　目前对于领导问题的讨论和学术研究汗牛充栋，但是大多停留在对具体层面的分析上，或聚焦于心理层面，或侧重于组织管理，而且往往忽略追随者的角色，并缺乏对问题本源的根本探讨。所以亟须将心理学、人类学、经济学、生物学、历史学、神经科学、生态学等学科结合起来形成一个统一的分析框架（Van Vugt，Hogan and Kaiser，2008）。领导者是如何在群体中获得领导力并以此推动合作的？为什么有的个体会成为领导者，而其他个体愿意选择追随？领导—追随模式经历了怎样的演化与变迁？这一框架在一定程度上有助于解释人类的合作难题，是我们全面认识合作起源

　　* 本章内容以笔者与赵阳（第一作者）2015 年发表于《南方经济》第 3 期的《领导、追随与人类合作秩序的维持》一文为基础并经相应补充修订所得。

与维持之谜中不可或缺的一部分，需要以跨学科的视角进行全方位的探索与总结。

## 4.2　领导—追随的起源与演化

### 4.2.1　领导—追随的演化博弈视角

我们定义在一定的策略选择中先行动者为领导者，而随后的行动者为追随者（Preget，Nguyen – Van and Willinger，2012），因此，领导—追随行为是决策个体先后行动形成的群体互动行为。

领导行为在人类社会已经具有相当长的历史。有证据表明，人类早在250 万年前就过着一种群居性的生活（Baumeister and Leary，1995）。在这种群体生活中，我们的祖先进行集体觅食和狩猎、食物分享、劳动分工、集体防御以及公共育儿，这些行为为抵御外部威胁提供了缓冲，从而使他们能够很好地跟天敌共处（Kenrick，Li and Butner，2003）。但是集体行动的需求提出了一个问题，即社会群体中的个人是如何决定要做什么以及何时行动的。比如，在寻找水源的活动中，群体成员需要寻找其位置并决定何时出发觅食（Couzin et al.，2005）。这些问题可以通过决策得以解决，即群体中的某一个体首先行动并且提供方位，剩下的个体默许并且实施追随。

此外，祖先环境下的群体生存需要依靠合作和团队凝聚力（Bloom，2000），日常面临残酷的种群搏杀与冲突的压力迫使群体中演化出有效的领导核心。在解决特定群体协调问题（如群体行动、群体间冲突和内部竞争等）的过程中，领导自然而然地出现了，并且有效领导下的群体生存能力得到增强。达尔文（Darwin，1871）通过一项测试发现，同种环境下存在两种类型的群体：一种是决策能力较差和内部纷争不断的群体，另一种是有效决策和有高度凝聚力的群体。随着时间的推移，后者的优势将会逐渐累积，同时领导和追随的心理机制得以在人群中传播。在这个过程中，某些特定的机制，如规划、沟通、群体决策、认知能力、冲突管理以及有效的惩罚，都对领导追随心理的出现提供支撑（见 Buss et al.，1998）。

演化心理学家通常使用博弈论工具对领导—追随行为进行模拟，以试图发现领导者和追随者在共同演化中的规律。范·瓦格特和库尔兹班（Van

Vugt and Kurzban, 2007）假定在一个假设的祖先环境中，领导和追随是两个替代策略，使用领导博弈模拟相关的合作问题，如图 4 - 1 所示。博弈过程如下：假定张三和李四都需要水，有两个水潭 A 和 B。张三偏好水潭 A，这一比较优势给他带来 +3 的回报；李四偏好水潭 B，这一优势同样给他带来 +3 的回报。不管选择哪个水潭，两者都必须一同前往，一同前往的要求需要其中一个人妥协，这一过程使其中一人具备了比较优势，假定这一优势能够带来 +2 的回报。通过协调一致，他们能够在水潭 A 和 B 之间进行抉择。领导者得到一个相对追随者更好的回报，最终这种优势可能会在无数的进化中得以延续，不对称回报使成为领导更具有吸引力。

| 李四 ＼ 张三 | 水潭 A | 水潭 B |
|---|---|---|
| 水潭 A | 3, 1* | 0, 0 |
| 水潭 B | 0, 0 | 1, 3* |

**图 4 - 1　领导博弈**

注：数字分别代表李四和张三的回报；水潭 A 和水潭 B 代表替代策略（通过等位基因支撑）。博弈均衡解用 * 标注。

资料来源：根据 Van Vugt, M., & Kurzban, R. K., 2007, Cognitive and social adaptations for leadership and followership: Eolutionary game theory and group dynamics. In J. Forgas, W. von Hippel, & M. Haselton, Sydney Sym-posium of Social Psychology: Vol. 9. The evolution of the social mind: Evolutionary psychology and social cognition. pp. 229 - 244. New York: Psychology Press 整理所得。

当然，这一博弈过程可以用来模拟任何社会协调问题，例如去哪里狩猎、是否发起战争等。协调单元（A、A 或 B、B）是博弈的均衡点（Gintis, 2007）。适者生存的自然选择过程导致均衡的产生，任何个体可以通过转换策略来获得更好的回报，而这一过程伴随领导和追随模式的出现。如果博弈同时进行，每个人都想争当领导角色的现实将会导致大多数组可能出现协调失败的状况（Van Vugt and Kurzban, 2007）。但是，如果他们序贯地采取行动，其中一人通过首先行动的方式担当领导角色或者事先表现出自己的偏好（如偏好水潭 A），这时，大多数的组便可以实现协调一致。然而，回报中的不对称性越强，达成协调一致所需花费的时间就越长。这一分析表明，物种之间经常面临各种协调问题，这一过程中领导者和追随者之间的适应性极有可能出现。

领导者博弈遇到的一个挑战在于对追随者起源问题的解释。虽然协调行动能够兼顾领导者和追随者的利益，但是给予领导者的回报相对更优，因为他获取利益的前提是建立在别人妥协的基础之上的，例如他人对其地位或威望（Buss，2005；Henrich and Gil - White，2001）的妥协。自然选择建立在相对而非绝对的适应之上，就使追随行为看起来有些令人费解。一个解释是，追随行为是在当他们不能成为领导者的情境下所做的次优选择（Dawkins，1976）。如果竞争更高地位的成本超过了收益，这时追随行为将是理性策略（Gangestad and Simpson，2000）。当然，协调利益也是可以谈判的，追随者可以通过参与集体谈判来提高他们的相对收益（Boehm，1993，1999）。

尽管追随者的收益可能少于领导者，但是协调会带来更高的总体收益水平，因此一个有效的领导—追随结构将会带来更高的总体回报水平。由于有效领导的群体能够形成高水平的合作而更擅长狩猎、食物共享，从而比低效领导的群体有更高的福利。这时追随者的福利可能不像领导者那么好，但远比处于低效领导群体的成员要高。个体和群体层次选择压力之间的相互作用对领导形成了潜在的影响。这有助解释群体选择的压力是如何促成合作而克服二阶搭便车问题的（Gintis，2000；Bowles and Gintis，2004；Boyd et al.，2003），领导可以在社会困境问题中扮演高阶惩罚者，并通过领导者的收益优势以弥补惩罚成本。

## 4.2.2　有关领导的自然历史

范瓦格特、霍根和凯撒（Van Vugt，Hogan and Kaiser，2008）通过对大量文献资料的整理，提出一个关于从非人类到非人灵长类动物领导力自然发展历史过程的假设性情境，用来估计在人类社会中促进领导实践改变的社会组织结构和时间框架，并将领导演化的历史划分为四个阶段：先人类领导阶段，氏族、部落领导阶段，首领、国王和军阀领导阶段，以及现代国家和商业领导阶段（见表 4 - 1）。

表 4 - 1　　　　　　　　　　　　领导力的自然史

| 阶段 | 时间期间 | 社会 | 群体大小 | 领导结构 | 领导 | 领导—追随关系 |
|---|---|---|---|---|---|---|
| 1 | 250 万年前 | 类人猿 | 任意规模 | 情境或统治阶级 | 任何个人 | 民主或专制 |
| 2 | 250 万年至 1.3 万年 | 原始人、氏族、部落 | 几十到几百 | 非正式的、情境、基于信誉 | 大男人、负责人 | 平等和协商一致的 |

续表

| 阶段 | 时间期间 | 社会 | 群体大小 | 领导结构 | 领导 | 领导—追随关系 |
|---|---|---|---|---|---|---|
| 3 | 1.3万年至250年 | 酋邦、王国、军阀混战的社会 | 成千 | 正式的、集中的、世袭的 | 酋长、国王、军阀 | 分等级的和单边的 |
| 4 | 250年至今 | 民族、国家、企业 | 数千至数百万 | 结构、集中、民主 | 国家元首、总理、高管 | 分等级的但是参与型的 |

资料来源：改编自 Van Vugt, Hogan and Kaiser（2008）。

用来协调群体活动简单的领导—追随结构被证实出现在各个社会物种中（Bloom，2000；Couzin et al.，2005）。许多昆虫的觅食方式（如蜜蜂的摇摆舞招募其他蜂巢成员探访食物资源）、鱼类的游泳方式和迁徙鸟类的飞行方式等都可以被看作领导—追随关系。这些事例表明，缺乏复杂认知能力的物种可以通过使用一种决策规则展现出追随行为，即"跟随第一个行动者"。在一些更加高级的物种行为，如野生黑猩猩群体之间的侵略遭遇战（Boehm；1999；Wrangham and Peterson，1996）中，领导—追随行为同样被发现。这些物种之间连续的证据一定程度上支持了早在先人类时期就可能出现领导行为的观点。

与其他生物不同，人类独特的进化史进一步塑造了领导力。近250万年前狩猎采集的生存环境塑造了民主的领导风格（Boehm，1993），导致现代社会仍然崇尚平均主义的"狩猎采集"标准，如公平、正直、能力、良好的判断力、慷慨、谦逊以及对他人的关心（Epitropaki and Martin，2004；Nicholson，2005）。当人类历史上首次出现了社区累积盈余资源的现象时，领导在资源的再分配中起到决定性的作用（Diamond，1997；Johnson and Earle，2000）。

领导权力的增长最终导致国家的诞生（Johnson and Earle，2000），领导者凭借权力可以抽走资源并且借此创造忠诚的追随者群体以及文化精英来为自身服务（Padilla，Hogan and Kaiser，2007），同时通过世袭来延续领导地位。领导—追随模式在国家层面以分等级的形式逐渐得以维持。第四个领导时期大约开始于250年前的工业革命。当时，社区合并为国家和民族，大型企业得以发展，所有这些都对领导力的实践产生重大影响。国家的市民和组织的雇员相对掠夺他们的领导来说是相对自由的，一旦受到不公的对待，便可以转向其他国家和组织，从而使现代处于主导地位的领导—追随结构具有了分等级但可参与的性质①。

总的来说，早在人类出现以前，领导就以某些简单的协调问题方式广泛存在于生物界。在适应性的演化环境中，领导能力随群体规模的增长和环境压力的加大而不断得到提升，最终促进了大规模领导的出现。在人类社会的各个时期，领导力都在维持当时社会的合作秩序中承担了核心角色。

## 4.3 领导、集权惩罚与合作秩序的维持

合作演化的中心难题在于厘清背叛者存在情况下社会合作秩序的维持机制。我们在前面章节已经总结大量证据表明，对背叛者进行惩罚的机制可能是人类社会合作秩序得以维持的关键（如 Henrich and Boyd，2001；Henrich et al.，2006；Gachter，et al.，2008）。然而，由于惩罚需要付出成本，纯粹合作者相对于惩罚者来说是一个"二阶搭便车者"（Panchanathan and Boyd，2004），对二阶搭便车之谜的解释就成为合作演化问题的关键所在。金迪斯（Gintis，2000）、鲍尔斯和金迪斯（Bowles and Gintis，2004）和博伊德等（Boyd et al.，2003）都从群体选择的角度对此给出了解释，另外的研究从文化演化（Henrich and Boyd，2001）、间接互惠（Panchanathan and Boyd，2004）等角度也进行了探索，但是仍没有给出令人信服的根本答案。在这里我们很容易想到由领导者担当惩罚者的角色可能会有效克服惩罚成本问题，从而终结高阶搭便车问题。

在采集狩猎时期的小规模社会中，成员之间相互认识、了解，呈现出相互依存的关系，并且都曾在彼此的命运遗传中有投资（Dunbar，2004；Hamilton，1963）。这些族群通过血缘关系和互惠公平的社会规范被组织起来，依靠与他人的合作并以实物资源来获得回报（Trivers，1971）。然而社会规范的维持不仅依赖于合作和公平交易带来的个人好处，更依赖于对背叛行为进行惩罚的可信威胁（Spitzer et al.，2007）。这种族群下领导存在的主要作用之一就是通过对欺骗者和搭便车者实施惩罚，如在传统社会的村民会请求他们的首领来调节争端（Gibson and Marks，1995），从而强制实施这些规范。

---

① 事实上关于领导力的现代学术讨论几乎完全聚焦于工业化社会的社会安排（Wielkiewicz and Stelzner，2005）。

随着族群规模的扩大，对惩罚效力的需要日益增长，越发需要更具权威的领导者来扮演惩罚角色（Henrich et al.，2010；Portes，2010；Greif et al.，1994）。因此，领导的出现也可能正是适应了社会需要惩罚这一现实需求。当今社会治理是依赖于具有国家强权的执行者，通过政府管理的第三方独立的执法者来承担规则的制定和裁决责任。集权化的制度可以更有效地克服协调以及二次搭便车问题，人类社会的层级结构和权威在合作秩序维护中扮演了重要的角色。特别是在复杂的大规模社会、集权化惩罚和法定权威对维持社会的合作秩序更有意义，而他们的权威来自所处社会阶层的位置（Baldassarri and Grossman，2011）。

领导需要承担维护合作秩序并实施惩罚的责任，这对领导者的素质和能力提出了挑战，只有能够引发追随者响应的领导才能担此大任。当人们面对相对简单的日常协调问题时，领导可能是不必要的，甚至是多余的，自发的同辈惩罚（peer punishment）作为第三方惩罚代替了领导职能。因此，首先，领导者的出现和领导职能的发挥需要某一群体处在一个面临自然灾害或群体间冲突（Baumeister et al.，1989）等迫切需要领导者出现的环境下，而人类早期的生存环境刚好能够满足这一需要。

其次，第一个行动的人最有可能成为领导。分析表明，外向性是与领导出现和领导有效性评定最相关的因素（Judge et al.，2002），如自信、大胆、首创精神、对成就感的需求、积极主动性和勇于承担风险（Ames and Flynn，2007）等特质都增加了某一个体首先行动的倾向。另外，那些更具危机意识、首先意识到情况需要协调的人更有可能成为领导者，这一发现可能解释了认知因素与领导力之间的关系（Judge，Ilies and Colbert，2004），而且随着群体规模增长和协调困难的增加，认知因素日益成为领导者的核心特质。同时，好的领导还被认为应该是有担当的和仁慈的，表现为领导者具备的诚信、公平、慷慨和自我牺牲等品德属性（Epitropaki and Martin，2004；Hardy and Van Vugt，2006；Nicholson，2005），以及坚持、果断、远见等心理特征（Hogan and Kaiser，2005）。

最后，演化分析还揭示了领导力与性别、年龄、身高、体重和健康等因素相关。男性领导者在人类的进化过程中是常态（Eaglyand Karau，2002；Heilman，2001）。但是在当今全球经济中，社会对人际沟通技巧和网络建设的重视程度空前，女性领导的比例日益增大，一方面，她们相对于男性来说有更好的同情心和社交技巧（Van Vugt，2006），另一方面，她们更容易采取民主的领导风格（Eagly and Johnson，1990），这两方面因素对追随者管理和日常工作的开展更具积极作用。同时，年龄因素也被认为与领导力相关，年长的个人更有可能具备更加完全的专业知识储备和更强的处理群体协调问题的能力，现实中大多数国家领导人都由 50 岁以上的人担当也是对这一认识的例证。有关身体健康状况和领导力密切相关的证据，可以追溯到原始时期和冷兵器时代，当群体行动需要力量和耐力时，高大且强壮的领导者在群体内维和行动中更加有效、更能恐吓对手同时更容易在执行惩罚中树立权威（Campbell，2002；Nicholson；2000；Van Vugt，2006）。

鉴于不同群体间领导—追随结构存在差异，不同的领导能力将会带来不同的合作水平，从而使具有有效领导的群体更容易在群体竞争中集聚优势。尽管在个体竞争层面上，同情、利他、正义等品质并不占优势，但由于具备这些品质的领导者在群体竞争中屡次获胜，致使其在演化中得以保留并成为当今人类基因中的基本情感成分，同时为日后的领导者所重点关注。这些逐渐培养并被保留起来的品质恰恰是维持合作和进行利他性惩罚所必需的。因此，利他性惩罚的本质更普遍地表现为领导惩罚，合作的组织更普遍地表现为领导下的合作。

## 4.4　领导、惩罚与合作——来自公共物品实验的证据

公共物品实验是用来研究人类合作问题的经典实验。经典的线性公共物品实验中，有 N 个参加者组成一个小组，每位参加者被赋予一定的初始禀赋 d，他们可以决定将一定比例的禀赋投入一个公共账户，投入数额 $0 \leqslant c \leqslant d$，剩余的部分是私人所有，投入公共账户的所有货币以一定的比例 g 放大，然后平均分配给每个人。所以当 g ＜ N 时，每个人的最优选择是搭便车，保留全部禀赋为私人收入而分享他人贡献的好处。但是投入的合作行为会带来合作剩余，大家投入时的结果要优于都不投入。这体现了典型的集体理性和个体理性的冲突，古典经济学理性自利人假设下的均衡结果表明所有人都会选择搭便车而不投入，最终导致合作失败。我们对关于领导—追随的公共物品实验进行总结，以进一步考察领导在合作中扮演的角色。

实践中领导面临的一个重要挑战是如何引导追随者向自己希望的方向行动。在如公共物品博弈这种合作场景中，参与者普遍面临搭便车的诱惑，领导的难题在于使追随者放弃狭隘的自利观念以追求团体的公共利益。这样的例子在现实中无处不在，如军队将领需要激励他的士兵放弃生命的自

利而冲锋陷阵。领导者激励追随者的一个直接机制就是以身作则、树立榜样，正如冷兵器时代的将领需要冲锋在最前边。许多来自公共物品实验的文献显示领导通过树立良好的合作榜样形象对其他成员的合作水平能够产生积极的影响。

莫克斯内斯和范德黑登（Moxnes and Van der Heijden, 2003）通过一个负公共物品（公害品）实验在个体决策层次研究了领导者对追随者的影响效应。实验对比组是传统的负公共物品设置，而在处置组则加入新颖的设计，即在每一轮决策中，都有一名领导者先行动并将领导者的选择告诉之后做决策的追随者。每个实验组都进行两次实验，其中一次是同时决策的传统负公共物品决策，另一次是具有领导的决策，这样的实验设计能够进行组内比较。在无领导的实验组观察到类似以往负公共物品实验的行为：参与者表现为弱搭便车者，最终结果接近纳什均衡但不是社会最优水平，合作的水平随轮次逐渐递减。在新的领导处置组则发现虽微小但显著的领导榜样作用的影响，与无领导的情况下相比，追随者平均少投入 13% 的负公共物品。

古斯等（Guth et al., 2007）则使用公共物品实验从三个方面检验了领导的影响。一是检验领导和领导强度对公共物品自愿供给的影响，二是检验一个始终不变的领导和轮任的领导是否对总体贡献水平有差异，三是检验群体是否希望通过选举来确定领导以及选举的结果与贡献水平的关系。实验结果同样支持相比无领导的情形，领导表率对贡献具有显著的正向影响。特别是当领导具有驱逐其他成员的权威时可以实现相当高水平的合作，显著高于单纯的领导表率作用。笔者认为领导之所以能提高合作水平，是因为追随者倾向于模仿领导行为，这与有条件合作行为理论是一致的（Szolnoki and Perc, 2013）。另外，领导是不变的还是轮任的在实验中对合作水平没有显著的影响，只有少部分实验组在自选领导的机制下得出与预期相一致的结论。

波特等（Potters et al., 2007）考察了在完全信息和不对称信息下领导效果的对比。在不对称信息下，领导具有关于贡献回报的私人信息。结果显示信息不对称对领导作用的发挥具有关键作用，因为领导可以通过自身行动向追随者传递关于贡献回报的信息。但不可否认，追随者将其自身的贡献水平建立在领导者基础之上，这就意味着即使不存在信息问题，领导者的行为也具有影响力。

加赫特等（Gachter et al., 2012）研究了不同的领导品质对合作贡献的影响。实验主要关注领导的两方面因素，一是领导本身的合作性，作为其对项目贡献意愿的度量，二是领导者对他人合作性的信念。领导的品质在实验中表现出明显的差异性，有的领导对项目的贡献为零，这也导致团体实现较低的集体收益，而有的领导贡献了极高的份额，具有高合作倾向的领导带领的团队可以实现最优的绩效。莱瓦蒂等（Levati et al.，2007）则研究了团队成员初始禀赋差异对领导力作用的影响，结果同样支持领导可以显著提高平均贡献水平的论断，但是贡献要比同质禀赋的情况下低。

与权威型领导不同，自愿的领导需要付出努力和自我牺牲。尽管如此，自愿型的领导还是在各种组织形式中广泛存在（Harris，2007）。阿巴克和维勒瓦勒（Arbak and Villeval，2007）使用一个两阶段的公共物品实验来考察以内生方式来产生领导的影响。结果发现即使自身需要承担成本，大约1/4 的参与者愿意自愿担任领导者角色。担当领导的选择受到性别等个人特征的影响。实验结果发现自愿的领导显著提高了团体的总效率水平。

沿着古斯等（2007）的研究方向，在领导的产生问题上，莱维等（Levy et al.，2011）进一步证实不论领导是被选举的还是随机选择的，由真人担任的领导都对追随者行为有显著影响，但是由电脑担任领导对追随者的决策没有影响。海格纳和瓦克尔宾格（Haigner and Wakolbinger，2010）进一步比较了自愿产生的领导和由外部任命的领导在公共物品实验中影响的差异，结果发现自愿产生的领导平均比任命领导的情况多贡献 31%，而比无领导的情况多贡献 84%。类似地，里瓦斯和萨特（Rivas and Sutter，2011）允许团队成员可以自愿选择是否在公共物品博弈中先行动，并设置了两个对照组：一是同时行动博弈的无领导设置，二是外生强制指定领导的设置。通过与两组的实验对照，可以发现在自愿领导下团体的贡献水平显著更好。随着时间的延续，自愿的领导组在每一时期的平均贡献水平都是最高的。此相反的是，菲吉耶等（Figuieres et al.，2012）发现"领导效应"会随实验轮次的进行逐渐消失。

德阿达（D'Adda，2017）进一步使用一个公共物品的实地实验来验证领导对亲社会合作行为的影响。实验样本来自哥伦比亚蒙特拉省内不同地区的 8 个村庄的 251 名村民，他们被邀请参与对一项环境保护项目的捐助。研究者使用社会等级的制度安排来识别其中的道德领袖，并对每个人的权威程度进行度量。在参与者作出捐助决策后，将他们的权威水平进行配对，并以此观测彼此的贡献值，之后他们可以修改其捐助额。结果发现当配对之一是领导时的捐助水平较高，且不太可能随时间降低，因为领导捐助更多并且不太可能向下修改捐助数额。当道德权威在实验中被突出时，领导的效应更强，这一现象支持了领导在现实合作问题中具有重要影响力的结论。

这些公共物品实验表明，即使在合同关系或等级权力缺席的情况下，领导对群体合作水平仍具有显著的正向影响。这种影响并不局限于实验室中，在对 130 多个不同发展程度、生态系统、渔业部门以及资源型国家构成的共同渔业管理系统中，古铁雷斯、希尔伯恩和德菲奥（Gutierrez, Hilborn and Defeo, 2011）发现强有力的领导是渔业成功的最重要属性，有助于解决其中存在的合作困境问题。

杰克和雷卡德（Jack and Recalde, 2015）在玻利维亚的农村地区的 52 个社区进行了一项实地实验以考察真实的当地领导对公共物品中合作的影响。在针对为学校提供环境教育教材的真实公共物品项目中，研究发现，领导们通过以身作则发挥榜样作用显著提高了社区成员的贡献量。结果还显示当领导在实验中被要求作为领导角色时比作为私人角色时的贡献更多，而现实中的领导比随机选择社区成员作为实验中的领导对其他人贡献的影响更大。

另外格罗斯曼和巴尔达萨里（Grossman and Baldassarri, 2012）在乌干达的农村地区的实地实验研究考察了以领导为核心的集权惩罚对促进合作的作用，发现集权惩罚显著提高合作水平。村民面对通过选举产生的领导比随机制定的领导贡献比例更高。研究还进一步发现这种在实验中对领导权威的遵从可以解释真实世界农民的在面对类似的社会困境中的合作行为。

科斯菲尔德和鲁斯塔吉（Kosfeld and Rustagi, 2015）在埃塞俄比亚进行的一项实地实验研究直接考察了领导惩罚在合作中的作用。研究者使用埃塞俄比亚的一个大型森林公共资源项目的实地背景中真实负责的领导作为研究对象。项目中涉及 56 个不同森林使用的群体，群体成员间存在集体行动的社会困境问题。领导可以观察到所在群体成员在公共物品实验中的合作水平并可以选择对成员进行有成本的第三方惩罚。面对同样的实验环境，研究发现领导在进行惩罚的倾向和动机中存在明显的差别，并可以被划分为非惩罚型、平等动机的惩罚、平等和效率动机的惩罚，以及反社会惩罚（惩罚合作者）四种类型。不同的领导惩罚类型解释了在现实的森林公共资源管理中结果的差异。强调平等和效率的领导对管理的森林有积极的效果，而反社会型惩罚的领导对管理的森林效果有明显的负面影响。这一研究表明领导扮演的惩罚角色对于解决真实世界的社会困境问题具有重大的影响。

# 4.5　总结与讨论

　　领导与合作是人类社会永恒的重要话题，其他学科已经从不同的角度深入研究了领导在解决合作困境问题中的作用，经济学开始广泛关注领导的合作意义却是最近的事情，但是已经出现了繁荣发展的态势。一方面通过理论模型分析领导对于引导追随者行动和解决社会困境的方式（如 Hermalin，1998；Arce，2001；Foss，2001）等，另一方面通过经济学实验从多角度解析领导在合作中作用。进行有关领导与合作的经济学研究，仍需要结合其他学科的研究成果，以跨学科的视角进行分析。

　　基于领导—追随框架的人类进化分析，对领导追随行为的起源与演化提出了三点重要启示：第一，有关领导力的研究不能排除追随者，适当的领导过程必须充分考虑追随者的心理。第二，领导者和追随者的目标并不总是收敛的，因此事实上在领导者和追随者之间创设了一个根本上相冲突的两种情感。第三，正是 250 万年前生活在小规模、平等主义的群体发展了我们今天对于领导的反应方式。领导在维持人类社会合作秩序中的重要影响，一方面体现为领导者在群体协调、威胁处理等内外合作问题中的处理，以及合作组织形成中的重要作用，另一方面体现在领导者对高阶搭便车者实施的惩罚显著降低了惩罚成本。透过多学科的视角研究合作与惩罚、领导与追随行为，为我们破解合作困境，进而从更高层级研究人类社会学问题提供了有效的思路。

　　以上我们主要考虑了领导者在社会困境问题中扮演的积极角色。领导者为了集体的公共利益，通过树立榜样或作出牺牲的方式引导追随者行动，从而使所在群体实现高水平的合作。然而，在现实中，大量处于领导者地位的个体并非总是服务于公共利益并扮演理想的领导榜样角色，而是可能尸位素餐，甚至为了个体利益而从事损害公共利益的非道德行为。

　　由于领导者角色在社会困境中的极端重要性，特别是领导者的道德和非道德行为将为追随者带来显著的示范效应，其非道德行为将降低追随者的积极情感、信任、合作和表现（De Cremer，2006a，2006b；Van Knippenberg and Van Knippenberg，2005）。例如，毕克曼等（Beekman et al.，2014）通过在利比里亚的农村社区进行的实地实验研究发现，社区存在腐败的官员会显著降低社会成员对公共物品的贡献。

因此，探究领导者非道德行为的动机与影响因素同样意义重大。一些学者认为由于身为领导者会自感应该比其他人获得更高的收益（De Cremer and Van Dijk，2005；Stouten，De Cremer and Van Dijk，2005），因此从事破坏规范的非道德行为是领导者角色固有的特征（De Cremer，2003；Van Dijk and De Cremer，2006）。另一些研究发现领导者地位的不稳定性（Maner and Mead，2010）和领导者的无能感（Fast and Chen，2009）会导致非道德行为。乔斯登等（Joosten et al.，2014）则考察了心理因素对领导者非道德行为的影响，认为持续的工作压力导致领导者维持道德规范的意志力被剥夺，自我控制能力的降低导致非道德行为的发生。

这些研究只是围绕社会困境与领导这一重大话题的冰山一角，许多心理的、文化的、制度的因素都会对领导者的行为和作用产生重要影响。诸如，信念、身份、情感情绪，以及道德认同（Aquino and Reed，2002）等的作用，领导者角色在腐败等行为中的作用，在制度性惩罚中的角色等，有待更广泛深入地研究。

# 第5章　公害品中的合作问题：
## 腐败的悲剧*

## 5.1　引　言

　　人类的合作行为不仅体现在以公共物品为主要特征的社会活动中的自愿贡献，还体现在对欺诈、偷盗、腐败、偷税、环境污染等公害行为的抵制。在人类文明进程中，这类不端社会行为（或说非道德行为）同样源远流长，至今仍然普遍存在，给社会造成巨大的福利损失。例如，每年单在美国由于员工偷窃导致的损失高达 520 亿美元（Weber et al.，2003），每年各类社会组织由于诈骗导致的损失平均占到其收入的 5%（Association of Certified Fraud Examiners，2012）。据国际货币基金组织估计，2015 年全球光在贿赂交易中花费的金钱就在 1.5 万亿美元到 2 万亿美元之间（IMF，2016），而非法的逃税金额则可占到超过全球国内生产总值的 5%（The Tax Justice Network，2011）。广泛存在的违法犯罪和非道德行为仍是人类面临的最为严峻的挑战之一。

　　非道德行为的社会成本，往往远超个体行为的直接成本，体现了社会困境的本质特征。非道德行为的巨大社会意义引起了学术界广泛的研究兴趣，对非道德行为本质与影响因素的研究呈快速发展态势（如 Irlenbusch and Villeval，2015；Gino and Ariely，2016；Jacobsen et al.，2018；Abeler et al.，2019；Gerlach et al.，2019）。本书聚焦于腐败这一典型的非道德行为。由于广泛的非道德行为在本质上具有一系列共同的公害品（Public bad）特征，如都具有典型的负外部性特征，行为发生都伴随道德成本等，因此

---

　　* 本章的实验部分内容来自笔者与陈叶烽（第二作者）2016 年在《经济研究》第 1 期发表的《腐败的困境：腐败本质的一项实验研究》修改所得。

对腐败行为的分析同样适用于普遍的非道德行为。

认识腐败问题的本质是有效治理腐败的重要前提。区别于前期经济学文献主要在委托代理框架下考察腐败的本质与影响因素（Abbink and Serra，2012；Dimant and Schulte，2016；Burguet et al.，2018），本书将腐败作为一个社会困境问题展开分析。在此框架下，社会整体是腐败的受害者，但是个人却从腐败行为中获益，搭便车的机制导致群体陷入腐败的陷阱。这种腐败的社会困境不仅存在于政治领域，在商业环境、组织机构都广泛存在。如腐败的商业环境破坏公平竞争和市场效率使整个的市场恶化，而企业为了生存则不得不参与腐败。

本书用实验的方法对腐败作为社会困境问题这一理论判断进行验证。由于腐败的非法性和隐秘性，实验方法可避免基于受访者主观态度调查研究的不足，直接在微观层面对腐败行为作出观测。在阿宾克等（Abbink et al.，2002）的经典贿赂实验的基础上，我们引入一种"集体失败"的内生机制来取代原实验中"突然死亡"的外生惩罚机制，从而将腐败决策置于社会困境的情境之中。具体来说，在一定数量的企业角色和官员角色者的互动贿赂博弈中，当接受贿赂的官员数量超过一定比例时，所有官员将面临一定的风险发生集体失败，集体失败的发生会导致所有官员损失其大部分的收益。这一实验设计体现了集体理性与个体自利相冲突的社会困境本质，尽管腐败在群体层次上是不可取的，然而实验中出现极高的腐败率，最终导致所有人的平均收入低于无腐败的情况，出现"腐败的悲剧"。

为了深入认识腐败的本质和对腐败的社会困境本质进行实验分析，本章接下来首先对相关文献进行系统的回顾，接着对腐败的社会困境本质进行讨论，进而进行实验设计和理论预测，之后进行结果分析，最后是结论和讨论。

# 5.2　对腐败问题的既有认识

## 5.2.1　腐败现象与腐败的危害

腐败现象在人类社会的历史源远流长，无处不在。两千多年前出现的中国首部编年体史书《左传》中就有"大夫多贪，求欲无厌"和"政以贿成"的记载。王亚楠（2003）在《中国官僚政治研究》中更是论述到中国的二十四史实是一部贪污史。腐败仍是当今人类社会面临的严重社会问题之一。腐败在现实中表现为贿赂、贪污、裙带关系、拉选票等多种形式，在不同的文化背景和政治体制下千差万别，呈现出多元化的本质特征。2014年由社会活动网站阿瓦兹（Avaaz）针对 194 个国家近 12 万人的在线调查显示"政治腐败"高居人类福祉进步的重大障碍榜首，超过 37% 的投票认为其是最重要的社会问题，重要性领先于经济不平等和灾害性的气候变化（Merrick，2014）。

在经济学界，尽管也有一些学者指出腐败在一定程度上对经济发展具有积极作用（Leff，1964；Lui，1985），当代大量经济学研究表明腐败会抑制经济增长（如 Mauro，1995；Mo，2001；Meon and Sekkat，2005；Fisman and Svensson，2007），造成收入不平等和贫困问题（Gupta et al.，2002；Olken，2006；Blackburn，2012），导致资源的无效率配置（Bertrand et al.，2007）以及导致在教育、卫生、基础设施等方面的公共支出扭曲（Tanzi and Davoodi，1998；Reinnika and Svensson，2004）。另外，腐败还作为一种主要的非正义破坏一个社会的伦理道德基础（You，2007）。

虽然近年来国际社会和中国政府都展开了全面的反腐败行动，严重的官僚腐败问题得到一定程度的遏制，然而裙带关系、任人唯亲、拉关系、潜规则、请客送礼等形形色色的腐败现象仍普遍存在于教育（Fisman et al.，2018）、医疗（Currie et al.，2013）、金融（Gu et al.，2018）等广泛的社会领域。中国历史上的各王朝皇帝和中央朝廷都曾为抗击腐败进行了不懈的努力然而总是收效甚微，人类仍然没有找到对抗腐败的有效手段（Persson et al.，2013；Mungiu–Pippidi，2017）。

面对腐败的危害和迫切的治理难题，"为什么腐败如此难以控制"成为社会科学研究不得不面对的重大课题，政治学、社会学和经济学等学科从不同视角对腐败行为的本质和决定因素，腐败行为的后果以及可行反腐败机制展开了大量研究（Burguet et al.，2018），特别是最近十多年来针对腐败影响因素和反腐败机制探索吸引了经济学中经验研究（Dimant and Tosato，2018）和实验研究者（见 Abbink and Serra，2012；汪良军，2013）的极大兴趣。尽管如此，我们至今对腐败行为根源和影响机制的认识仍然非常有限。

### 5.2.2　腐败本质的经济学研究

正如艾迪特（Aidt，2003）在其综述文章中指出的，"腐败是一种具有多面性的现象而很难对其作出一个精确而全面的定义"。然而为了弄清楚腐败的本质，对其作出一个精确的定义是非常必要的，也是一切对腐败进行研究的起点。目前腐败在概念上主要被作为一种为了私利而滥用公权力的行为，如透明国际组织定义腐败为"为私人利益滥用公共权力"。经济学中的定义也基本延续了这一思路，如史莱弗和维什尼（Shleifer and Vishny，1993）定义腐败为"政府官员为了个人的收益而出卖政府权力的行为"，贾恩（Jain，2001）定义腐败为"一种政府官员使用权力以违反游戏规则的方式获取个人好处的行为"。斯文森（Svensson，2005）定义腐败为"政府官员为私利滥用职权"，巴纳吉等（Banerjee et al.，2012）定义腐败为"官僚（或民选的官员）为私人利益破坏规则"。腐败的典型定义具有三方面的内涵：一是公职人员具有相应自由裁量的权力；二是腐败行为破坏正当的规制；三是腐败涉及私利的获取。在一些更广义的定义中，腐败被理解为破坏公正规则的行为（Sparling，2018）。

以贝克尔和斯蒂格勒（Becker and Stigler，1974）等为代表，大部分关于腐败的理论都建立在委托代理的分析框架之上。根据政府本身是否可以完全代表公共利益的假设不同，艾迪特（2003）将委托人划分为"仁慈的委托人"（benevolent principal）和"非仁慈的委托人"两种类型。在仁慈的委托人看来，政府的高层为委托人而具体的单个官员为代理人（Becker and Stigler，1974；Van Rijckeghem and Weder，2001）。在此假设下，以追求货币最大化为目的的理性代理人会根据成本收益的考量来决定是否腐败。当腐败行为的私人收益超过相应的成本时便会进行腐败。这样腐败行为的差异便可以解释为奖励与惩罚机制导致的腐败与清廉行为收益的比较。腐败水平的差异则来源于相应的行政管理系统的制度设计的不同。

如果政府是"非仁慈的委托人"，则政府本身并不可信，这被史莱弗和维什尼（Shleifer and Vishny，1993，1998）等称为"掠夺之手"，所有的官员都被认为具有腐败的倾向性，以此为基础的委托代理模型也称为"政治代理模型"（political agency model）。此时社会公民称为委托人，而政府的统治者则称为代理人（Adserà et al.，2003；Besley，2006；Myerson，1993；Persson and Tabellini，2000）。由于公民必须将权利授权给执行政策的特定官员，此时官员享有信息不对称的优势从而可利用此获取个人好处。对政府进行监督的能力和政治问责的可行程度就非常重要。具有较高政府竞争程度的国家由于可以通过法律、民主选举、独立的媒体监督等对官员施加较强的公众压力。

### 5.2.3　腐败陷阱现象研究

腐败陷阱指在一些国家或地区发生的系统性腐败现象，是腐败研究面临的重大现实问题。对腐败陷阱的解释主要基于对腐败行为发生机制的不同解读。安德维格和莫内（Andvig and Moene，1990）等认为，在一个腐败普遍的社会，对腐败官员进行监督和审计将更为困难，因此在成本收益分析框架下个体会更倾向于腐败。阿西莫格鲁（Acemoglu，1995）和梯若尔（Tirole，1996）认为，在动态的策略互补中，过去的腐败水平是当前腐败水平的重要决定因素。阿西莫格鲁（1995）认为，整个社会存在人力资源在生产性活动和寻租性（腐败）活动中的配置问题，在腐败高发情况下个体从事生产性活动的成本提高，转而更倾向于从事寻租行为。梯若尔（1996）则提出一个不同机制，在此腐败行为的激励来自个体对所属群体集体声誉的考虑。如果个人所在群体的名声就是腐败，那么之后大家的最佳选择也是腐败。

另一些文献从行为视角对腐败陷阱也作出了解释。董斌等（2012）认为，腐败的行为动机中包含内疚带来的负效用，而当社会腐败水平高时，个人腐败的内疚感降低，因此社会腐败水平和社会期望对个体的腐败行为具有重要影响。类似地，巴拉弗塔斯（Balafoutas，2011）认为当社会腐败水平高时，公众对官员诚实的期望降低，官员从事腐败的内疚感减低。

另一些基于跨文化比较的研究发现，在腐败水平高的国家，个体进行腐败或其他非道德行为的倾向性更高（如 Gächter and Schulz，2016；Salmon and Serra，2017）。这些文献一个共性的论断认为当社会其他人都腐败时，个体也更容易腐败，这些机制都可能导致腐败的自我实现而形成腐败的不同均衡水平，具有同样制度特征的社会则可能经历完全不同的腐败水平。

## 5.3　腐败的社会困境本质探讨

现有的腐败文献基本建立在委托代理理论的框架之下，将腐败作为一种违法犯罪行为进行考察，并设计相应的惩罚和激励机制以对其约束。委托代理模型建立在委托人会履行控制腐败职能的假设基础之上（Rauch and Evans，2000），但是如果委托人自身同样腐败而并没有去监督和惩罚他人的腐败时委托代理机制就会失效。对于非仁慈（non-benevolent）政治家的权力，在现实中可以给予限制的能力是有限的。腐败的官员只有被一个清廉的监督官员发现才有可能得到惩罚。如果监督的官员本身也是腐败的，则可以接受贿赂而放过其他的腐败官员，这样整个官僚系统中就没有有权力者可以履行委托人的真正职能。博利和吉兰德斯（Boly and Gillanders, 2018）在实验中还发现即使本身不腐败的官员也很少选择对其他官员腐败进行高概率查处。

即使在政治代理理论框架下，公民能够执行委托人权力的主要渠道不过是参加选举。但是选举本身并不能对现实中的大量官员施加监督，公民既没有动机也没有能力可以对单个的官员进行监督和惩罚。唯一的有效方式只是通过选举的方式可能使现任政府下台，以此来作为对现任政府行为的威胁。这种威胁只是针对现任政府官员群体整体的一种风险而并不会成为单个官员的委托人控制。另一种公民可能影响政府的方式是通过革命或政变的形式推翻政府，而这是极端困难而少见的事情，通常只能作为一种对现任政府的潜在威胁存在。

基于成本收益权衡的委托代理理论既无法对大量现实中的腐败和不腐败行为给出合理的解释，也无法对历史上以及当今一些发展中国家呈现的系统性腐败做出解释和提供有力的政策主张（Persson et al., 2013）。当今世界范围仍然存在的严重腐败现象和反腐败斗争的失败使我们有理由超越委托代理模型的框架去探查更全面的腐败本质问题。

区别于对腐败行为本质的传统认识，本书提出将腐败作为一个社会困境问题进行研究。社会困境问题已经被广泛应用于分析涉及人类面临的重大问题如环境污染和全球变暖等，同时也广泛应用于公共政策的分析中，然而确在腐败的文献中鲜有出现。佩尔森等（Persson et al., 2013）作为一个例外对腐败的社会困境本质进行了探讨，他们认为系统性的腐败本质上是一个集体行动问题，因此需要与委托代理理论根本不同的解决方案。在佩尔森等（2013）看来腐败的社会困境来自群体不能在反腐败中进行有效的协调，本书则强调腐败行为本身的协调失灵。腐败在三个维度体现社会困境的特征，这些特征同样适用于广泛的非道德行为。

## 5.3.1　负外部性维度的社会困境

腐败行为给社会或他人带来伤害，虽然自身不承担腐败伤害的直接成本，但是由于其他人的腐败行为同样会伤害自身，社会的腐败行为即构成一个社会困境。这种社会困境在宏观上体现为腐败抑制经济增长和导致无效率的资源配置结果。负外部性维度的社会困境实际上体现了一种道德困境。由于本质上具有伤害他人的特征，腐败在个体动机上体现为一种非道德的行为。因此，与委托代理模型的成本收益框架不同，个体从事腐败行为的动机极大地受到道德成本的影响以及对腐败行为本身合理性的判断。

尽管腐败被广泛认定为违法犯罪行为，人们对腐败行为合理性的观念并非一致。根据心理学理论，从事非道德行为会带来对自我评价的伤害，因此人们会通过将自身的行为进行自我合理化来降低道德成本 (Shalvi et al.，2015)。有很多外部的理由促成对腐败行为合理性的看法，如腐败促进经济发展的观点，以及特定的历史文化和社会环境等。因此，在此视角下，文化和价值观念可对腐败行为产生重要影响。腐败的社会困境本质本身也是导致个体形成腐败行为合理化信念的重要原因。在腐败的社会困境中，相当于腐败者搭乘其他人的便车，不腐败者则处于不利的地位。特别在腐败比较普通的情况下，腐败甚至成为流行的社会规范，不腐败反而好像是不对的。不合理的制度安排则会进一步促进人们合理化自身的腐败行为。

### 5.3.2　集体失败维度的社会困境

腐败的另一重要本质表现为一种群体协调的失败。对于特定的群体（如官员）存在维持群体不腐败声誉的集体利益，但是在个体腐败巨大收益的诱惑下存在个体背叛集体声誉的强激励，从而导致个体与集体利益的冲突。

腐败问题与其他社会困境问题相比显著的特征还在于其往往涉及利益相关而又分离的两方，即官员和社会公众。区别于负外部性维度的社会困境，官员腐败的成本并非直接由其他官员承担而是更主要地施加于社会公众。这样在短期其他的官员就没有足够激励去监督和惩罚腐败的官员。另外，公民群体的反腐败努力也面临同样的社会困境，只有足够多的公民参与反腐败才能起到效果，但是反腐需要私人付出成本而没有直接的收益，同样面临群体协调失败的可能。因此研究在此集体失败视角的社会困境中腐败的决定因素和反腐败机制极为重要。

### 5.3.3　心理维度的社会困境

心理维度的社会困境认为腐败行为是错误的判断或其他情感情绪原因

导致个体只看到明显的短期利益而不能正确地评估长远利益，而不腐败的个人长远利益往往与社会利益是一致的。心理维度的腐败社会困境基于霍布斯的政治理论（BLau，2009）和相应的心理学理论（Van Lange et al.，2013）。霍布斯认为个体错误的心理认知过程（认知腐败）导致偏重眼前短期利益而忽视长期真实利益是导致自然状态的重要原因。

腐败同其他形式的犯罪一样，从行为者的终身来看不一定是理性行为，因为腐败面临严重的惩罚。在中国反腐中，大量落马的高级干部痛哭流涕，懊悔不已，因此腐败行为即使在个体利益角度也并非完全理性，而在一定程度上是一种因眼前诱惑而作出的非理性决策。由于腐败的发生并不像杀人放火般伴随直接的严重后果，由于有限理性，人们很容易忽视可能造成的社会伤害和个人可能面临的严重惩罚。在此看来，腐败行为并非如委托代理理论预设的可以牟取私利，反而可能伤害真实的个人长期利益。在此视角下，我们需要从非理性的角度对腐败的行为动机和影响因素展开探讨，腐败的驱动因素除了个人收益外，还包括广泛的社会因素以及恐惧、愤怒、同情、自负等情感情绪因素。

在腐败决策中面临的以上三个维度问题均体现了社会困境的特征。三个维度的问题相互补充，刻画了个体在腐败行为决策中面临的主要冲突。在委托代理视角看来，腐败取决于成本收益的权衡，是损人利己的理性行为。然而，从社会困境视角，个体的理性腐败行为必将导致集体的非理性。在心理维度看来，腐败还不一定是出于个体理性自利的决策，而是可能受到非理性因素的驱动和多种社会因素的影响而不得不腐败。在腐败行为的研究中面临如下的核心问题：为什么同等情况下一些人会从事腐败行为而另一些人不会？为什么不同社会的腐败水平存在显著差异？腐败陷阱的根源何在？目前以委托代理为主导的腐败行为理论无法对以上问题提供合宜的答案。引入社会困境视角的腐败理论有助于全面和深入理解腐败的本质和决定因素，为回答腐败为什么如此普遍和难以控制提供全新的视角，特别是可以为腐败陷阱现象作出合理解释，并可为反腐败实践提供新的思路。

## 5.4　实验设计与理论预测

本书实验设计的逻辑基于对现实世界腐败集体失败本质特征的观察。一个政府是由一群官员组成的，官员共享来自国家繁荣和良好的政府治理所带来的整体利益。一个政府的运行需要所有官员的合作，这需要他们忠于职责并公正地执行法律。事实上政府作为人类社会中最重要的一种制度安排，对于人类合作秩序的维持扮演核心角色（Baldassarri and Grossman，2011）。政府作为第三方的执行机构为人类的相互合作提供保障，这种惩罚系统本身就作为一种公共产品（Sigmund et al.，2010），因而需要更高程度的合作来保障。然而由于腐败行为的高收益，对于单个官员来说在腐败成本较低的情况下从事腐败总是一件诱人的事情，从而以纳什均衡的结果来看腐败总是单个官员的最优选择。这对于官员的总体来说情况则不然。根据腐败的通常定义可以看出这种行为为政府的规则所禁止，腐败不可能是政府总体的策略因为政府本身可以通过税收这一合理途径来提高收入。当一个政府中超过一定比例的官员腐败时，政府就是陷入一系列的麻烦之中。腐败带来的政府的声誉损失引发公众对政府的信任危机，甚至在最严重的情况导致政府的倒台。

腐败的社会困境本质在于腐败对单个政府官员是合宜的而对整个官员群体乃至整个社会的利益造成伤害。与此最接近的理论模型可能要算米林斯基等（Milinski et al.，2008）和塔沃尼等（Tavoni et al.，2011）发展的"集体风险社会困境"（collective-risk social dilemma）。在这类问题中，人们需要对一个公共的基金贡献以避免可能的严重损失以刻画人类在面对气候变化可能带来的灾害中的合作行为。腐败的本质与环境恶化类似，实际上表现为"公害品"。作为社会困境问题的腐败不同于经典的公共物品问题（如 Olson，1965），因为官员们并不需要投入努力到一项合作的任务中而是他们的合作来自不去做一件给自己带来好处而伤害群体利益的坏事。腐败也不同于通常的公共资源问题（如 Hardin，1968），因为腐败的成本并非直接由其他的官员承担而是更主要地施加于社会公众。这样在短期其他的官员就没有足够激励去监督和惩罚腐败的官员。腐败问题与其他社会困境问题的相比显著的特征就在于其涉及利益相关而又分离的两方，即官员和社会公众。

本书并首次用实验的方法对腐败作为社会困境问题这一理论判断进行验证。由于腐败的隐私性和非法性，在实证研究中很难得到腐败水平的直接数据，以往经验研究中常用的度量腐败水平的指标主要来自透明国际的腐败感受指数（CPI）和贿赂参与指数（bribe payers index），以及全球国家风险指引（ICRG）和世界银行治理指数（World Bank Governance Indicators）等基于受访者主观回应的腐败感受编制的指数。这些数据并不是真实的腐败水平，其间接度量的弊端也是显而易见的。实验经济学方法对于研究腐败问题具有独特的优势，如观测的直接性、高度受控的环境、强因果关系，以及方便机制设以检验反腐败措施的有效性等（见 Abbingk and Serra，2012，更深入论述）。

为了刻画真实的腐败行为，不同形式的腐败实验得以发展。在一项开创性的研究中，阿宾克等（Abbink et al.，2002）提出了一种基于贿赂博弈的腐败实验，这一形式在随后的研究中被广泛参照和复制。在该实验中，配对的企业角色者和政府官员角色者进行可进行贿赂交易，企业可以选择贿赂一定的金额以换取官员同意执行一个给企业带来好处但是会给他人造成损失的项目，官员可以选择接受或拒绝企业的贿赂，并在之后选择是否同意执行项目。

阿宾克等（2002）的贿赂博弈中涉及两方面腐败的重要特征：一是行贿者和受贿官员之前存在的信任与互惠关系；二是对其他人产生负的外部性影响。按照委托代理模型的思路，实验中可充分地考察引发不同成本收益的激励机制对腐败行为的影响。一个直接影响因素便是惩罚。阿宾克等（2002）使用了一种叫作"突然死亡"（sudden death）的外生严厉惩罚来刻画这种特征，即腐败者有 0.3% 的概率被查处，而一旦查处行贿者和受贿者会同时失去所有收益并被逐出后续轮次的实验。结论显示互惠可以帮助建立稳定的贿赂关系，而负外部性没有明显的影响，惩罚的威慑可以显著降低腐败水平。

为了捕捉腐败社会困境问题的本质，本书在阿宾克等（2002）贿赂实验的基础上进行了改进。为了更全面地考察腐败的本质特征，本书保留了阿宾克等（2002）原实验中两方面的重要特征：腐败的信任与互惠本质，以及对他人的负面伤害。为了找到这两方面特征的更充分证据，本书还通过附加的实验和问卷调查对实验参加者的风险态度、信任、亲社会性、腐败意识等进行了考察。在此基础上，本实验引入一种特殊的"集体失败"的机制来取代原实验中"突然死亡"的外生惩罚机制，从而将研究的情境从委托代理框架转向社会困境的框架之下。具体的实验方案如下。

### 5.4.1  彩票实验

由于本书贿赂博弈中涉及不确定发生的"集体失败"机制，为了控制个体风险态度的影响，本书涉及相互独立的两个实验。实验 1 为借用埃克尔和格罗斯曼（Eckel and Grossman，2002，2008）的简单彩票实验，以测度实验参加者的风险偏好。[①] 参加者需在如表 5-1 所示的 6 只彩票中选择一只期望执行的彩票，每只彩票有 50% 的可能性（概率）获得一个较高的收益。彩票实验在每次实验的最开始进行，但是彩票选择的结果要在实验最后才会知道，所以本部分的结果不会影响第 2 个贿赂实验中的决策行为。

表 5-1                                  彩票实验

| 彩票 | 事件 | 支付 | 概率（%） |
|---|---|---|---|
| 1 | A | 50 | 50 |
| | B | 50 | 50 |
| 2 | A | 90 | 50 |
| | B | 30 | 50 |
| 3 | A | 130 | 50 |
| | B | 10 | 50 |
| 4 | A | 170 | 50 |
| | B | -10 | 50 |
| 5 | A | 210 | 50 |
| | B | -30 | 50 |
| 6 | A | 220 | 50 |
| | B | -40 | 50 |

## 5.4.2  贿赂实验与集体失败

实验 2 为一个贿赂实验，每次实验由 20 名参加者组成一个组并随机划分为 10 个企业和 10 个政府官员，这种参与者类型在整个实验过程保持不变。其中随机将一个企业和一个政府官员配对，这种配对关系也在实验中保持不变以形成长期的互惠关系。企业和政府官员进行 30 轮次重复的独立

---

① 本设计选用了埃克尔和格罗斯曼（Eckel and Grossman，2002，2008）原实验中损失情况的框架，并对数值进行了相应调整，以适应本实验的支付。另外扩展了原实验 5 只彩票的设置到 6 只彩票。其中选择彩票 1~4 为风险规避的选择，彩票 5 为风险中性的选择，彩票 6 为风险偏好的选择。

决策。

假设企业希望实施一个项目，本项目为企业带来好处但是会给其他企业造成一定的负面影响。在每一轮，企业都可以选择以一定数额的实验代币（以"点数"表示）贿赂对应的官员以期官员同意实施该项目。如果企业选择不贿赂，则官员直接进入选择是否许可项目实施的决策阶段。如果企业进行贿赂，可以选择从 1~9 的点数，这时不论官员是否接受贿赂，企业都需要承担 1 点的转移成本。如果官员拒绝接受贿赂，除了企业支付的 1 点转移成本，双方的账户都保持不变。如果官员接受贿赂，可企业的账户中减少相应的点数，而官员的账户增加贿赂额的 3 倍[①]。

在进行是否接受贿赂的决策后，官员需选择是否许可企业实施项目。如果官员选择禁止项目实施，官员和企业的账户都增加 36 点的保留收入；如果官员选择许可项目实施，企业的账户增加 56 点，官员的账户增加 33 点，同时组内的其他企业的账户会遭受 2 点的损失。这一设计体现了腐败作为一件公害品所具有的负社会外部性本质。需要指出的是，在阿宾克等（2002）和阿宾克和亨尼格—施密特（Abbink and Hennig – Schmidt，2006）原文献中，许可项目会给所有其他人带来损失，但是这种情况下会存在官员之间的相互报复行为，本书更改了这一设计以剔除官员之间的报复行为（negative reciprocity）[②]。本实验的设计同样具有较强的现实意义，如企业通过贿赂官员得到不正当竞争的优势就是伤害其他企业的典型例子（见Gneezy et al.，2019，其一文中的实验就研究了类似的情形）。

特别地，在每一轮中，如果接受贿赂的官员数量超过 60%（也就是 6 名官员），一种"集体失败"的情况就可能发生，发生的可能性为 60%。当集体失败发生时，所有的官员会损失掉全部当轮收入的 80%。这一设计体现了腐败的社会困境本质。根据奥斯特罗姆（Ostrom，1998）的总结，社会困境是指个体在相互依赖的情形下作出独立的决策的情景。实验中所有官员的决策都是独立作出的，但是集体失败的机制将所有的官员利益联系在一起。这样官员在进行决策时，需要考虑的不仅是自身行为的成本与收益，

---

① 根据阿宾克和亨尼格—施密特（2006）的解释，企业支付的转移成本反映了企业初期为与官员建立接近关系所需的花费。官员得到 3 倍的转移点数则反映了现实中同样的货币对企业和官员的边际效益的差异，同样的金额对官员来说比行贿者的实际价值更高。

② 本书对阿宾克等（2002）、阿宾克和亨尼格—施密特（2006）原实验设计中的一些参数也进行了调整。在原实验中，转移成本为 2 点，官员许可项目时的收益为 30 点，负外部性影响为 3 点。总的来说，我们的更改使腐败行为比起原实验更加具有吸引力。根据以上文献，官员许可项目下较低的收益反应为官员为使项目许可需花费的努力。

还需要考虑整体群体的利益和他人可能的选择。

该贿赂博弈的决策树的结构如图 5 - 1 所示。图中字母"t"代表企业提供的贿赂数额；在终点结上的第一列数字代表企业的支付；第二列数字为政府官员的支付，其中第一个数为未发生集体失败的支付，第二个数为发生集体失败时的支付；第三列的 - 2 代表执行项目对其他企业造成的负外部性。在每一轮的实验结束后，企业和官员都可以了解到自己配对方的决策和自己的当轮收益。政府官员可以知道当轮是否发生了集体失败。

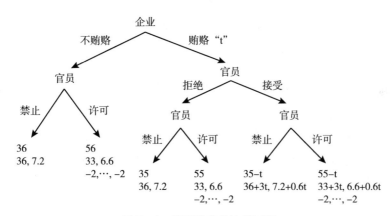

**图 5 - 1　贿赂博弈的决策过程**

## 5.4.3　理论分析与假设

根据纳什均衡的预测，在一轮中官员永远不会许可执行项目，因为执行项目的收益低于禁止项目的收益（33 点 < 36 点）。知道官员一定会背叛，企业的最优策略就是不贿赂，那么唯一的纳什均衡只能是（不贿赂，禁止项目），所有人的每轮收益都是 36 点。在有限轮次的重复博弈中，根据倒推归纳法，唯一子博弈纳什均衡仍然是企业不贿赂，官员不许可。所以贿赂的发生需要企业和官员之间的信任与互惠。在实现中也的确如此，由于腐败的非法性，贿赂双方并不存在可执行的契约关系，贿赂的实现依赖于信任和互惠。既然信任和互惠对腐败的实现如此重要，那么个体的信任感和是否值得信任的倾向必然影响腐败水平。为此，我们使用调查问题的方式对个体的信任水平进行了测度并有如下的理论假设：

假设 1：信任度高的个体更倾向于进行贿赂并在贿赂时提供更高的数额。

假设企业和政府官员之间可以有效地建立起信任和互惠，企业和官员的最优决策是否就变成（贿赂，接受，许可）了呢？当把所有的官员作为一个整体来看，可以看出接受任何贿赂的期望收益远小于拒绝贿赂的保留收益 36 点。因为在高达 60% 的集体失败风险下，即使当企业提供最高的贿赂额 9 点时，官员的期望收益为 31.2 点，即使接受贿赂但禁止项目时期望收益也仅为 32.76 点。作为企业的整体同样如此。即使在最优的情况下即只贿赂 1 点并且官员接受而同意项目，则单个企业的收益为 56 − 1 − 1 − 2 × 9 = 36 点。所以对于不论是官员总体还是企业总体，群体的最优的决策仍然是（不贿赂，禁止项目）。然而作为单个的企业或政府官员，如果在他人不腐败的情况下成功腐败，则可以得到远高于保留收益的超额收益。由于在群体成员之间没有可执行的契约保障，那么不论他人的选择是什么，单个个体的最优选择总是腐败。唯一例外情况是当官员充当发生集体失败的"关键人"角色时，即在已有 5 人接受贿赂的情况下，这时一个官员的最优选择是不接受贿赂。然而任何官员不可能有其他官员行为的准确信息，只能大概根据对其他人腐败程度的信念进行决策。在实验中群体的理性与个体理性发生冲突，因此我们有如下的假设 2：

假设 2：尽管群体的最优决策是不腐败，但是单个的企业和官员都有搭便车的动机而使群体偏离最优的路径，造成群体的悲剧后果。

由于腐败的社会困境本质以及腐败的负外部性，从事腐败活动会为个体带来道德成本，从而具有亲社会倾向性的个体会倾向于不腐败。正如前面论述指出，腐败是一种反向的合作，那么一个在合作情境中越倾向贡献的个体应该在腐败情境中越倾向于清廉。然而由于腐败使私人获益而让他人承担成本，从而造成"好人无好果"的反向社会激励。本书中特别设置了一个测度参与者贡献倾向的问卷，要求参加者给出从 0 ~ 1000 的意愿贡献以帮助一个集体度过困难。可以认为意愿贡献水平越高的个体亲社会倾向性越强。据此有如下假设 3：

假设 3：个体的亲社会性与腐败程度呈负向关系。腐败造成收入的不平等，投机者获益而使诚实者承担成本。

### 5.4.4 实验过程

本实验全部使用 Z - Tree（Fischbacher，2007）软件在电脑上完成。全部的实验共分成 6 次于 2014 年 4 月至 5 月在浙江大学进行。实验参加者为浙江大学的学生，共 120 名学生参加了实验，每次 20 人为一组。参加者来自工学、理学、社会科学、文学等广泛的科学领域，并在实验中随机获得身份和角色以确保整个过程的完全匿名。

参加者首先在实验操作者的指导下阅读实验说明。为了确保所有参加者理解实验的规则的收益情况，所以参加者需在学习完实验说明后回答电脑程序给出的 8 道控制性问题。这些问题测试参加者对企业和官员角色以及收益的理解，使他们明白最大化的收益情况和社会困境的情况。知道所有人都能够正确回答所有问题实验才可以正式开始，因此可以确保参加者都了解实验的规则。

正式实验中首先进行彩票选择的实验，选择后进入重复 30 轮的贿赂实验，在贿赂实验结束后参加者可以知道自己的最终受益情况。之后我们需要参加者回答电脑程序提供的调查问卷。每次实验持续大约 90 分钟，参加者平均得到 47 元的收入（含 5 元出场费），其中最低收入为 33 元，最高收入为 64 元。实验支付在最后由不参加实验操作的其他助手以现金的方式付给参加者。

## 5.5　实验结果分析

### 5.5.1　描述性统计

表 5 - 2 报告了实验参加者的性别、年龄、专业等人口统计学特征，以及彩票实验结果和主要问卷回应的描述性统计结果。参加本实验的男性占到总人数的 44%，女性参加者略多于男性，行为在各个实验组的分布相对均匀。参加者全部为在读学生，所以年龄差距较小，基本在 21 岁左右。25% 的参加者具有学生党员身份，接近 60% 的学生表现出曾有过长期担任学生干部的经历。根据彩票实验的结果，参加者中超过一半（50.8%）为风险规避者，另外 27.5% 为风险中性者，21.7% 可以划归为风险追求者。对陌生人信任水平的分布相对均匀，较高比例的人群表现出一定的信任，这与全球价值观调查中国人较高的信任水平一致。

表 5 -2　　　　　　　　　　描述性统计

| 统计量 | 企业 | 政府官员 | 全部样本 |
|---|---|---|---|
| 性别（男 =1，女 =0） | 0. 4833 (0. 504) | 0. 4 (0. 494) | 0. 442 (0. 499) |
| 年龄 | 21. 133 (2. 303) | 21. 117 (2. 210) | 21. 125 (2. 248) |
| 党员（是 =1，否 =0） | 0. 317 (0. 469) | 0. 183 (0. 390) | 0. 25 (0. 435) |
| 学生干部（是 =1，否 =0） | 0. 55 (0. 502) | 0. 633 (0. 485) | 0. 592 (0. 494) |
| 彩票选择（mean）<br>1 风险规避者<br>2 风险规避者<br>3 风险规避者<br>4 风险规避者<br>5 风险中性者<br>6 风险追求者 | 4. 2 (1. 386)<br>2 (3. 3%)<br>5 (8. 3%)<br>14 (23. 3%)<br>8 (13. 3%)<br>20 (33. 3%)<br>11 (18. 3%) | 4. 217 (1. 415)<br>2 (3. 3%)<br>3 (5%)<br>18 (30%)<br>9 (15%)<br>13 (21. 7%)<br>15 (25%) | 4. 208 (1. 396)<br>4 (3. 3%)<br>8 (6. 7%)<br>32 (26. 7%)<br>17 (14. 2%)<br>33 (27. 5%)<br>26 (21. 7%) |
| 风险问卷（mean）<br>1 = 高风险高收益<br>7 = 无风险低收益 | 4. 767<br>(1. 701) | 4. 783<br>(1. 748) | 4. 775<br>(1. 717) |
| 信任陌生人<br>1 = 完全信任<br>2 = 稍微信任<br>3 = 无所谓信任<br>4 = 不怎么信任<br>5 = 完全不信任 | 2. 85 (0. 917)<br>27 (45%)<br>18 (30%)<br>12 (20%)<br>3 (5%) | 2. 817 (0. 833)<br>25 (41. 7%)<br>23 (38. 3%)<br>10 (16. 7%)<br>2 (3. 3%) | 2. 833 (0. 873)<br>52 (43. 3%)<br>41 (34. 2%)<br>22 (18. 3%)<br>5 (4. 2%) |
| 值得信任<br>1 = 强烈不同意<br>6 = 非常同意 | 4. 7 (0. 997) | 4. 75 (0. 895) | 4. 725 (0. 943) |
| 善于发现他人信任<br>1 = 强烈不同意<br>6 = 非常同意 | 3. 9 (1. 203) | 4. 167 (1. 107) | 4. 033 (1. 159) |
| 大部分人值得信任<br>1 = 强烈不同意<br>6 = 非常同意 | 3. 65 (1. 176) | 3. 567 (1. 358) | 3. 608 (1. 266) |
| 金钱诱惑可致败德<br>1 = 强烈不同意<br>6 = 非常同意 | 4. 65 (1. 07) | 4. 6 (0. 96) | 4. 625 (1. 013) |
| 在乎他人感受<br>程度从 1 到 10 增强 | 7. 417 (1. 7) | 7. 483 (1. 589) | 7. 45 (1. 639) |
| 腐败合理性<br>程度从 1 到 10 增强 | 7. 133 (1. 9) | 6. 483 (2. 594) | 6. 808 (2. 287) |

续表

| 统计量 | 企业 | 政府官员 | 全部样本 |
|---|---|---|---|
| 腐败容忍度<br>程度从 1 到 10 增强 | 4.083（2.149） | 3.917（1.951） | 4（2.046） |
| 亲社会合作性<br>从 0 到 1000 以 100 递增 | 380<br>（253.6） | 391.7<br>（245.8） | 385.8<br>（248.8） |
| 实验中腐败感受<br>1 所有官员都会接受<br>2 绝大部分官员<br>3 大约一半的官员<br>4 一小部分官员<br>5 没有官员接受 | 2（3.3%）<br>28（46.7%）<br>20（33.3%）<br>10（16.7%） | 3（5%）<br>51（85%）<br>4（6.7%）<br>2（3.3%） | 5（4.2%）<br>79（65.8%）<br>24（20%）<br>12（10%） |
| 社会腐败感受<br>1 所有的官员腐败<br>2 绝大部分官员腐败<br>3 一半官员腐败<br>4 一小部分官员腐败<br>5 没有官员腐败 | 2（3.3%）<br>33（55%）<br>18（30%）<br>7（11.7%） | 35（58.3%）<br>22（36.7%）<br>3（5%） | 2（1.7%）<br>68（56.7%）<br>40（33.3%）<br>10（8.3%） |

注：表中有出现百分比表示的为样本个数和占样本的百分比，其他统计量为均值，括号中为对应的标准差。

比较特殊的现象是我们看到对腐败合理性对应的均值为 6.8，更多人表示腐败具有较高的合理性，显示在中国文化信念中对腐败认识的独特性。相对来说，对腐败的容忍度则比较低，似乎大家都非常讨厌腐败而又认为其存在具有合理的成分。大多数的人都认为不论在实验中还是在社会现实中都存在较严重的腐败现象。

表 5-3 和表 5-4 分别报告了所有的单个企业在 30 轮中的平均贿赂额和单个官员 30 轮中许可执行项目的频率。

表 5-3 单个企业在 30 轮中的平均贿赂额

| 配对组 | 实验局次 | | | | | |
|---|---|---|---|---|---|---|
| | 1 | 2 | 3 | 4 | 5 | 6 |
| 1 | 6.57 | 1.83 | 4.50 | 4.77 | 3.27 | 3.47 |
| 2 | 1.10 | 3.70 | 0.27 | 3.27 | 4.93 | 3.10 |
| 3 | 0.77 | 3.633 | 3.70 | 2.07 | 0.07 | 3.13 |

续表

| 配对组 | 实验局次 | | | | | |
|---|---|---|---|---|---|---|
| | 1 | 2 | 3 | 4 | 5 | 6 |
| 4 | 5.17 | 2.50 | 3.47 | 0.27 | 4.40 | 1.97 |
| 5 | 0.93 | 2.93 | 0.93 | 3.13 | 3.73 | 0.77 |
| 6 | 5.27 | 8.60 | 3.70 | 1.17 | 1.57 | 3.53 |
| 7 | 5.47 | 4.47 | 7.77 | 3.33 | 3.00 | 0.17 |
| 8 | 1.73 | 5.27 | 6.40 | 5.40 | 1.00 | 2.70 |
| 9 | 4.67 | 1.47 | 6.50 | 4.70 | 2.23 | 2.87 |
| 10 | 6.50 | 0.90 | 3.77 | 2.47 | 3.70 | 5.57 |

表 5 – 4 单个官员在 30 轮许可项目的频率

| 配对组 | 实验局次 | | | | | |
|---|---|---|---|---|---|---|
| | 1 | 2 | 3 | 4 | 5 | 6 |
| 1 | 0.73 | 0.23 | 0.43 | 0.70 | 0.23 | 0.87 |
| 2 | 0.03 | 0.20 | 0.03 | 0.77 | 0.53 | 0.40 |
| 3 | 0.27 | 0.80 | 0.30 | 0.27 | 0.00 | 0.57 |
| 4 | 0.53 | 0.23 | 0.43 | 0.03 | 0.70 | 0.60 |
| 5 | 0.13 | 0.63 | 0.03 | 0.43 | 0.70 | 0.00 |
| 6 | 0.77 | 0.83 | 0.567 | 0.00 | 0.07 | 0.47 |
| 7 | 0.47 | 0.80 | 0.83 | 0.83 | 0.50 | 0.07 |
| 8 | 0.23 | 0.77 | 0.67 | 0.87 | 0.00 | 0.50 |
| 9 | 0.73 | 0.50 | 0.87 | 0.57 | 0.17 | 0.37 |
| 10 | 1.00 | 0.00 | 0.47 | 0.10 | 0.50 | 0.47 |
| 集体失败 | 11 | 13 | 12 | 11 | 9 | 8 |

可以看出所有的企业都至少在一轮中进行了贿赂，最高的平均贿赂额为 8.6，最低为 0.067，呈现较严重的分化趋势。在官员和企业的配对中有 5 对从来没有许可过项目实施，而最高的许可频率为 100%。通过对 0 项目实施的 5 对企业和官员进行细微考察，发现第 5 轮里的第 3 对主要是由于企

业拒绝提供贿赂，30 轮中只有一轮提供了 2 点的贿赂，而官员选择了接受并拒绝项目。该企业特征为女性、硕士生、工学专业、共产党员、担任学生干部、风险中性。第 4 轮里的第 6 对和第 5 轮里的第 8 对以及第 6 轮里的第 5 对主要是在初始几轮企业提供贿赂，而官员接受贿赂后没有许可项目，之后破坏了之间的信任和互惠关系。第 2 轮里的第 10 对中官员在首轮拒绝了贿赂，之后企业断续地尝试贿赂，官员时而接受时而拒绝，但始终禁止项目，该官员特征为女性、硕士生、农学专业、共产党员、担任学生干部、风险规避。可以导致极低腐败率的特征主要在于没有建立起信任与互惠的关系，只有极少数的个体表现出"铁面无私"的特征。

从上表中也可以看出企业和官员之间的信任与互惠关系，贿赂的数额越高，官员许可项目的次数也越多。这种关系在图 5 - 2 中表现尤为明显。Spearman 秩相关系数检验的结果为 r = 0. 7868 并 p < 0. 001。

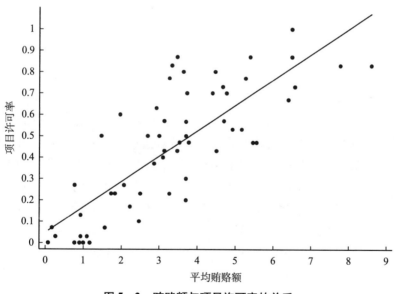

图 5 - 2　贿赂额与项目许可率的关系

表 5 - 5 报告了官员对不同贿赂额的反应，可以看出贿赂额越高，官员越倾向于接受贿赂并许可项目执行，而在低贿赂时倾向拒绝接受或接收后禁止项目。

表5-5                                    官员对贿赂的反应（频次）

| 官员 | 接受贿赂 | 否 | 否 | 是 | 是 |
|---|---|---|---|---|---|
| | 许可项目 | 否 | 是 | 否 | 是 |
| 0 | | | | 477 | 48 |
| 1 | | 79 | 10 | 33 | 19 |
| 2 | | 32 | 5 | 47 | 12 |
| 3 | | 35 | 5 | 45 | 50 |
| 4 | | 28 | 10 | 48 | 115 |
| 5 | | 25 | 4 | 53 | 176 |
| 6 | | 14 | 8 | 29 | 123 |
| 7 | | 7 | 2 | 18 | 102 |
| 8 | | 1 | 1 | 10 | 30 |
| 9 | | 3 | 1 | 12 | 83 |

以上的分析是针对总体的情况，由于在没有贿赂的情况下我们不能观察到企业接受贿赂的情况，所以只能以在有贿赂条件下观察官员的这种行为。图5-3描绘了有贿赂条件下所有官员对贿赂接受率和项目许可率的分位点分布情况。可以看出在有贿赂情况下较高的腐败水平，超过90%的官员接受率超过50%。尽管如上分析企业和官员存在较强的互惠关系，然后在图5-3中接受率和同意率还是存在较明显的差距，显示较大部分官员在接受贿赂的情况下并没有同意项目。

图5-4描绘了三种情况的同意率随时间的演化趋势，可以看出无论是总的同意率，还是有贿赂情况的同意率或在接受贿赂情况下的同意率，在20之前都呈增长趋势，表明互惠关系随时间而得到增强，在最后一些轮次的下降与类此实验的结论一致，解释为随实验结束互惠关系不再存在，背叛成为最优的选择。

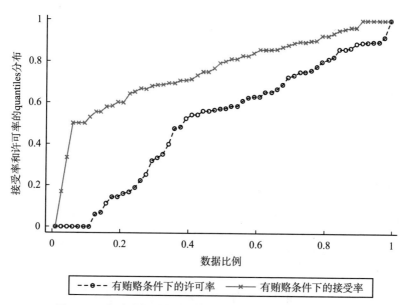

**图 5 – 3　有贿赂提议条件下接受率和许可率的分位点分布**

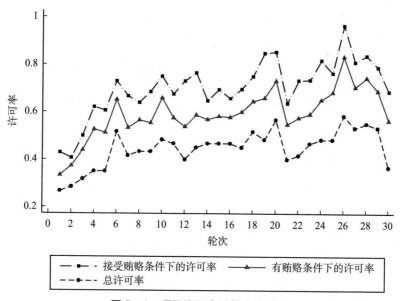

**图 5 – 4　项目许可率随轮次的演化**

　　由表 5 – 6 可以看出在 70.8% 的情况下企业都进行了贿赂，平均贿赂额为 3. 34 点，其中在进行贿赂时的平均贿赂额为 4. 71 点。总体来说贿赂频率较高，贿赂的数额也比较大。

**表 5 – 6**  平均决策结果

| 变量 | 结果 |
| --- | --- |
| 行贿比例 | 0.708 |
| 总平均贿赂额 | 3.340 |
| 贿赂时的平均贿赂额 | 4.711 |
| 总接受贿赂比例 | 0.558 |
| 有贿赂条件下接受贿赂比例 | 0.788 |
| 项目总许可率 | 0.447 |
| 有贿赂条件下的项目许可率 | 0.593 |
| 接受贿赂条件下的项目许可率 | 0.706 |
| 接受贿赂并许可项目比例（社会腐败水平） | 0.394 |
| 超过集体失败临界值的次数（在共 180 次群体决策中） | 95 |
| 发生集体失败的次数（在共 180 次群体决策中） | 64 |

从图 5 – 5 的贿赂额分布来看，4 ~ 6 点的贿赂是最通常的。有贿赂情况下的接受率为 78.8% 而项目同意率为 59.3%，总体比例都比较高。在接受贿赂条件下的项目同意率为 70.6%，显示官员较强的互惠程度，但是仍有接近 30% 的次数官员背叛了企业的信任。当我们同时考虑腐败的重要本质在于官员与企业在相互获取好处中对他人造成伤害，以同时接受贿赂了同意项目来作为社会腐败水平的度量较为合适，可以看出这一比例为 39.4%。

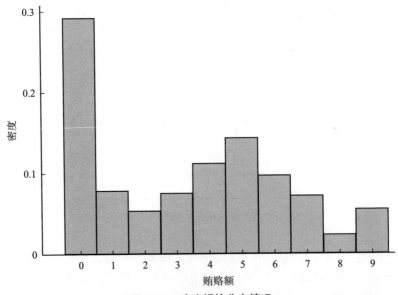

**图 5 – 5  贿赂额的分布情况**

## 5.5.2　计量分析

在贿赂博弈中，涉及三个阶段的重要决策，即企业的贿赂选择，官员对贿赂是否接受的选择，以及官员是否同意项目实施的决定。本部分以此对这三方面决策的决定因素进行分析。

首先分析企业的贿赂决策。由于只有企业选择了进行贿赂，我们才可以对贿赂的数额进行观测，所以实际企业的贿赂是一个两阶段的决策。本书使用 Heckman 两阶段方法对企业的贿赂行为进行分析。为了控制在同一组中的个体在 30 轮重复实验中进行重复选择的效应，本书使用随机效应模型分析，并以组作为聚类变量。在第一阶段，以企业是否提供贿赂作为被解释变量，通过随机效应 Probit 模型对企业的贿赂决定的因素进行回归。在第二阶段，以企业提供多少数额的贿赂为被解释变量，使用随机效应 Tobit 模型进行估计。解释变量包括实验参加者的性别（Sex）、年龄（Age）、专业（Major）、政治身份（CCP Member）、学生干部经历（Student leader）、信任水平（Untrust stranger）、腐败感受（High_corruption Belief）、风险偏好（Risk propensity）、亲社会合作性（Contribute）以及时间趋势（period）等。在重复博弈中，企业的决策收到上一轮次官员行为反馈的重要影响，所以在回归中同时包括对应官员上轮的许可行为（lastpermit）的哑变量。回归的结果如表 5 - 7 所示。

表 5 - 7　　　　　　　　　　贿赂行为的决定因素

| 解释变量 | 被解释变量（Heckman 两阶段模型） | | | |
|---|---|---|---|---|
| | 提供贿赂：随机效应 Probit（以组为聚类变量） | | 贿赂额：随机效应 Tobit（以组为聚类变量） | |
| | Coef. | S. E. | Coef. | S. E. |
| Major（专业） | | | | |
| Economics（经济学） | Ref. | Ref. | Ref. | Ref. |
| Management（管理学） | - 0. 025 | 0. 057 | - 1. 134 *** | 0. 313 |
| Natural Science（自然科学） | 0. 095 | 0. 051 | - 0. 516 * | 0. 294 |
| Engineering（工程学） | - 0. 076 | 0. 053 | 0. 650 ** | 0. 270 |
| Agriculture（农学） | - 0. 070 | 0. 064 | - 0. 314 | 0. 322 |

续表

| 解释变量 | 被解释变量（Heckman 两阶段模型） | | | |
|---|---|---|---|---|
| | 提供贿赂：随机效应 Probit（以组为聚类变量） | | 贿赂额：随机效应 Tobit（以组为聚类变量） | |
| | Coef. | S. E. | Coef. | S. E. |
| Major（专业） | | | | |
| Economics（经济学） | Ref. | Ref. | Ref. | Ref. |
| Medicine（医学类） | 0.004 | 0.057 | − 0.041 | 0.319 |
| journalism（新闻学） | − 0.011 | 0.061 | − 1.500 *** | 0.395 |
| Linguistics，literature | − 0.116 | 0.084 | 0.522 | 0.484 |
| Others（语言文学类） | − 0.202 ** | 0.078 | − 2.305 *** | 0.442 |
| Age（年龄） | − 0.010 * | 0.006 | 0.106 *** | 0.033 |
| Sex（性别）（男 = 1） | − 0.036 | 0.025 | 0.363 ** | 0.145 |
| CCP（党员）（哑变量） | − 0.062 ** | 0.026 | 0.434 *** | 0.146 |
| Untrust stranger（信任水平） | − 0.054 *** | 0.012 | − 0.064 | 0.072 |
| Student leader（学生干部）（哑变量） | 0.016 | 0.025 | 0.856 *** | 0.139 |
| High_ corruption Belief（高腐败信念） | 0.116 *** | 0.023 | 0.386 *** | 0.139 |
| Contribute（亲社会合作性） | − 0.005 | 0.004 | 0.065 *** | 0.024 |
| Risk propensity（风险偏好） | − 0.035 *** | 0.009 | 0.294 *** | 0.054 |
| Period（轮次） | − 0.003 ** | 0.001 | 0.048 *** | 0.006 |
| Lastpermit（上轮许可） | 0.346 *** | 0.018 | | |
| Imrl | | | − 1.823 *** | 0.195 |
| _cons（常数项） | | | 0.292 | 0.781 |
| Log likelihood | − 811.08 | | − 2497.45 | |
| Wald Chi$^2$ | 365.52 | | 560.76 | |
| Prob > chi$^2$ | 0.0000 | | 0.0000 | |
| Number of obs（样本量） | 1740 | | 1236 | |
| Number of groups（聚类组数） | 6 | | 6 | |

注：随机效应 Probit 回归报告的为边际效应。*** $p < 0.01$，** $p < 0.05$，* $p < 0.1$。

　　可以看出，相对于经济学专业的学生，来自自然科学和医学专业的学生更倾向于进行贿赂，而其他专业的则较少贿赂，专业对贿赂倾向的影响总体来说并不显著。在贿赂数额的决定中，管理学、新闻专业类和其他专业的学生比经济学的要显著给予更少的金额。年龄的影响比较显著，随年龄增长越不倾向于进行贿赂并在进行贿赂时给出更高的数额。在学生群体中年龄的增长主要体现在年级的差别，这种效应同时反映的是高年级学生相对低年级学生的差别。同样可以看出男性相对女性较少进行贿赂，并在贿赂时显著给出更高的数额。党员身份对于贿赂行为具有较显著的影响，具有党员身份的学生相对其他学生较少进行贿赂并在贿赂时给出更高的数额。而学生干部的经历对贿赂决策的影响则是非显著的正方向，对贿赂数额的影响是显著为正。参加者对社会腐败水平的感受与在实验中的贿赂行为高度相关，认为现实社会腐败比较严重的参加者更频繁地给出贿赂并提供更高的贿赂额。亲社会合作性对贿赂选择的影响为非显著的负数，对贿赂额的影响显著为正。风险偏好的影响则出乎实验设计者的预料，高风险偏好的个体却表现出显著性较高的贿赂倾向，对贿赂数额的影响是正常的显著为正。可能贿赂的数额对风险更为敏感。随实验的重复进行，参加者贿赂的频率有减低的趋势，而贿赂额有增高的趋势，这应该来自官员的反馈导致的企业对行为的调整。毫无意外地，上一两次官员是否同意项目实施对当轮的贿赂决策具有高度显著的影响。

　　接着分析政府官员的决策行为。由于只有企业提供了贿赂，官员才可以进行是否接受的决策，所以只能分析在有贿赂提供条件下官员的接受贿赂行为。本书使用随机效应 Probit 回归政府官员进行接收贿赂选择的决定因素。表 5-8 报告了回归的结果，其中第一方程的被解释变量是在企业提供贿赂的条件下官员是否接受贿赂的行为决策，第二个方程的被解释变量是企业提供贿赂的条件下官员是否同意项目实施的行为决策，第三个方程的被解释变量是官员选择接受贿赂条件下是否同意项目实施的行为决策。由于社会困境的存在，官员对其他官员腐败程度的信念必然对其决策具有重要影响，为此在解释变量中包括了官员对实验中腐败水平的信念（Belief_EX），以及关于接受贿赂行为合理性的信念（Belief_justified）。集体失败的发生也会对官员的行为有较明显冲击，我们加入上一期是否发生集体失败的变量（Last_fail）。

表 5 – 8 官员接受贿赂和许可项目行为的决定因素

| 解释变量 | 被解释变量：随机效应 Probit（以组为聚类变量） | | | | | |
| --- | --- | --- | --- | --- | --- | --- |
| | 贿赂条件下接受贿赂 | | 贿赂条件下许可项目 | | 接受贿赂条件下许可项目 | |
| | Coef. | S. E. | Coef. | S. E. | Coef. | S. E. |
| Bribe_amount（行贿额） | 0. 139 *** | 0. 019 | 0. 183 *** | 0. 023 | 0. 145 *** | 0. 027 |
| Bribe$^2$（行贿额的平方） | – 0. 006 *** | 0. 002 | – 0. 012 *** | 0. 002 | – 0. 010 *** | 0. 003 |
| Last_fail（上轮集体失败） | 0. 013 | 0. 022 | – 0. 042 | 0. 025 | – 0. 053 ** | 0. 027 |
| Age（年龄） | – 4e – 04 | 0. 007 | – 0. 009 | 0. 008 | – 0. 010 | 0. 009 |
| Sex（性别）（男 =1） | 0. 050 ** | 0. 025 | 0. 090 *** | 0. 029 | 0. 059 * | 0. 03 |
| CCP（党员）（哑变量） | 0. 087 ** | 0. 043 | – 0. 023 | 0. 052 | – 0. 108 ** | 0. 054 |
| Studer leader（学生干部） | 0. 017 | 0. 025 | – 0. 034 | 0. 029 | – 0. 028 | 0. 032 |
| Economic Major（经济学专业） | 0. 079 * | 0. 046 | 0. 004 | 0. 053 | – 0. 033 | 0. 056 |
| Risk propensiy（风险态度） | – 0. 002 | 0. 009 | – 0. 009 | 0. 011 | – 0. 014 | 0. 012 |
| Belief_EX（实验中腐感受） | 0. 045 * | 0. 024 | – 0. 005 | 0. 031 | – 0. 033 | 0. 035 |
| Belief_justified（腐败合理性） | 0. 006 | 0. 005 | – 0. 007 | 0. 006 | – 0. 010 | 0. 006 |
| Contribute（亲社会合作性） | – 3e – 05 | 0. 005 | – 0. 012 ** | 0. 006 | – 0. 011 * | 0. 006 |
| Period（轮次） | – 0. 002 * | 0. 001 | 0. 002 | 0. 002 | 0. 003 ** | 0. 002 |
| Last Bribe amount（上轮贿赂额） | – 0. 015 *** | 0. 005 | 0. 014 *** | 0. 006 | 0. 019 *** | 0. 006 |
| Log likelihood | – 514. 38 | | – 686. 02 | | – 500. 27 | |
| Wald Chi$^2$ | 202. 9 | | 244. 89 | | 148. 37 | |
| Prob > chi$^2$ | 0. 0000 | | 0. 0000 | | 0. 0000 | |
| Number of obs（样本量） | 1236 | | 1236 | | 977 | |
| Num_of_groups（聚类组数） | 6 | | 6 | | 6 | |

注：随机效应 Probit 回归报告的为边际效应。 *** $p < 0.01$， ** $p < 0.05$， * $p < 0.1$。

在表 5 – 8 中可以发现，贿赂的数额（Bribe_amount）无论对于官员的接受行为还是项目同意行为都具有显著的正面影响，支持先前的信任与互惠关系的结论。贿赂数额的平方项（Bribe$^2$）的系数则为显著的负值，表明增加贿赂额对官员行为的影响效力是边际递减的。上一期的贿赂额（Last Bribe amount）对节水当期接受贿赂行为的影响为负，而对同意项目行为的影响为正。上一期发生集体失败使官员在下一期更倾向于接受贿赂但是不同意项目。在接受贿赂情况下集体失败的对项目同意的影响为显著的负值，集体失败增加了官员对企业信任的背叛。可以发现男性显著的比女性更加腐败，这与大量研究的结论是一致的。同样可以发现感受的其他官员腐败越严重，个体官员越倾向于接受贿赂。随着轮次增加，企业越倾向于不接受贿赂但是倾向于同意项目执行，显示官员的互惠程度，但是集体失败的发生导致总体上有降低受贿的倾向。

### 5.5.3  清官淘汰制与腐败的悲剧

在实验中涉及的 180 次群体决策中，高达超过 95 次接受贿赂的官员数量超过了发生集体腐败的临界值，并在实际中发生 64 次集体失败，发生率超过 35%。可以实际发生的腐败程度非常之高。那么企业和官员是否在腐败行为中得到好处？从表 5-9 中可以看出企业在贿赂实验中平均每轮的收益为 33.31 点，低于 36 点的无腐败保留收益，其中高达 65% 的企业收益低于 36 点。政府官员在贿赂实验中平均每轮的收益为 30.58 点，比企业的收益更低，并远低于无腐败的保留收益（36 点），其中高达 95% 的官员收益低于 36 点，只有 3 名官员的收益高于 36 点。这一结论证实了腐败的悲剧后果，即个人的理性为了获得好处而腐败，结果导致集体的非理性而使整个群体的收益低于无腐败的情况。

**表 5-9**　　　　　　　　　　　**贿赂实验中的收益情况**

| 贿赂实验中的每轮收益 | 均值 | 标准差 | 最小值 | 最大值 |
|---|---|---|---|---|
| 企业 | 33.31 | 8.803 | 25.27 | 42.3 |
| 官员 | 30.58 | 17.358 | 24.1 | 38.18 |
| 总体 | 31.94 | 13.83 | 24.1 | 42.3 |

以上的回归分析表明，贿赂的频率随时间减少，而贿赂额随时间而逐渐提高，显示官员日益贪婪。无论是贿赂的接受率还是项目的同意率都随时间有提高的趋势。尽管腐败在总体造成社会福利的下降，然而自然趋势并没有阻止这种现象的频发而是导致日益盛行。图 5-6 清晰地展示了官员的腐败比例随时间的演化情况。

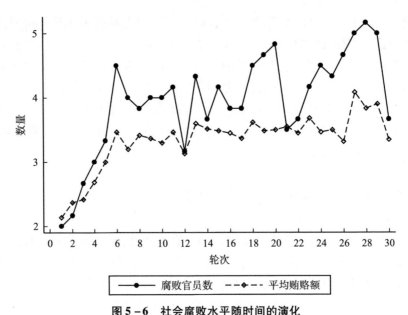

图 5 – 6　社会腐败水平随时间的演化

注：社会腐败水平为接受贿赂并许可项目的官员数量占总官员数的比例。

可以看出平均的贿赂额和接受贿赂并同意项目的官员比例在第 1 期到第 6 期都快速稳步增长，之后稳定于较高的水平并在波动中增长。在平均每组的 10 名官员中，初始第 1 期只有约 2 人腐败（接受贿赂并同意项目），在第 6 期后平均超过 4 人腐败，在第 28 期达到最高的超过 5 人腐败，社会腐败水平随时间日益提高，表现为"清官淘汰制"。

## 5.6　结论与讨论

本书使用实验的方法研究在社会困境的环境下的腐败行为，实验结果表明追求个体自利的腐败行为最终导致群体陷入"腐败的悲剧"：群体腐败的平均收益低于无腐败情况的保留收益。在现实中也不难发现，从长期来说腐败导致无论是官员群体还是社会公众的收益都低于无腐败的情况，这与腐败阻碍经济发展的事实相一致。

以腐败作为社会困境问题可以有助于解释中国历史发展中著名的王朝周期律现象。在中国封建王朝的朝代兴衰中，腐败扮演了关键的角色。王朝在建立初期往往政治比较清明，励精图治以建立一个伟大的王朝，但是越到王朝的晚期，腐败问题就越发严重，清官越来越少，贪官越来越多，到最后发展为流行性腐败，纵使中央王朝花费巨大努力治理也因积重难返而无功，最终不免走入"其兴也勃焉，其亡也忽焉"的王朝周期律。一个王朝的发展过程呈现出"清官淘汰制"的特征。由于腐败的社会困境性质，贪官在政府中扮演了搭便车的角色，获得个人的好处而使清官同时承担腐败的成本。在王朝初期，由于政权尚未稳固因而统治阶层有较强的维护政府声誉的意识，另外他们知道前一个王朝是如何灭亡的，开国元勋们在战争中建立了较良好的合作关系并相互了解，因而较容易达成合作的共识而保持清廉并对皇帝保持忠诚，以共同建立一个伟大的王朝。然而随着王朝的统治随时间得到巩固，官僚系统的规模逐渐膨胀，单个官员很难感受到自身对王朝的整体利益有多大的责任，因而搭便车的腐败行为就日益具有诱惑力。由于清廉不仅没有收益，还背负成本，便日益成为艰难的事情。当腐败现象到王朝的末期开始泛滥之时，即使大家知道王朝面临崩溃的危险仍然没有人有激励去保持清廉，因为官员全体之间的协调已经完全失灵。

近代以来中华民族的落后挨打也与清王朝后期严重的官场腐败不无关系。另外，著名的罗马帝国的衰退（MacMullen，1988）以及东欧国家发生的政治巨变都被认为与腐败有着极其重要的关系。法王路易十六以及其治理下的腐败王朝催发了法国大革命，路易十六本人也被推上了断头台。在当今，索马里和阿富汗等国家由于严重的官僚系统腐败导致整个政府处于瘫痪的运作状态，这些国家陷入经济凋敝民不聊生的"国家失败"的困境而难以自拔。

由于当今世界各国的政府基本都是由政党掌管的，强调政党的整体利益以使单个官员的行为与政党利益保持一致对反腐败应具有重要意义。如中国共产党在对党员的筛选和管理中强调党员对党和国家忠诚，以及通过教育党员腐败对本党利益的损害并在党内利用纪委体制进行反腐败操作是这一原则的具体体现。另外，在具体的基层政府单位或组织机构中，都存在一定群体官员或管理者的集体利益，腐败的社会困境和悲剧结果会普遍存在，有必要在此认识的基础上开展更深入的腐败研究和反腐败政策探讨。

# 第6章 腐败困境中合作水平影响因素的实验研究

## 6.1 腐败水平国别差异与影响因素的既有研究

尽管腐败现象源远流长并普遍存在于世界的每一个角落，但是在不同国家和地区的腐败水平却呈现显著差异（Corruption perception index，2013）。一般来说，发展中国家相对发达国家的腐败问题比较严重，但是因为腐败导致的发展落后还是发展落后导致的腐败并非可以轻易回答。一个自然的问题是造成国别腐败水平差异的根本因素是什么？因此大量经济学研究致力于为国别腐败水平的差异提供理论解释和经验验证。

### 6.1.1 腐败水平决定因素的理论与经验研究

首先，根据政治代理理论，存在较高政治竞争程度的国家可以通过法律方式、民主选举和独立的媒体给腐败行为造成更强的公众压力而有利于抑制腐败。因此是否采取民主制度被认为在国别腐败差异中扮演重要角色，如斐瑞吉（Ferejohn，1986）认为民主制度将官员置于选举问责制下从而为选民提供了控制腐败和其他非效率政治的有力武器。特里斯曼（Treisman，2000）以经验证据发现了政治制度和腐败水平较强的关联度并总结为长期的民主制度可以降低腐败水平。这种民主抑制腐败的作用可以通过分散化公共服务从而分散权力得到加强（Fisman and Gatti，2002；Fan et al.，2009）。但是史莱弗和维什尼（Shleifer and Vishny，1994）也指出民主的政府更可能被利益集团"捕获"而成为为其服务的工具。即使同在民主制度之下，各国的腐败水平仍然呈现显著的差别。

公民需要选举出最有才能且道德高尚的人来担任官员，从而选举制度的差别也被认为可以影响腐败水平（Myerson，1993；Persson et al.，2000）。巴罗（Barro，1973）、斐瑞吉（Ferejohn，1986）、班克斯和桑达拉姆（Banks and Sundaram，1993）等的政治代理理论认为选举制度的差异可以解释国别腐败水平差异的极大部分。费拉兹和菲南（Ferraz and Finan，2011）指出，提高政治问责能力的选举规则应该可以限制腐败官员的行为。坎普特等（Campante et al.，2009）则提出了一个基于政治稳定性的腐败决定模型。政治家当面临被再次选举的不确定性时会倾向利用权力攫取更多的租金。

政府透明度也被认为在抑制腐败中具有核心作用（见 Kolstad and Wiig，2009）。布鲁内蒂和韦德（Brunetti and Weder，2003）在跨国数据中发现了腐败和媒体自由程度的显著关系。詹科夫等（Djankov et al.，2003）则更直接地关注媒体的产权性质的作用，发现腐败与报纸的国家化之间密切相关。费拉兹和菲南（2008）使用公开的审计报告研究了公开腐败信息对选举问责能力的影响，结果强调本地媒体在提供信息透明度从而提高选民政治选择能力中的重要价值。这些发现同样也可以在政治代理的框架得到解释，因为自由媒体影响了选民可以获得信息的程度。

其他一些研究则跳出关于根本政治制度的争论，关注更广泛的腐败决定因素。拉波尔塔等（La Porta et al.，1999）从文化的角度发现具有社会结构非多元化的地方腐败较少，具有较大比例新教徒的地区腐败问题也较轻，同时具有普通法系起源的国家也与较低的腐败水平相关。阿德斯和迪泰拉（Ades and DiTella，1999）等研究则发现具有较高贸易开放程度的国家腐败较轻，对此主要的理论解释是开放行为本身是一种对政治家行为的限制。菲斯曼和加蒂（Fisman and Gatti，2002）发现小国的腐败水平似乎没有大国严重，对此的解释是大国的官民比例相对低于小国，在大国中公民更倾向于在公共服务中贿赂官员以避免排长队，而在小国对贿赂的供给和需求的成本都更高因为在一个大家彼此认识而具有较强家庭和关系纽带的小国会面临更强的社会谴责。然而克纳克和阿兹法尔（Knack and Azfar，2003）却认为腐败和国家规模的关系是一种人为的样本选择的结果，从而事实上并不存在这种关系。

大量的经验研究考察了跨国层面的腐败决定因素。发现对腐败具有决定作用的系统性因素包括种族语言分布（ethnolinguistic fractionalization）（Mauro，1995）、经济租的存在（Ades and Di Tella，1999）、民主水平（Treisman，2000）、选举规则（Persson et al.，2003）、财政分权（如 Fisman and

Gatti，2002；Fan et al.，2009)、贸易开放 (Neeman et al.，2008) 以及政治稳定性 (Campante et al.，2009) 等。拉波尔塔等 (La Porta et al.，1999) 从文化的角度发现具有较高比例新教徒的多元化社会腐败较少，普通法系传统的国家也与低腐败水平相关。另外还有一些研究考察了个人特征对腐败的决定作用 (Mocan，2008；Olken，2009)。

基于文献的综合整理，特里斯曼 (Treisman，2007) 发现高度经济发达的，长期建立起自由民主制度，具有大众媒体自由，高比例女性担任政府官员，长期对外开放贸易历史的国家报告较低的腐败感受。兰姆斯多夫 (Lambsdorff，2006) 总结了 9 条腐败的可能决定因素包括：①公共部门的规模；②政府管治质量；③经济竞争程度；④政府的结构；⑤分权程度；⑥文化的影响；⑦价值观；⑧性别；⑨如地理和历史等固定特征的作用。

恩斯特和赫尔德曼 (Enste and Heldman，2017) 进一步将经验研究中发现的腐败影响因素总结为主要十个方面：①政府规模和结构；②政治体制和民主水平；③制度质量；④经济竞争程度；⑤官员录用和薪酬；⑥媒体自由度和法制水平；⑦文化因素；⑧劳动市场的女性比例；⑨前殖民地影响；⑩自然资源禀赋。迪曼特和托萨托 (Dimant and Tosato，2018) 则将腐败的决定因素总结为具体的 22 个方面，除以上因素外还包括经济增长、民族多样性、全球化、政治不稳定性、贫困、产权、宗教、城市化等因素。

可以看出许多已考察的腐败决定变量都是内生的，如公共部门的规模和政府管治质量等。尽管文化和价值观以及历史因素在短期来看可能是外生的决定因素，但从长期来看仍可能受到腐败历史的影响。性别倒可以认为是相对外生的变量，但是很难相信性别因素会是导致国别间腐败水平重大差异的主要因素。

### 6.1.2　腐败影响因素的实验研究

经济学实验研究通过直接测度个体的是否参与腐败行为对其影响因素进行考察，目前性别 (Frank et al.，2011) 和文化 (Banuri and Eckel，2012) 因素受到了较多关注。与经验研究文献类似，一些研究发现女性的腐败倾向较低，而另一些文献没有发现显著的性别差异 (姜树广和李成友，2015)。文化常被认为是塑造制度和社会规范的重要力量，许多实证文献也表明了文化对腐败水平国际差异的证据。卡梅隆等 (Cameron et al.，2009)

在实验中考察了来自澳大利亚、新加坡、印度和印度尼西亚四个具有不同总体腐败水平国家的参与者的腐败水平的差异；巴尔和塞拉（Barr and Serra，2010）则使用来自不同国家的牛津大学的学生研究不同腐败水平的文化与个体的腐败行为的关联。这些研究通常的发现是来自高腐败国家的个体更加倾向于腐败。马扎尔和阿加瓦尔（Mazar and Aggarwal，2011）则发现来自集体主义文化背景的受试者有更高的行贿倾向。何浩然和姜树广（2020）考察了具体的党文化以及与之相关的党员身份对腐败行为的影响，发现共产党文化有普遍降低腐败倾向的积极作用。一些研究也发现了腐败与普通非道德行为的一致性，如加赫特和舒尔茨（Gächter and Schulz，2016）发现来自高腐败水平国家的个体在说谎测试的实验中有更高的说谎倾向。

根据行为经济学理论，从事腐败行为的动机除了物质利益之外，羞愧、内疚等内在动机应该也会具有重要影响。为了验证道德成本对腐败行为的影响，实验中采取了是否使用腐败框架（Abbink and Hennig – Schmidt，2006；Barr and Serra，2009；Banerjee，2016；雷震等，2016），是否导致负外部性（Abbink et al.，2002；Barr and Serra，2009）等方式。巴尔和塞拉（2009）使用一种"小腐败"（petty corruption）的一次性腐败情境进一步研究框架效应对腐败行为的影响，结果发现存在明显的框架效应，从而认为内在动机对腐败行为确实存在影响。雷震（2013）则通过集体腐败和个体腐败中的行为对比，发现在集体决策中的腐败水平更高，并认为是集体决策的高理性和低心理成本导致的。尽管这些研究得出的结论并不一致，毋庸置疑道德成本是影响腐败的重要因素。

正如前章中指出的，研究腐败问题的传统模型是委托代理理论，大量针对腐败决定与影响因素的考察也都是基于委托代理框架进行的。在此框架下，利益最大化的个体基于成本收益核算进行是否腐败的决策，当进行腐败的私人收益高于相应的成本时就会从事腐败行为。腐败水平的根本差异则被解释为不同的制度环境下的激励与惩罚导致腐败行为相对清廉行为期望收益的差异。大量经济学实验在此基础上考察了有效工资（Armantier and Boly，2011；Van Veldhuizen，2013）、监督能力（Olken，2007；Schickora，2011；Azfar and Nelson，2007；Barr et al.，2009；Serra，2012）、惩罚（Abbink et al.，2002）、轮任（Abbink，2004）以及信息（Berninghaus et al.，2013）、中介（Drugov et al.，2011）等对腐败水平的影响。

## 6.2 公害品中的合作与社会困境中腐败的影响因素

与以往的文献不同，本书着眼于在腐败作为社会困境问题的背景下考察腐败水平的根本决定因素。当腐败作为一个社会困境问题，许多被发现在社会困境中影响人类合作行为的变量都可能影响腐败水平[①]。三个变量有可能对国别间的腐败水平差异具有重要影响：一是国家的规模，可以用国家人口或官员数量来度量；二是政府失败的风险；三是腐败的历史或社会期望。

在合作影响因素的研究中，普遍发现群体规模对于群体的协调合作能力具有较强的影响（如 Van Huyck et al. , 1990；Weber et al. , 2001；Hamburger et al. , 1975；Olson, 1965；Santos and Pacheco, 2011）等。很容易理解合作在较小的群体中更容易实现，合作水平随群体规模的增长而趋于下降。在大的群体中人们对于公共利益的所感受的责任较低，认为他们自身的贡献可能无足轻重，从而更倾向于搭便车。如果腐败本质上是一个社会困境问题，则群体的规模显然会对腐败水平产生影响。

当国家的规模较小，单个政府官员会对政府的成败可感受到较强的责任感，倾向投入更多的合作努力而较少投机。当国家的规模非常大时，单个官员会觉得与整个政府的利益没有太大关系因而会采取搭便车行为而尽量去捞取个人的好处。这样大国的腐败水平就表现为普遍高于较小的国家。这一直觉很容易在透明国际的腐败指数中找到支撑。

与此相关的，菲斯曼和加蒂（Fisman and Gatti, 2002）和特里斯曼（Treisman, 1999）的经验研究表明小国的腐败水平确实比大国要低。他们的解释是相比小国而言，因为在大国中政府官员相对公民的比例较低，公民为了避免在公共服务的获得中排长队而更有贿赂的诱惑。而在小国中因为人们更容易互相认识对方并有较强的家庭纽带或私人关系从而比大国对不法行为有更强的社会谴责，因此腐败的供给和需求成本都相对更高。阿明（Amin, 2011）使用企业层面的微观数据表明腐败水平随着国家规模的总人口度量的增加而急剧上升。奥尔森和汉森（Olsson and hansson, 2011）则使用跨国数据证明了存在清晰而显著稳健的国家规模与法制程度的负相

---

① 见奥尔森（Ostrom, 1998）对社会困境中影响个体行为的变量列举。

关关系。他们认为大国在形成和维持有利于经济发展的制度方面处于不利条件。然而，克纳克和阿兹法尔（2003）认为文献发现的国家规模和腐败的关系是一种来自样本选择的假象，认为国家规模对腐败的影响并不存在。戈尔和尼尔森（Goel and Nelson，2010）则发现以国土面积或地方政府面积度量的规模都非显著的腐败决定因素，并认为是一个国家的人口地理分布而不是物理区域本身对腐败的影响更为重要。

一个国家的地理、自然环境和政治环境可以导致政府面临不同的失败风险。在一些国家，来自国内对抗势力以及国际上的竞争非常激烈，一个政府的官员们必须有效合作以对抗其他团体的压力和竞争。如欧洲大陆的国家在历史上曾长期与邻国处于激烈的竞争关系，而如中国和印度等国在历史上则没有如此严重的问题。民主政治和独裁性的政治也可以导致政府失败风险的不同边界。在民主政体中，市民可以通过选举的方式使现任政府下台。而这在独裁制度下是相对困难的。因此在独裁制政府下的官员因腐败而感受到的倒台危险相对民主制下小得多。特里斯曼（2000）发现长期的民主制度是降低腐败水平的一项关键因素。可以理解在民主制下政府官员会更加考虑所在党派团体的声誉而倾向于少腐败。

群体规模和群体失败的风险可能会共同发生作用。桑托斯和帕切科（Santos and Pacheco，2011）发现在存在高失败风险的小群体中间更容易协调行动以避免公地悲剧的发生。

在社会困境情况下，一个国家和腐败历史和对腐败问题的社会信念也同样会对腐败水平具有重要的决定作用。在合作与社会困境问题研究的文献中的一个重要发现就是人们采取的策略行动依赖于他们对他人将会如何行动的期望（如 Gintis et al.，2005；Ostrom，1998；Sen，1967）。大量的公共物品实验中如加赫特和赫尔曼（Gächter and Herrman，2009）与菲斯巴赫和加赫特（Fischbacher and Gächter，2010）都表明实验参加者的贡献水平与他们对他人贡献水平的信念高度相关。与此相关，董斌等（Dong et al.，2012）给出的行为学解释是个人从事腐败行为的内疚程度会依赖于感受到的同行或他人从事这种行为的程度。类似地，巴拉弗塔斯（Balafoutas，2011）认为避免使公众失望的内疚厌恶情绪会影响官员的腐败行为，而这种情绪的强度依赖于社会公众的期望程度。针对同样的现象，其他学者给出了不同的一些解释。一种解释认为在腐败严重的社会更难对官员进行监督（Lui，1986；Cadot，1987；Andvig and Moene，1990）；另一种解释则认为腐败的官员会倾向同其他腐败的官员交往，并在与足够数量的腐败官员交往中会保持腐败（Sah，2007）；再一个解释是在腐败流行的社会中寻租行为相比企业家精神的回报要高从而对腐败行为形成激励（Murphy et al.，1991，1993；Acemoglu，1995）。

阿西莫格鲁（1995）和梯若尔（1996）在动态的策略互补框架下认为过去的腐败历史是当前腐败水平的重要决定因素。阿西莫格鲁（1995）将其解释为才能在企业家精神和腐败之间的分配问题，而梯若尔（1996）则解释为基于个人所属群体的集体声誉机制。如果个人所属的群体具有腐败的声誉，则个人没有保持清廉的激励。一群腐败个体的出现会永久地破坏群体的集体声誉，从而后续个体的最优选举是继承这种腐败的传统。以上的机制都可能导致腐败成为一个自我实现的过程从而形成腐败水平的多重均衡，从而具有相同制度特征的社会却可能呈现完全不同的腐败水平。

## 6.3 实验设计与理论预测

### 6.3.1 实验设计

本章研究重点考察在腐败的社会困境中可能影响群体合作水平的两个重要因素，即群体规模的大小和群体失败的风险。使用的基本实验框架为第 5 章提出的具有"集体失败"机制的贿赂博弈。配对的企业和政府官员在重复博弈中进行决策，当超过一定比例的官员接受贿赂时整体官员全体面临一定风险发生集体失败。在此基本腐败的社会困境框架基础上，采取样本间比较的方式（between subject）增加了 3 个处置组（treatment）的设计以变化群体规模和集体失败的风险概率来考察其对腐败水平的影响。以表 6－1 概括了本实验的设计情况。组 1（LL）为低风险大组，组 2（LH）为高风险大组，组 3（SL）为低风险小组，组 4（SH）为高风险小组。在大组的设置中，每组由 20 名参加者组成，其中包括 10 名企业和 10 名政府官员的角色；在小组的设置中，每组由 10 名参加者组成，其中包括 5 名企业和 5 名政府官员的角色。在低风险的设置中，每轮实验中当接受贿赂的官员比例超过 60% 时，发生集体失败的风险概率为 20%；在高风险的设置中，每轮实验中当接受贿赂的官员比例超过 60% 时，发生集体失败的风险概率为 60%。

表 6 - 1　　　　　　　　　　　　　实验设计概况

| 处置组 | 处置组含义 | 组人数规模 | 风险概率 | 总参加者 | 组数 |
|---|---|---|---|---|---|
| 1（LL） | 低风险大组 | 20 | 20% | 120 | 6 |
| 2（LH） | 高风险大组 | 20 | 60% | 120 | 6 |
| 3（SL） | 低风险小组 | 10 | 20% | 60 | 6 |
| 4（SH） | 高风险小组 | 10 | 60% | 60 | 6 |

## 6.3.2　理论预测

在本实验设计中，发生集体失败的阈值（threshold）条件在大组和小组间是等同的，即 60% 的受贿比例。因此实际的人数阈值条件为在小组中 3 人而在大组中是 6 人。某个人会在集体失败发生中扮演"关键人"的角色，即在小组中当有其他 2 人接受贿赂的条件下（或大组中有 5 人接受贿赂的条件下），关键人接受贿赂使阈值条件满足。实际中是多人同时扮演关键人的角色。尽管人数比例相同，但是可以预期在小组人每个参与者可感受到更高的可能性扮演关键人而对发生集体失败负有责任。这种机制的存在可能会在根本上改变面临不同群体规模下的个体行为。当单个官员不是"关键人"角色时，最优的选择是当面临正的贿赂额时永远接受贿赂。而当某个官员扮演"关键人"时，贿赂额和集体失败的风险概率的具体情况会影响决策。

设贿赂额为 x，风险概率为 p，则关键人接受贿赂并同意企业项目与拒绝贿赂并禁止企业项目无差异的条件为：

$$(33 + 3x)(1 - p) + 0.2(33 + 3x)p = 36$$

在此条件下，在低风险组中（p = 0.2），最小可接受的贿赂额为 4 点；而在高风险组中，最小可接受贿赂额为 13 点。因此在高风险组中，当官员扮演"关键人"角色时永远不应该接受贿赂。而在低风险组中，当贿赂额低于 4 点时，扮演关键人角色的官员在同意项目时也不会接受贿赂。当官员准备背信弃义时（接受贿赂但禁止企业项目），低风险组最小可以接受的贿赂额则为 3 点，而高风险组仍为永不接受。当把整个组作为一个决策者来看时，理性的群体在高风险下应永远都不接受贿赂，因为即使在自身最有利的情况下，即接受最高 9 点的贿赂额但禁止企业项目时，官员的期望收益只有 31.2 点。在低风险组，在回馈企业情况最小可接受的贿赂额为 4 点，在背信弃义情况最小可接受的贿赂额为 3 点。因此在所有的组中，不论从整体利益来看或是从扮演关键人角色的角度来看，在低风险组中低于3点的贿赂额应该被拒绝，而在高风险组中任何贿赂都应该被拒绝。然而在实际的实验过程中，参加者不可能知道是否自身在扮演关键人角色，他的决策依赖于对他人行为的信念判断。

在实验的过程中，政府官员可以从集体失败的发生中得到用以推断其他官员发生腐败情况的信息。因此他们可以在重复博弈中更新关于其他关于腐败情况的信念并调整自身的行为。为了刻画官员信念更新的过程，本书在霍加和艾因霍恩（Hogarth and Einhorn，1992）的锚定与调整模型（anchoring and adjustment model）的基础上建立了一个简单的信念更新模型。假设政府官员在第k期关于有多少其他官员接受贿赂的信念为$S_k$，其中$S_0$更新为官员的初始信念，在实验中即第一期的信念。官员进行信念更新的依据来自对阈值条件（定义为T）的判断，集体失败的发生（定义为cf），以及自身是否在上一轮接受了贿赂（定义为A）。信念更新的简洁模型可以表示为：

$$S_k = S_{k-1} + \frac{\theta}{r}(cf - A)e^{T-S_{k-1}}$$

其中$S_{k-1}$为第k−1期关于接受贿赂的其他官员个数的信念，为信念更新中的锚定部分。假设存在关于$S_{k-1}$的两种信念，分别为$S_{k-1} \geq T$和$S_{k-1} < T$，即上一期是否其他官员的接受贿赂率达到了阈值。后半部分是信念更新中的调整部分，其中r（在实验中为0.2或0.6）为集体失败发生的风险概率；θ>0为决定上一期的证据如何导致上一期信念进行修正的调整参数。当k−1期发生集体失败时，cf的取值为1，否则取值为0；当上一期（即k−1期）某个官员接受了来自企业的贿赂，其A值为1，否则A值为0。

假设$S_{k-1} \geq T$，cf = A = 1，即上一期某官员认为其他官员的腐败率超过了阈值，自己接受了贿赂，并且集体失败最终发生，则该官员的信念$S_k$保持在水平$S_{k-1}$上，证实了上一期高腐败率的判断。如果A = 1而cf = 0，则cf − A < 0，在该官员接受贿赂的情况下集体失败没有发生，该官员会向下修正他的信念，认为腐败水平也许并没有之前想象的那么高。如果A = 0而cf = 1，该官员没有接受贿赂而集体失败发生了，则他会向上修正其信念，认为腐败水平比原想象得更高。如果cf = A = 0，有理由认为官员仍然保持其上一期的信念，因为没有明显的事件可以导致其发生修正。同样有理由可以认为当$S_{k-1} < T$时修正的幅度会相比$S_{k-1} \geq T$时更大，因此这里使用一个指数函数来表示这种修正。风险概率以倒数的形式$\left(\frac{1}{r}\right)$进入信念修正模

型意味着在低风险概率的情况进行修正的幅度要高于高风险的情况。

正如上文的预测，单个官员在第 k 期当 $S_{k-1} \geq T$ 或 $S_k < T-1$，时应该总是接受贿赂，而当 $S_k = T-1$ 时是否接受贿赂同时依赖于贿赂额和官员的风险偏好。同时，虽然企业并不知道有多少其他企业进行了贿赂以及是否集体失败发生，但是企业可以从自身的收益中推断出有多少其他企业的项目被同意实施，以此而进行推断并更新他们的信念和策略。因为企业可以预期到政府官员面临不同的群体规模和集体失败的风险概率会调整行为，企业会相应地对贿赂额进行调整以补偿基于这些因素产生的成本。基于以上的分析，有如下的假设：

假设 1：在风险概率给定的条件下，大组中的政府官员会相比小组中的政府官员对集体失败具有较弱的责任感，从而倾向于更频繁地接受贿赂并同意企业的项目以维持和企业的长期互惠关系。然而大组中的负外部性相比小组更为严重，这一定程度会阻碍官员同意项目实施。

假设 2：在群体规模给定的条件下，面临高风险概率的政府官员比面临低风险情况的官员有很强的激励保持清廉，从而较少接受贿赂以及相应的较少同意企业的项目。

假设 3：在群体规模给定的条件下，企业在低风险概率的情况会相应更频繁地进行贿赂并在贿赂时给出较少的贿赂额。

假设 4：在风险概率给定的条件下，大组中的企业会相应更频繁地进行贿赂并在贿赂时给出较少的贿赂额。然而由于在大组中的负外部性比小组更为严重，企业需同时补偿官员的道德成本和本身的损失，这可能导致相反的力量而是结果变得模糊。

假设 5：集体失败会改变企业和政府官员双方的行为并造成行为随时间的波动。它同时提供给官员他人腐败的信息和严重损失发生的威胁。总体的集体失败发生风险会影响稳定的偏好使风险高发的组倾向于较低腐败，但是单次的集体失败发生会引起短期的搭便车行为。

### 6.3.3　实验的其他部分与具体实施

本实验全部使用 Z - Tree（Fischbacher，2007）软件在电脑上完成。全部的实验于 2014 年 4 月至 5 月在浙江大学进行。实验参加者为浙江大学的学生，共 360 名学生参加了实验，每次 20 人为一组。参加者来自工学、理学、社会科学、文学等广泛的科学领域，并在实验中随机获得身份和角色以确保整个过程的完全匿名。

参加者首先在实验操作者的指导下阅读实验说明。为了确保所有参加者理解实验的规则的收益情况，所以参加者需在学习完实验说明后回答电脑程序给出的 8 道控制性问题。在不同的处置组中对题目进行了一定的调整以使适合该组的场景并保证在各组间类似。这些问题测试参加者对企业和官员角色以及收益的理解，使他们明白最大化的收益情况和社会困境的情况。知道所有人都能够正确回答所有问题实验才可以正式开始，因此可以确保参加者都了解实验的规则。

正式实验中首先进行彩票选择的实验，选择后进入重复 30 轮的贿赂实验，在贿赂实验结束后参加者可以知道自己的最终受益情况。之后我们需要参加者回答电脑程序提供的调查问卷。每次实验持续大约 90 分钟，参加者平均得到 49.64 元的收入（含 5 元出场费），其中最低收入为 33 元，最高收入为 68 元。实验支付在最后由不参加实验操作的其他助手以现金的方式付给参加者。

# 6.4 数 据 分 析

## 6.4.1 描述性统计结果

我们在上文中预测，理性的群体在高风险概率的情况下不应该接受任何贿赂，在低风险的情况下不应该接受低于 3 点的贿赂。然而在表 6 - 2 中可以看到，当企业提供贿赂时，在高风险的大组中（LH）有 78.8% 的情况都接受了贿赂，在高风险的小组中（SH）这一比例为 74.6%。当企业提供的贿赂额低于 3 点时，低风险大组（LL）在 206 次情况中的接受率为 67.5%，低风险小组（SL）在 111 次情况中的接受率为 50.5%。在 180 次的群体决策中，LH 组和 SH 分别有 95 次和 98 次的接受贿赂的官员数超过了发生集体失败的阈值。以上数据充分表明了在腐败行为中的集体非理性。

从表 6 - 2 中可以看出在各种指标度量中高风险组的腐败程度低于低风险组，小组的腐败程度低于大组，这与预测是完全一致的。LL 组的平均贿赂频率高于 LH 不到 4.5 个百分点，而 SL 组的平均贿赂频率高于 SH 组 2.5 个百分点，LL 组的平均贿赂频率高于 SL 组 4.6 个百分点，LH 组的平均贿赂频率高于 SH 组 2.6 个百分点。以实验组为独立变量的非参数检验表明各可比组间不存在统计上明显的差异（曼惠特尼秩和检验 $p > 0.1$）。各组的平均贿赂额与贿赂频率呈相同的趋势，在企业提供贿赂条件下的贿赂额则表现为高风险条件下数额更高的特征。这与本书预测企业及官员面临高风险进行相应补偿的预测一致。官员的总接受贿赂率以及有贿赂条件下的接受贿赂率也在分组间呈现与预测一致的倾向。

表 6 – 2　　　　　　　　　不同实验局的平均决策

| 变量 | LL | LH | SL | SH | 总样本 |
|---|---|---|---|---|---|
| 行贿次数 | 1356 | 1275 | 636 | 614 | |
| 行贿比例 | 0.753 | 0.708 | 0.707 | 0.682 | 0.719 |
| 总平均贿赂额 | 3.54 | 3.34 | 2.78 | 3.47 | 3.417 |
| 贿赂时的平均贿赂额 | 4.701 | 4.711 | 4.638 | 5.086 | 4.755 |
| 接受贿赂次数 | 1171 | 1005 | 516 | 458 | |
| 总接受贿赂比例 | 0.651 | 0.558 | 0.573 | 0.509 | 0.583 |
| 有贿赂条件下接受贿赂比例 | 0.864 | 0.788 | 0.811 | 0.746 | 0.812 |
| 许可项目次数 | 947 | 804 | 400 | 337 | |
| 项目总许可率 | 0.526 | 0.447 | 0.444 | 0.374 | 0.461 |
| 有贿赂条件下的项目许可率 | 0.651 | 0.593 | 0.588 | 0.518 | 0.601 |
| 接受贿赂条件下的项目许可率 | 0.724 | 0.706 | 0.698 | 0.614 | 0.698 |
| 接受贿赂并许可项目比例（社会腐败水平） | 0.471 | 0.394 | 0.4 | 0.312 | 0.407 |
| 超过集体失败临界值的次数（在共 180 次群体决策中） | 141 | 95 | 121 | 98 | |
| 发生集体失败的次数（在共 180 次群体决策中） | 32 | 64 | 29 | 59 | |

使用接受贿赂并同意企业项目实施的官员数量占总官员数量的比例作为每一期社会腐败水平的度量是合适的。这一行为结果是企业和政府官员相互力量作用的综合结果，也是在现实中真正具有腐败意义的现象。官员单纯收钱而没有办事，发生的只是行贿者和受贿者之间的财富转移，并不对社会造成伤害，官员也可能内在合理化自身的行为而将受贿作为对行贿者的惩罚。只有接受贿赂后进行了伤害他人的行为后果才实现了腐败的本质的特征。从表 6 – 2 可以看到，低风险概率的大组（LL）的腐败水平最高为 0.471，而高风险小组（SH）的腐败水平最低为 0.312。高风险大组

（LH）和低风险小组（SL）的腐败水平比较接近，处于中间水平。为了比较各实验处置组间社会腐败水平的差异，本研究以每个独立的实验组（即发生利益关系的整组实验参加者）作为一个观测变量，这样每个处置组得到 6 个独立的观测变量。以每个独立实验组得到的平均接受贿赂并同意项目的官员比例作为该组在 30 轮中的腐败水平度量。

从图 6-1 中可以看出在固定的组规模情况下，高风险概率情况下独立实验组的社会腐败水平显著低于低风险概率的情况。LL 组与 LH 组之间独立实验组腐败水平的单侧 t 检验为 p = 0.007，曼惠特尼秩和检验（Mann - Whitney test）的双侧检验 p = 0.004；SL 组和 SH 组之间独立实验组腐败水平的单侧 t 检验为 p = 0.054，曼惠特尼秩和检验 p = 0.064。在固定风险概率的情况下，小组的腐败水平显著低于大组的腐败水平。LL 组和 SL 组之间独立实验组腐败水平的单侧 t 检验为 p = 0.046，曼惠特尼秩和检验 p = 0.199；LH 组和 SH 组之间独立实验组腐败水平的单侧 t 检验为 p = 0.037，曼惠特尼秩和检验 p = 0.076。无论是群组规模大小，还是发生集体失败的概率风险水平都对一定群体的腐败水平具有显著影响。

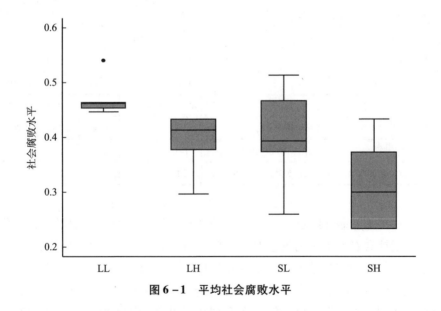

图 6-1　平均社会腐败水平

为了进一步地考察这种影响的作用，图 6-2 和图 6-3 展示了个体水平腐败率的分位数分布情况。图中每一个样本点代表对配的一对企业和政府官员，纵轴代表了在 30 轮中每一对参加者中官员接受贿赂并同意项目的次数。在图中可以看出与以上分析较一致的趋势，高失败风险概率倾向下相对低风险概率情况下参加者表现出更低频率的腐败行为。

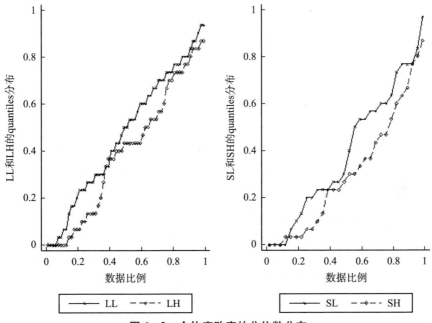

**图6-2　个体腐败率的分位数分布**

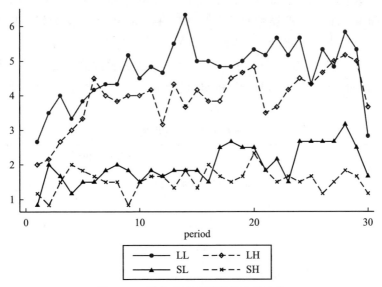

**图6-3　社会腐败水平随轮次的演化**

注：该表描述了在不同实验局中每轮次接受贿赂并许可项目的官员数量。

进一步地，有兴趣的话题是社会腐败水平如何随时间演化。在图 6 – 3 中可以看到，除了高风险概率的小组（SH）外，其他处置组的腐败水平都随时间有整体上升的趋势，表明群体没能在学习中克服社会困境反而导致腐败的流行化。所有组在最后的几轮腐败率都有所下降，这与一般重复博弈合作游戏的结论是一致的，由于贿赂交易的互惠性，在最后轮次官员没有必要维护互惠关系而倾向于背叛。

## 6.4.2　计量分析

在贿赂实验中，共涉及三个阶段重要决策：首先是企业的贿赂决策，其次是政府官员是否接受贿赂的决策，最后是政府官员是否同意项目实施的决策。如下本文依次对三方面行为的决定因素进行分析。因为贿赂的额度只有在企业提供了贿赂的条件下才能观测得到，所以这里使用 Heckman 两阶段的方法来分析企业的贿赂行为。在第一阶段，首先估计企业是否提供贿赂的二元决策。考虑到参与者在 30 轮中进行重复的简单决策这种个体效应，这里使用随机效应 Probit 模型来进行估计，并以实验组为聚类变量。在第二阶段，使用随机效应 Tobit 模型来分析贿赂数额的决策。表 6 – 3 报告了回归的结果，其中变量的含义与第 5 章中基本相同，包括参加者的性别（Sex）、政治身份（CCP）、信任水平（Untrust strange）、学生干部经历（Student leader）、社会腐败水平感受（Belief_social）、风险偏好（Risk propensity）、亲社会合作性（Contribute）、上一轮项目许可情况（Last_permit），以及时间趋势（period）等。而本章更为关注的重要解释变量是实验局（Treatment）LL、LH、SL 和 SH 的影响。

表 6 – 3　　　　　　　　　　　　行贿行为的决定因素

| 解释变量 | Heckman 两阶段模型 | |
|---|---|---|
| | 提供贿赂：随机效应 Probit（以组为聚类变量） | 贿赂额：随机效应 Tobit（以组为聚类变量） |
| Treatment LL（LL 组） | Ref. | Ref. |
| Treatment LH（LH 组） | – 0. 006<br>（0. 029） | 0. 057<br>（0. 307） |
| Treatment SL（SL 组） | 0. 005<br>（0. 030） | 0. 104<br>（0. 312） |

续表

| 解释变量 | Heckman 两阶段模型 | |
| --- | --- | --- |
| | 提供贿赂：随机效应 Probit（以组为聚类变量） | 贿赂额：随机效应 Tobit（以组为聚类变量） |
| Treatment LL（LL 组） | Ref. | Ref. |
| Treatment SH（SH 组） | − 0. 024<br>（0. 031） | 0. 677 **<br>（0. 313） |
| Sex（性别）（男 = 1） | − 0. 041 ***<br>（0. 012） | 0. 642 ***<br>（0. 070） |
| CCP（党员）（哑变量） | − 0. 001<br>（0. 013） | − 0. 179 **<br>（0. 077） |
| Untrust stranger（信任水平） | − 0. 032 ***<br>（0. 007） | − 0. 171 ***<br>（0. 040） |
| Student leader（学生干部） | − 0. 042 ***<br>（0. 013） | 0. 352 ***<br>（0. 071） |
| Belief_social（社会腐败感受） | 0. 070 ***<br>（0. 012） | 0. 423 ***<br>（0. 071） |
| Contribute（亲社会合作性） | − 0. 016 ***<br>（0. 002） | 0. 076 ***<br>（0. 015） |
| Risk propensity（风险态度） | 0. 005<br>（0. 004） | 0. 135 ***<br>（0. 023） |
| Period（轮次） | − 0. 004 ***<br>（0. 001） | 0. 046 ***<br>（0. 004） |
| Last_permit（上轮许可） | 0. 354 ***<br>（0. 011） | |
| Imr1 | | − 2. 267 ***<br>（0. 127） |
| _cons（常数项） | | 3. 812 ***<br>（0. 289） |
| Log likelihood | − 2501. 1013 | − 7805. 8253 |
| Wald Chi | 944. 54 | 724. 03 |
| Prob > chi$^2$ | 0. 0000 | 0. 0000 |
| Number of obs（样本量） | 5220 | 3760 |
| Num_of_groups（聚类组数） | 24 | 24 |

注：表中汇报的估计值为平均的边际效应。括号中为以组为聚类变量的聚类稳健标准差估计。
\*\*\* p < 0. 01，\*\* p < 0. 05，\* p < 0. 1。

在表6-3中可以发现，实验中的处置组设置对企业进行贿赂的决策效应是非显著的。在贿赂数额方面，高风险概率的小组（SH）显著的比对比组在提供贿赂时给出更高的数额。男性参加者相对女性较少进行贿赂而在进行贿赂时给出更高的数额。与阿宾克等（Abbink et al.，2002）的论述一致，信任在贿赂中扮演了重要角色，在问卷回应中报告对陌生人信任度较低的个体显著的较少进行贿赂并在贿赂时给出较低的数额。与本书的预测一致，那些认为社会腐败问题比较严重的个体更容易进行贿赂并在贿赂中给出更高的数额。与大部分具有社会困境性质的公共物品实验的结论相一致，在公共物品的问卷中报告较高的贡献额的个体倾向于较少进行贿赂并在贿赂中给出较高的数额。参加者的风险偏好对贿赂决策的影响不显著，但是对贿赂条件下的贿赂额的影响是高度显著的，参加者越风险偏好，越可能给出更高的贿赂额。随实验的重复进行，企业角色的参加者贿赂的次数有降低的趋势，而贿赂时的贿赂额有增长的趋势，可以预期这是由于部分情况官员拒绝贿赂或接受贿赂后不同意项目导致的企业行为的调整。

接着分析政府官员的行为。表6-4报告了政府官员是否接受贿赂的决策以及是否许可项目执行的决策的分析。对官员行为的解释变量除了企业行为中涉及的变量，还包括是否配对企业提供了贿赂的哑变量（Bribe），配对企业提供的贿赂额（Bribe amount）及其平方项（Bribe$^2$），以及是否提供贿赂与实验局的交叉项（Bribe × LL，Bribe × LH，Bribe × SL，Bribe × SH），上一轮次是否发生集体失败的哑变量（Last_fail），当前贿赂额与上期贿赂额的差值（Diff_bribe），官员对实验中腐败水平的信念（Belief_EX），以及关于接受贿赂行为合理性的信念（Belief_justified）。

表6-4　　　　　　　　　官员接受贿赂和许可项目的决定因素

| 解释变量 | 配对企业提供贿赂条件下 | | | 无条件情况下 随机效应 Probit | | |
|---|---|---|---|---|---|---|
| | Heckman 两阶段模型 | | 随机效应 Probit | | | |
| | Stage 1：接受 | Stage 2：许可 | 许可 | 许可 | | |
| | (1) | (2) | (3) | (4) | (5) | (6) |
| Bribe（是否行贿）（哑变量） | | | | −0.108 ***<br>(0.031) | | 0.129 ***<br>(0.025) |

续表

| 解释变量 | 配对企业提供贿赂条件下 | | | 无条件情况下<br>随机效应 Probit | | |
| --- | --- | --- | --- | --- | --- | --- |
| | Heckman 两阶段模型 | | 随机效应<br>Probit | | | |
| | Stage 1：<br>接受 | Stage 2：<br>许可 | 许可 | 许可 | | |
| | (1) | (2) | (3) | (4) | (5) | (6) |
| Bribe amount（贿赂额） | 0.117 ***<br>(0.011) | 0.171 ***<br>(0.023) | 0.200 ***<br>(0.013) | 0.177 ***<br>(0.011) | 0.075 ***<br>(0.003) | 0.076 ***<br>(0.003) |
| $Bribe^2$（贿赂额的平方） | −0.008 ***<br>(0.001) | −0.010 ***<br>(0.002) | −0.012 ***<br>(0.001) | −0.011 ***<br>(0.001) | | |
| Treatment LL（LL 组） | Ref. | Ref. | Ref. | Ref. | Ref. | |
| Treatment LH（LH 组） | −0.083 ***<br>(0.032) | −0.022<br>(0.028) | −0.049 *<br>(0.026) | −0.052 **<br>(0.023) | −0.093 ***<br>(0.036) | |
| Treatment SL（SL 组） | −0.044<br>(0.031) | −0.030<br>(0.030) | −0.063 **<br>(0.030) | −0.053 **<br>(0.025) | −0.051<br>(0.041 | |
| Treatment SH（SH 组） | −0.129 ***<br>(0.037) | −0.127 ***<br>(0.035) | −0.136 ***<br>(0.030) | −0.121 ***<br>(0.025) | −0.115 ***<br>(0.042) | |
| Bribe×LL（是否行贿与 LL 交叉） | | | | | 0.085 ***<br>(0.028) | Ref. |
| Bribe×LH（是否行贿与 LH 交叉） | | | | | 0.128 ***<br>(0.029) | −0.025<br>(0.025) |
| Bribe×SL（是否行贿与 SL 交叉） | | | | | 0.083 **<br>(0.037) | −0.039<br>(0.026) |
| Bribe×SH（是否行贿与 SH 交叉） | | | | | 0.072 *<br>(0.040) | −0.104 ***<br>(0.027) |
| Last_fail（上轮集体失败） | 0.029 **<br>(0.013) | −0.076 ***<br>(0.017) | −0.052 ***<br>(0.016) | −0.035 ***<br>(0.013) | −0.035 ***<br>(0.013) | −0.038 ***<br>(0.013) |
| Sex（性别）（男=1） | 0.017<br>(0.014) | 0.049 ***<br>(0.016) | 0.071 ***<br>(0.016) | 0.061 ***<br>(0.013) | 0.061 ***<br>(0.013) | 0.060 ***<br>(0.013) |
| CCP（党员）（哑变量） | 0.040 **<br>(0.016) | −0.084 ***<br>(0.019) | −0.057 ***<br>(0.019) | −0.050 ***<br>(0.015) | −0.060 ***<br>(0.015) | −0.060 ***<br>(0.015) |

续表

| 解释变量 | 配对企业提供贿赂条件下 | | | 无条件情况下随机效应 Probit | | |
|---|---|---|---|---|---|---|
| | Heckman 两阶段模型 | | 随机效应 Probit | | | |
| | Stage 1：接受 | Stage 2：许可 | 许可 | 许可 | | |
| | （1） | （2） | （3） | （4） | （5） | （6） |
| Studer leader（学生干部）（哑变量） | 0.012 (0.013) | 0.041 ** (0.017) | 0.041 ** (0.016) | 0.026 *** (0.012) | 0.035 *** (0.013) | 0.035 *** (0.012) |
| Risk propensiy（风险态度） | 0.015 *** (0.005) | | 0.012 ** (0.005) | 0.013 *** (0.004) | 0.013 *** (0.004) | 0.013 *** (0.004) |
| Belief_EX（实验中腐败感受） | 0.029 *** (0.010) | 0.003 (0.012) | 0.017 (0.012) | 0.010 (0.009) | 0.010 (0.009) | 0.008 (0.009) |
| Belief_justified（腐败合理性） | 0.011 *** (0.002) | 0.007 ** (0.003) | 0.009 *** (0.003) | 0.008 *** (0.002) | 0.008 *** (0.002) | 0.008 *** (0.002) |
| Contribute（亲社会合作性） | − 0.012 *** (0.003) | − 0.004 (0.003) | − 0.012 *** (0.003) | − 0.008 *** (0.003) | − 0.007 *** (0.003) | − 0.006 ** (0.003) |
| Period（轮次） | 0.001 ** (0.001) | 0.003 *** (0.001) | 0.003 *** (0.001) | 0.002 ** (0.001) | 0.002 *** (0.001) | 0.002 *** (0.001) |
| Diff_bribe（与前轮贿赂额差值） | 0.017 *** (0.003) | − 0.009 *** (0.004) | − 0.005 (0.003) | − 0.005 * (0.003) | − 0.005 * (0.003) | − 0.005 * (0.003) |
| Imr1 | | − 0.025 (0.068) | | | | |
| Log likelihood | − 1504.9 | − 1570.2 | − 2092.6 | − 2568.62 | − 2608.17 | − 2613.03 |
| Wald Chi$^2$ | 461.04 | 434.6 | 694.28 | 1618.01 | 1532.17 | 1539.17 |
| Prob > chi$^2$ | 0.000 | 0.000 | 0.000 | 0.000 | 0.000 | 0.000 |
| Number of obs（样本量） | 3760 | 3067 | 3760 | 5220 | 5220 | 5220 |
| Num_of_groups（聚类组数） | 24 | 24 | 24 | 24 | 24 | 24 |

注：表中汇报的估计值为平均的边际效应。括号中为以组为聚类变量的聚类稳健标准差估计。
*** $p < 0.01$，** $p < 0.05$，* $p < 0.1$。

首先，使用 Heckman 两阶段模型分析在配对的企业向官员提供了正额度的贿赂条件下，官员受贿和许可项目行为的。在第一阶段，通过随机效应的 Probit 模型估计官员是否接受贿赂的决定，在第二阶段，使用随机效用的 Logit 模型估计官员在接受贿赂的条件下是否许可项目的执行。该回归结果报告于表6-4 的（1）（2）。为了研究结果的稳健性，表6-4（3）报告了使用随机效应 Probit 回归估计官员在收到贿赂条件下是否许可项目的估计结果。由于官员可以在即使没有收到贿赂的情况下许可企业执行项目，本书同样分析了无条件的项目许可并以企业是否提供贿赂作为解释变量，表6-4 的（2）至（6）报告了相应的结果。

可以看出，企业的贿赂数额对官员接受和同意项目的效应是显著的。贿赂额度越高，官员越可能接受贿赂和同意项目。贿赂额平方项的回归系数为负值，表明贿赂额影响的边际效应是递减的。与低风险概率的大组（LL）相比，LH 组和 SH 组的政府官员的贿赂接受率都显著较低，虽然 SL 组的效应不显著，但系数也是明显的负值。针对有贿赂条件下的项目许可决策，所有处置组的效应都是显著的。在 LL 组项目同意的倾向最高而在 SH 组项目同意的可能性最低。这与本书的预测完全一致。小的群组规模和高的集体失败的风险使官员群体在进行腐败时面临更大的压力，从而较少接受贿赂和同意项目执行。

与大量文献的结论相一致，本实验中发现男性相比女性更倾向于接受贿赂和同意项目实施。有趣的是，上一期发生集体失败的事件并不能阻止政府官员们在下一期较少接受贿赂，而是显著的倾向于在下一期接受贿赂。集体失败的这种效应对于项目的同意则是显著为负，也就是集体失败发生后的下一期官员们更加接受贿赂但倾向于"背信弃义"式的不互惠。这可能使官员们在发生了严重的损失后变得更加自私而希望通过这种行为弥补之前的损失。他们可能预期别人会担心集体失败再发生而不腐败，自己则可能从中搭便车。另一种可能是集体失败提供了高腐败的信息，在高腐败到已经大大超过集体失败临界值的情况下，对于单个官员的最优决策总是接受贿赂。这些机制的存在也是导致为什么群体不能在时间演化中克服这种集体的悲剧。可以看出，时间效应无论对于接受贿赂还是同意项目都显著为正，随着轮次的重复进行政府官员角色的参加者日益腐败。

政府官员无条件的项目同意行为与有贿赂条件下的行为方向是基本一致的，表明群组规模和集体失败的风险概率的效应是稳健的。我还可以发现在大组中的政府官员更倾向于许可项目执行，表明他们对负外部性的考虑是不重要的。性别、党员身份、学生干部经历、风险偏好等都被发现对官员的决策行为具有重要影响。毫无意外地，持有腐败行为是合理的信念的个体在实验中更加腐败。而在一项虚拟的公共品供给中表现出较高合作倾向的个体显著地不容易腐败，这与腐败作为一种公害品是合作行为的反面的论点是一致的。随轮次进行，腐败水平呈增长态势，表明腐败双方和互惠关系随时间得到增强。

# 6.5　总结与讨论

社会困境理论已广泛应用于对诸如环境和资源问题等严重的社会问题的分析，也应用于公共选择领域，而至今仍极少用于分析腐败问题。本书在腐败作为社会困境问题的分析框架下，探讨了两种腐败水平的重要决定因素：群组规模和集体失败的风险，并通过经济学实验的方法对其进行验证。

实验发现，在社会困境背景下，群组规模和集体失败的风险概率是社会腐败水平的关键决定因素，对个体的腐败行为具有重要影响。一个相对较小的群体的腐败水平低于相对较大的群体。在贿赂博弈中，企业角色者在大组中倾向更频繁提供贿赂给官员，而官员也更倾向于接受贿赂并许可企业的项目请求。在面临相对较高的集体失败的风险概率下，群体的腐败水平相对较低，企业也相对较少提供贿赂，官员相对较少接受贿赂和许可企业的项目请求。综合的结果意味着一个小的群组规模和高的失败风险概率有助于一个群体陷入腐败的陷阱。

集体失败的风险对腐败水平的影响意味着在公共部门引入外部风险的必要性，对一个组织或部门加强监督并引入竞争机制是一个可能的解决方案。群组规模的影响则意味着将政府官员划分为规模较小的具有共同利益关系的群体可能是不错的选择，也就是减少行政过程中的繁文缛节，而把行政责任落实到具体的少数官员身上。

群组规模和集体失败的风险只是社会困境框架下可能影响腐败的两个因素，大量的其他因素如工资、惩罚、制度安排等都可能影响腐败水平。本书之所以选择这两个变量，是因为这两个变量在相对一个国家或组织的腐败决定中是相对外生的因素。

本书结论依赖于通过在校学生样本获得的实验室实验数据，与真实世界的腐败情况存在可能存在差别。使用学生样本的实验室实验可以较好地控制其他多种因素的影响以更好保证兴趣变量的内部有效性。对于实验室实验的外部有效性问题是比较有争议的话题（如 Levitt and List，2007；Falk and Heckman，2009）。对于具体的腐败问题的实验室实验，阿尔曼蒂尔和博利（Armantier and Boly，2013）显示通过实验室研究的腐败行为可以较大程度映射现实世界的腐败问题，一些其他研究也表明类似腐败的很多非道德问题在实验室中与真实世界存在较强的相关性（如 Gächter and Schultz，2016；Hanna and Wang，2017；Dai et al.，2017；Cohn and Maréchal，2018）。尽管如此，为了科学地开展实验不得不对具体问题进行极大的简化，而现实世界的腐败问题极其复杂，因此在实践中引入相关制度尚需要充分的试点论证。

# 第7章 反腐败合作何以可能：
# 群体监督与内生严打

## 7.1 引　言

　　腐败是古往今来世界各国都始终难以根治的重大社会难题，建立有效的反腐败制度是推进国家治理体系和治理能力现代化的重要组成部分。《联合国反腐败公约》作为全球反腐败的法律基石于 2005 年 12 月 14 日正式生效实施。2010 年来自 134 个国家的 2000 多名反腐败官员出席了首届"国际腐败猎手联盟"会议，致力于通过国际合作打击腐败。在党的十八大之后，以中国共产党中央纪律检查委员会为主导的反腐力量以高压态势对存量腐败进行了严打，推出了许多全新的反腐败重大举措，大批"老虎"和"苍蝇"受到严惩。党的十九大后中国进行了国家监察体制改革，通过《宪法》赋权新设国家监察委员会，制定了《中华人民共和国监察法》，实现对所有行使公权力的公职人员监察全覆盖，意在建立起"不敢腐、不能腐、不想腐"的长效机制。

　　面对具有高度隐秘性和形式多样无处不在的腐败问题，自上而下的顶层制度设计固然重要，如何依靠群众的力量实现有效的监督和检举对于反腐败同样重要，如何将以国家监察委为代表的这类正式制度安排与民众的力量结合起来提高反腐败的效力是面临的重要现实命题。国家监察委同样面临如何有效开展具体的监察职能的问题，这显然离不开群众的支持和帮助。实际上，绝大部分公民都是腐败的受害者，在权力压力下很多情况普通公民为得到本应获得的正常服务而不得不参与腐败交易，如为了得到医疗或教育服务而行贿。

　　作为腐败行为的受害者，普通群众如果采取直接举报的方式，常会面临被打击报复的后果。由于本身处于弱势方，在权力压力下往往很难直接反抗。社会群体无法在反腐败中进行有效的协调问题正是佩尔森等（Persson et al.，2013）强调的腐败的社会困境问题。如何通过制度安排激励对腐败有直接接触的普通民众通过监督举报参与腐败的治理，与国家反腐败的权力机构形成互补是具有重大现实意义的命题。

同时，在经济学界，对腐败本质与决定因素的考察（Burguet et al.，2018；姜树广和何浩然，2014 综述）和针对性的反腐败机制探索（Abbink and Serra，2012 综述）正形成旺盛的研究态势。一方面，基于政治代理理论（见 Besley，2006 综述）的重要观点强调政治制度特别是选举制度对于筛选合适的官员担任要职并进行监督和政治问责的能力是决定腐败水平的关键，费拉兹和菲南（Ferraz and Finan，2008，2011）、鲍勃尼斯等（Bobonis et al.，2016）基于审计数据对选举如何抑制政治家的腐败进行了实证考察。另一方面，由于腐败的隐秘性和非法性导致的实证困难和实验方法的独特优势，经济学实验正成为反腐败机制研究的重要方式。政治代理理论强调民众监督的有效性，但这种监督是基于西方选举制度下的政治问责机制。而现有反腐败实验研究中的监督或举报机制（如 Azfar and Nelson，2007；Barr et al.，2009；Serra，2012）均建立在独立个体的基础上，缺乏基于民众群体行为的考察。

与前两章聚焦于腐败行为本身的社会困境不同，本书考察在反腐败的社会困境中作为弱势方的民众的合作反腐问题。具体地，通过经济学实验考察基于公民群体监督与反腐权力机构相结合的反腐败机制的有效性。与直接举报面临打击报复不同，民众可以通过向类似印度的"我支付了贿赂"网站（见 Ryvkin et al.，2017）这样的网络平台匿名报告腐败情况，反腐败当局可以根据民众群体反映的腐败问题严重性采取有针对性的调查和处罚。对某地区或某官员进行举报的民众越多，表明该地区或该官员的腐败可能性越大或越严重，这时反腐当局可以加大调查和处罚的力度。由于民众的举报是有成本的，在这种群体监督的机制之下类似于一个公共物品问题，因此可能存在搭便车的问题，本书通过实验模拟这种情况。

在本实验中，存在官员和市民两种类型角色，官员可以选择向配对的市民进行索贿，市民拒绝支付将面临极低的收益。实验重复 15 个轮次，每轮官员和市民重新随机配对。在无监督的实验局，进行索贿的官员面临 5% 可能性的外生随机惩罚；在监督无严打的实验局，所有市民可以选择支付一个固定的金额到一个公共监督基金，随公共监督基金的金额增长对索贿官员惩罚的可能性也随之增长；在监督加严打的实验局，当某轮支付公共监督基金的市民数量达到一定比例，则下一轮次所有索贿官员自动面临50% 概率的惩罚。这一设计体现了民众的监督与反腐权力机构的结合。根据标准经济学理论，有成本的监督由于搭便车动机而不可能奏效，三个轮次的腐败水平应该无显著差异。然而我们发现引入群体监督机制显著降低了官员索贿的频率，并且严打机制的引入可以显著激励市民进行有成本的监督。这意味着只要像监察委这样的反腐权力机构真的对官员腐败进行及时的严厉打击，就可以激励民众积极配合进行监督检举，而两者的结合可以对官员形成明显的威慑效应。

## 7.2 反腐败机制的实验研究：文献回顾

反腐败机制的实验研究基本是沿着委托代理模型的框架进行的，从激励与惩罚、瓦解腐败同盟、不确定性与中介角色、官员制度安排等角度进行了广泛探索。这些研究通常的发现是高的工资、严格监督和严重的处罚可以导致较少的腐败行为，认为治理腐败的根本机制在于改变从事腐败行为的成本收益结构。

### 7.2.1 激励与惩罚

反腐败的具体机制体现为：①提高公职人员的工资收入水平，即"高薪养廉"；②加强对公职人员的监督（即提高发现腐败的概率）或提高选拔标准（提高腐败的成本）；③加大对腐败行为的惩罚力度。

针对高薪养廉机制，戈罗德尼琴科和彼得（Gorodnichenko and Peter，2007）发现乌克兰的公职人员消费水平与私营部门职业类似，但他们的工资水平要低很多，显然公职人员通过腐败方式提高收入以达到期望的生活水平。阿尔曼蒂尔和博利（Armantier and Boly，2011）、范维尔德胡伊森（Van Veldhuizen，2013）等通过实验将高薪养廉机制对反腐的作用进行了研究，均发现高工资对降低腐败发生有显著的效果。博尔坎等（Borcan et al.，2014）利用2010 年罗马尼亚公职人员工资削减25% 的自然实验发现减薪导致公立教育部分腐败水平的上升。

在委托代理框架下反腐败的直接形式为来自高层自上而下的监督与惩罚，也是大多数的国家都在施行的具体形式。为了验证这种方式的有效性，在阿宾克等（Abbink et al.，2002）的开创性贿赂博弈实验中，首先考察了基于外生惩罚的一种"突然死亡"机制对降低腐败发生水平的有效性，发现一个 0.3% 的查处概率下没收全部实验收益的惩罚可以显著降低腐败的发生率。这意味着尽管低发现概率但严厉的自上而下惩罚是一种有效的反腐败手段。这种外生给定概率的惩罚方式体现了存在致力于反腐的权威高层或专门反腐官员时有一定的概率可以发现腐败官员的情况。

塞拉（Serra，2012）力图考察这种自上而下的反腐机制是否与来自底层自下而上的检举相结合可以产生更好的效果。在单纯外生惩罚组索贿官员有 4% 的概率面临惩罚，而检举组只有当官员索贿并市民进行无成本的检举时，官员才面临 4% 的概率受到惩罚。结果理论上实际惩罚概率更低的检举组官员的索贿比例显著更低。与塞拉（2012）的直接监督机制不同，阿兹法尔和纳尔逊（Azfar and Nelson，2007）和巴尔等（Barr et al.，2009）在实验中引入一个专门的监督者角色来监督行使权力的官员角色者，两者均发现监督者对抑制腐败行为起到显著的效果。阿兹法尔和纳尔逊（2007）考察了监督者通过选举产生和任命方式产生的效力，结果无显著的差异；巴尔等（2009）则考察了监督者通过随机选择和选举产生的差别，发现通过选举产生的监督者更加尽责。

欧肯（Olken，2007）通过在一项印度尼西亚的道路工程项目操作随机实地实验来检验监督的反腐败效果，研究引入了自上而下和基于草根的民众监督两种监督机制，结果发现将自上而下的审计概率从 4% 提高到 100% 可以使基于独立评估的工程成本与官方工程成本的差额缩小 8%，即通过间接地以工程成本方式衡量的腐败水平有较大幅度的下降，而基于普通公民对官员监督的草根监督机制则效果很小。

### 7.2.2　瓦解腐败同盟

罗丝—阿克曼（Rose - Ackerman，1999）在理论上提出，通过在腐败在参与双方中引入内部检举的激励以瓦解腐败同盟的方式可以降低监督的成本而提高反腐败的效率。激励体现为在行贿者和受贿者双方采取非对称的豁免与惩罚制度。上文提到塞拉（2012）的监督机制也可以理解为一种赋予市民方豁免的内部检举机制，在塞拉（2012）实验中这种机制可以显著减低官员的索贿行为。

阿宾克等（Abbink et al.，2014）更具体地考察了在侵扰型索贿（harassment bribes）这种特定形式腐败中引入不对称责任的反腐败效果。在实验中有4个实验局，市民均可以对官员的索贿选择拒绝、接受不举报，或接受并举报。对称责任组（实验局1）官员和市民同样面临惩罚，惩罚时索贿额被返还，不对称责任组（实验局2）只有官员面临惩罚，惩罚时索贿额被返还；报复组（实验局3）在不对称责任组基础上官员可以选择报复，无返还组（实验局4）在报复组基础上索贿额不返还。实验发现单纯引入不对称责任对降低腐败水平有显著的效果，但降低对市民的返还激励或允许官员报复时会极大的弱化不对称责任的效果，因此在现实的实施中可能面临很多问题。

恩格尔等（Engel et al.，2016）则在合谋型贿赂博弈的框架下考察了不对称的惩罚机制与对称式惩罚机制的反腐败效果对比，结果发现在对称惩罚机制下的实际腐败水平相对较低，而不对称机制下行贿者更可能进行检举揭发。恩格尔等（2016）和阿宾克等（2014）的结果差异可能反映了不同类型腐败的差异，合谋型腐败相对侵扰型的索贿腐败而言交易双方的共同利益并不因惩罚责任的不对称而改变。

阿宾克和吴（Abbink and Wu，2017）考察了通过奖励内部揭发的机制来瓦解合谋型腐败中同盟关系的可行性。他们考察了允许双方揭发，只允许官员揭发和只允许行贿方揭发三种不同形式的奖励机制，结果发现在双方不存在重复交往前景的情况下三种机制均对减低腐败非常有效，而对于存在双方重复交往可能情况下前两种情况下对降低腐败有轻微的效果，而只允许行贿者揭发的机制没有对行为形成显著的影响。因此该研究认为通过奖励瓦解腐败同盟的方式对于一次性交易的腐败可能非常有效，而对于长期重复交往的腐败伙伴关系难以奏效。

### 7.2.3 增加不确定性与限制腐败中介

理论上，当人们对潜在腐败交易方是否腐败不确定时，他们参与腐败的可能性会减低，社会陷入系统性腐败陷阱的可能也很低（Ryvkin and Serra，2012）。伯宁豪斯等（Berninghaus et al.，2013）设计的实验中则存在多重均衡，包括腐败的均衡和清廉的均衡，他们发现提高腐败成功可能性与否的信息不确定性可以显著降低腐败水平。

在腐败实践中，处于行贿者和受贿者之间的中介可能扮演重要角色。中介通过减少腐败交易双方的不确定性和交易成本，提高腐败交易的可获得性和安全性，降低被发现的风险，因此中介角色对腐败有促进作用。德鲁科夫等（Drugov et al. , 2014）在合谋型腐败交易实验中通过变化不确定的程度和引入中介，发现中介角色可以显著提高腐败水平，并且发现这种促进腐败作用部分来自减少不确定性，部分则来自腐败双方道德成本的降低。中介对腐败的促进作用意味着反腐败制度应该关注在公共事务中中介的参与。

### 7.2.4　引入官员制度安排

通过对行使权力官员的制度安排抑制腐败的措施包括官员轮任制度、"四眼原则"制度、和官员竞争制度。理论上，轮任制度可以通过使官员任职的岗位和地域周期性的变换来规避形成长期的腐败关系网络，"四眼原则"制度通过在关键敏感的权利岗位设置多名官员的方式增加相互监督和增加贿赂成本的方式抑制腐败，官员之间的竞争则可以通过打破权力垄断的方式提高公共服务质量和降低腐败水平。对于这些机制的有效性，阿宾克（Abbink，2004）通过一个简单的陌生人配对贿赂博弈实验发现相比阿宾克等（2002）的固定配对实验有显著更低的腐败水平。斯奇科拉（Schikora，2011）针对"四眼原则"的实验则发现这种机制的总体效果却是提高腐败水平的。里夫金和塞拉（Ryvkin and Serra，2018）对竞争机制进行了研究，发现引入竞争机制不论在单轮还是重复多轮的索贿博弈中均显著降低了腐败水平，而官员之间的合谋可能会降低竞争机制的效果，但长期来看合谋不太可能。

本书实验研究是以上蓬勃发展的反腐败实验研究的延伸，借鉴了前期文献的部分思路并结合反腐的现实背景，考察民众在面临反腐败的社会困境中的合作问题，并尝试对一种民众监督与政府自上而下反腐相结合的机制效果进行验证。

## 7.3　实验设计与理论预测

### 7.3.1　基本实验局（无监督）

本书实验的基本结构借鉴了阿宾克等（2014）侵扰型索贿博弈实验的

框架。两种类型的参加者官员和市民在每一轮次初始获得 500 实验点的初始禀赋，官员可以选择向配对的市民进行索要最高 200 点，如果市民拒绝支付则收益降低到 50 点，而官员收益为 480。如果市民接受支付，则官员收益变为 480 点加索贿额，市民收益变为 480 点减去索贿额。这模拟了现实中拒绝权力优势方的要求将面临比接受索贿更为严重后果的情况，如小摊贩拒绝城管的索贿将被取消摆摊资格。

在此基本框架下，本实验加入一个 5% 的基准惩罚，即如果某个官员选择进行索贿，则其面临 5% 的随机概率受到惩罚，被惩罚时其当轮的收益被清零，相当于没收全部当轮收益。这一设计模拟了存在一个外部的反腐权力机构，以固定的随机概率对官员进行审查，并处罚腐败的官员。尽管采取全部收益清零或驱逐实验参加者的处罚方式更贴近现实，但对于实验有序进行和数据完整性的影响较大，而罚没当轮收益的方式并不影响拟考察问题的可靠性。

此基本的索贿博弈重复进行 15 个轮次，在每一轮开始，官员和市民进行重新配对，即采取陌生人配对的方式进行重复博弈。多轮设计使得我们可以收集更多的样本数据并可以观察腐败水平随时间的变化，陌生人匹配使我们不必考虑在腐败关系中的信任和互惠长期关系的影响（Abbink et al.，2002，合谋型博弈中的重要因素）而更好识别本研究兴趣变量的影响。

### 7.3.2　群体监督无严打

在基本实验局的基础上，本实验引入一个群体监督的机制，即所有市民在每一轮次可以选择是否支付一个固定的金额（15 点）到一个公共的监督基金，随着公共监督基金金额的增加，腐败官员面临惩罚的可能性也增加。具体地，当所有市民都没有支付监督基金时，该轮所有进行索要的官员被惩罚的可能性为 5%，每当多一名市民支付监督基金时，进行索要的官员被惩罚的可能性在原有 5% 基础上增加 3%，当选择支付监督基金的市民数量达到 60% 及以上时，则所有索要官员被惩罚的可能性为 40%。电脑程序会按照惩罚发生的可能性随机决定惩罚是否发生。当惩罚发生时，官员在当轮的所有收益将被清零，即当轮收益为 0 点。

该设计借鉴了姜树广和陈叶峰（2016）的思路，该文献中认为腐败的本质体现了官员群体的社会困境，当腐败官员达到 60% 时所有官员面临惩罚。本设计则体现了市民群体的反腐败困境，当越多市民进行监督，官员被惩罚的可能性越大，但自身监督却需要支付成本，搭便车的动机可能导致无人进行监督的反腐败困境。另一方面，这一机制有别于以往文献中的直接举报机制（如 Serra，2012；Abbink et al.，2014），市民的监督并非针对向自己索贿的官员，而是整个官员群体，这一机制在现实中可以保护举报者免遭报复，但有赖于市民维护长期的社会秩序的责任心。同时，并非针对配对官员的举报机制可以剔除市民直接的报复心理的效应。短期来看，选择监督会降低自身的收益，但长期可以通过降低官员的腐败水平从而使自己免遭未来的被索贿。惩罚概率随监督市民数量增加的机制体现了外部反腐权力机构对市民监督的反馈机制，监督越多，腐败可能性越大或问题越严重，应该更加重点进行调查和打击。

### 7.3.3　群体监督加严打

严打作为一种针对犯罪的特定司法实施方式，集中资源在特定的时间或特定范围，针对特定人群进行高强度的、严厉的审查和处罚，中国在 20世纪 80 年代曾大量使用于对特定犯罪的打击。目前，严打作为一种执法手段仍受到各国政府和制度研究者的重视。严打也是反腐败的重要手段。巴努里和埃克尔（Banuri and Eckel，2015）在实验中考察了严打对于腐败行为的短期和长期影响，发现短期的严打由于改变了腐败面临的激励可以抑制腐败，但在长期并没有降低腐败的作用。在该实验设计中，所谓严打，指合谋型腐败中受害的第三方市民可以对腐败双方进行有成本的惩罚，在无严打期则只能作为被动受害者。研究也发现严打的效果受到不同实施方式的影响（Dai et al.，2017）。

本实验中在监督无严打实验局的基础上，引入一个内生严打的机制。所谓内生，指严打机制的启动依赖于监督市民数量的临界值，即当某一轮次中进行监督的市民数量达到 60%，则在下一轮次自动进行高达 50% 的腐败惩罚。这模拟了现实世界中当群众对特定特区或官员的举报很多时，说明问题非常严重，反腐败当局可以采取集中资源进行高强度的严打。与巴努里和埃克尔（2015）等固定的短期严打不同，本严打机制的引入内生于市民的监督数量，因此是不固定不可预期的，避免严打期不腐败，而严打过后就疯狂腐败的问题，并在现实中具有较强的可操作性。本实验三个实验局的基本情况如表 7 - 1 所示。

表 7 – 1　　　　　　　　　　　　　　实验局设置

| | 无监督 | 监督无严打 | 监督加严打 |
|---|---|---|---|
| 实验场次 | 3 | 3 | 4 |
| 每局人数 | 20 | 20 | 20 |
| 惩罚概率 | 5% | 5% + 监督市民数×3%，超过 6 人监督时 40% | 5% + 监督市民数×3%，超过 6 人监督时 40%，下轮 50% |

### 7.3.4　理论预测

在索贿博弈的基本架构下，市民的纳什均衡选择是永远接受最大额度的索贿额，即 200 点，因为任何情况下拒绝官员索要都导致市民极低的收益（50 点），而接受支付额取决于官员的索要额，因此不论官员的索贿额是多少，选择 200 点都是最优策略。给定市民的策略，官员的均衡选择总是索要 200 点。当加入惩罚机制，在 5% 的惩罚概率下，官员腐败的期望收益仍远高于不腐败的收益，风险中性的官员纳什均衡策略仍是索要 200 点。在引入监督机制下，由于市民的监督需支付 15 点成本且惩罚并非针对配对官员，理性最大化的市民会选择搭便车而不进行监督，因此有基于理性经济人的如下经典假设：

假设 1（经典假设）：对于理性经济人，在任意实验局中市民都选择 200 点的最大索贿接受额并不会支付公共监督基金，风险中性的官员选择最大化索贿额 200 点。

官员和市民的实际行为均可能偏离理性经济人的极端假设。一方面，由于腐败的非道德性，由于道德动机的存在，即使在腐败高收益的诱惑下部分官员会保持清廉，部分市民会选择拒绝支付索贿并愿意支付成本进行监督。另一方面，由于惩罚概率随进行监督市民数量而提高，市民有期望通过监督制约官员索贿从而达到自身更高收益的动机。这时，官员也会考虑不同情况的期望收益，当监督市民数量少于 60% 时（6 人），腐败的最大期望收益始终高于不腐败，当监督市民达到 6 人以上时，腐败的最大期望收益（408 点）低于不腐败。因此可以预期，实际的行为人会一定程度偏离经典假设，而这时监督的制度安排会起到显著的反腐败作用。

假设 2（行为假设）：在引入监督机制情况下，部分市民会选择支付公共监督基金。相比无监督情况，官员的索贿行为和市民接受索贿行为会减少。

在引入内生严打的制度安排下，当监督市民数量达到 60% 以上，即使在下一个轮次没有监督仍然进行高达50%概率的惩罚，这种外部的高惩罚相对于对市民的监督行为予以高度的奖励。这种类似来自反腐败权力机构的反馈机制一方面可以增强市民的责任感和认同感，另一方面实际上形成的高惩罚会改变腐败行为的期望收益，起到更强的激励监督和抑制腐败的作用。由于在任何情况下市民接受索贿都是最优决策，监督和严打的制度安排并不会改变这种状况。尽管监督机制的引入可以一定程度提高市民的相对权力地位起到鼓励拒绝的作用，严打的额外引入是否可以明显提高市民的拒绝比例难以预测。

假设3（行为假设）：在内生严打机制下，与无严打的监督机制相比，更多市民会选择支付公共监督基金，官员的索贿行为会进一步下降。

## 7.3.5　实验过程

本实验全部使用 Z – Tree（Fischbacher，2007）软件在电脑上完成。全部的实验共分成10个场次于2018年4月至5月在××大学进行。实验参加者为××大学的学生，通过在学校图书馆、食堂等地方散发传单接受通过水滴微信平台的报名，共收到约400人报名，然后从中随机抽取一半的样本邀请参加实验，实际共200人参加了实验，每场次20人。参加者来自较为广泛的专业领域，并在实验中随机获得身份和角色以确保整个过程的完全匿名。

实验操作者首先公开大声朗读了全部实验说明。为了确保所有被试理解实验的规则和收益情况，所有被试需在学习完实验说明后回答电脑程序给出的4道控制性问题。这些问题测试参加者对官员和市民角色以及收益的理解，使他们明白自身选择所对应的可能收益情况。直到所有人都能够正确回答所有问题实验后才可以正式开始，因此可以确保参加者都了解实验的规则。之后，进行重复15个轮次的索贿博弈实验，在每轮开始都进行重新配对的提示，在第一轮次告知被试被分配的官员或市民的角色类型。在每轮结束后，参加者获知自身本轮的收益情况和被惩罚的官员数量。在索贿博弈实验结束后参加者在电脑程序完成一份调查问卷，之后在电脑屏幕告知每位参加者自己的最终收益情况。为保证实验的参与人数并更好地实现匿名性，在本实验中我们每轮准备22名参加者，晚到的参加者我们邀请其在实验结束后为参加者私下支付实验报酬，所有报酬均通过支付宝现场支付。每场实验平均持续约70分钟，参加者平均得到55.3元（含5元出场费），其中最低收入为29.4元，最高收入为81.9元。

# 7.4 结果分析

本部分对实验结果进行分析，首先主要基于统计方法将基本实验局中的行为分别对官员和市民展开分析，接着使用计量方法结合调查问卷获得的个体特质信息分析影响腐败与监督行为的因素。

## 7.4.1 官员行为

首先从总体上来看官员的行为表现。在无监督组，75.6%的情况下官员选择了一定金额的索贿额，这一比例在监督无严打组降低到66.7%，在监督加严打组进一步降低到53.2%（见图7-1）。基于实验局对比的比例检验表明任意两个实验局的索贿比例均在1%的显著性水平上存在显著差异。由于在监督组的监督机制为群体监督，同一场次中参加者之间的行为可能存在相互影响，严打组还存在不同轮次的相互影响，因此单个观测值不完全独立。我们进一步以每个场次的平均值作为一个独立的观测值进行非参数检验，考察不同实验局的索贿率是否存在明显差异，这样无监督组合监督无严打组各有3个观测值，监督加严打组有4个观测值，曼惠特尼秩和检验的结果显示任意两种的平均索贿额均在5%的显著水平上存在明显差异。这一结果表明，引入群体监督机制显著降低了官员的索贿腐败行为，而内生的严打机制进一步显著降低了官员的索贿。

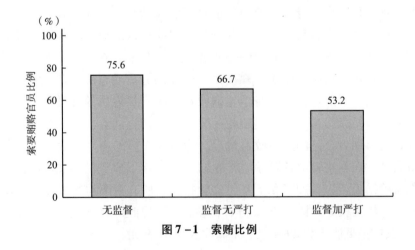

图7-1　索贿比例

我们接着进一步分析在官员选择索贿时索贿额的情况，从图 7-2 可以看出，在无监督情况下官员的索贿额最高，平均为 126 点，监督无严打情况下的索贿额最低，平均为 90 点，监督加严打情况的平均索贿则为 118 点。以所有观测值为样本进行两组均值的 t 检验显示监督无严打实验局与另外两个实验局相比均在 1% 水平上存在显著差异，而无监督实验局与监督加严打实验局之间的差异不显著。以每个场次为独立观测值获得的平均索贿额所做的秩和检验表明无监督实验局与监督无严打的实验局在 5% 显著性水平存在差异，而其他另外两个实验局的比较不显著。这表明，不论从个体水平还是群体水平来看监督无严打的机制下官员索贿时的平均索贿额显著低于无监督的情况。并且任意组的索贿额均远低于纳什均衡预测的 200 点，而惩罚并不依赖于索贿额。

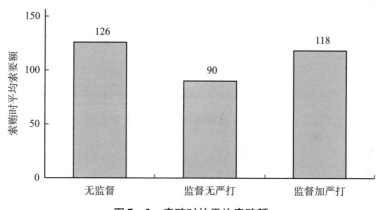

**图 7-2　索贿时的平均索贿额**

奇怪的是，监督机制仅仅改变了可能的惩罚概率，而惩罚概率并不依赖于索贿额，较低的索贿额可能来自两个机制：一是官员期望以较低的索贿额表达友善以期降低市民的监督，二是来自市民可接受索贿额的差异导致官员在动态中调整。为此我们进一步考察官员在第 1 个轮次的行为，在第 1 轮，无监督组进行索贿的官员平均索要额为 83.7 点，监督无严打组为 88.2 点，监督加严打组为 100.4 点，可见监督无严打组总体平均较低的索贿额并非来自向市民表达友善的动机，相反在最初更高的索贿额表达了期望弥补惩罚可能损失风险的心理。监督无严打组较低的平均索贿额极可能来自市民方较低的可接受额度。

图 7-3 和图 7-4 展示了官员行为随轮次的演化。可以看出在第 1 轮无

监督组的索贿比例最低，但损失提高到80%左右的高腐败比例并保持稳定。
两个监督组的初始索贿比例均高于无监督组，显然这一机制并没有形成事

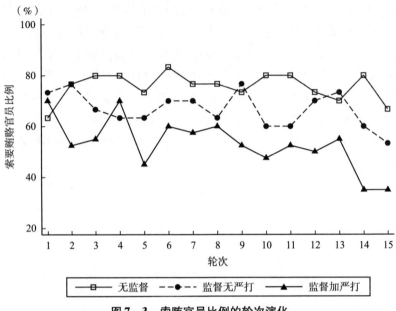

**图7-3　索贿官员比例的轮次演化**

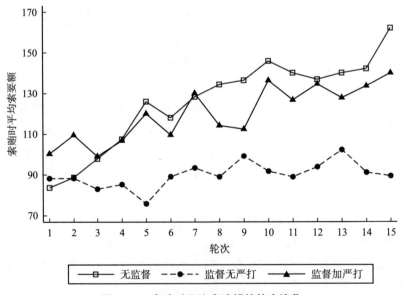

**图7-4　索贿时平均索贿额的轮次演化**

先的威慑，官员似乎并不相信很多市民会进行有成本的监督。随实验轮次的进行，尽管监督无严打组的索贿率也下降到一定水平，监督加严打组的索贿比例呈现更明显的长期下降趋势，到最后两轮下降到40%以下。从索贿时平均索要额的变化来看，三个实验局均随轮次增加呈明显的增长趋势，无监督组的增长最为显著，从第1轮的平均83.7点增长到最后一轮的162点。

### 7.4.2　市民行为

平均而言，市民在97.2%的情况下均给出了一个大于0的可接受索要额，在三个实验局并没有明显差异。从市民的平均最大可接受索要额来看，无监督组最高为168点，监督无严打组最低为123点，监督加严打组则为155点（见图7-5）。与以上分析官员行为时的猜测一致，监督无严打组官员的较低索贿额与市民的较低可接受额度相对应，以实验场次为观测样本的秩和检验表明，监督无严打组的索贿额在5%以上显著水平上均低于另外两组，而另外两组的结果无显著差异。

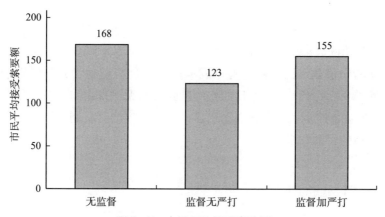

**图7-5　市民平均接受索贿额**

进一步对拒绝率（官员索贿额大于市民可接受额）的分析表明无监督组的拒绝率最低（11.8%），监督无严打组的拒绝率最高（20%），监督加严打组居中（14.3%），以实验场次为观测样本的秩和检验同样监督无严打组的拒绝率在5%显著水平上显著高于另外两组，而另外两组的结果无显著差异（见图7-6）。这表明，监督机制的引入使得市民倾向于给出更低的可接受索贿额，这可能部分源自提高的权力意识，部分源自补偿支付监督成本的心理。而市民的高拒绝率导致官员不得不索要较低的额度。严打这种高惩罚机制的进一步引入在提高惩罚概率的同时可能起到削弱市民内部动机的作用，即市民更倾向在索贿博弈中选择理性的策略并付诸监督和严打机制。

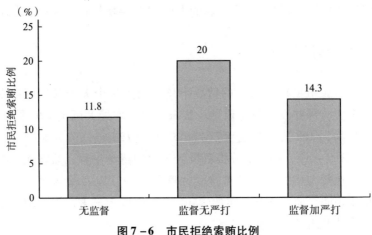

图7-6　市民拒绝索贿比例

接着来看市民的监督行为，平均而言，在监督无严打组，市民支付成本进行监督的比例为42.7%，在监督加严打组这一比例为51.3%（见图7-7），显然在实验中很多市民都愿意支付成本对官员进行监督，显著区别于纳什均衡预测的0。基于实验局对比的比例检验表明无严打组与严打组的监督比例在1%的显著性水平上存在显著差异，可见内生严打机制的引入显著提高了市民进行监督的积极性。

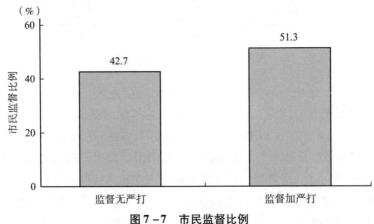

图7-7　市民监督比例

从图 7 - 8 也可以看出严打组的平均监督市民数量明显高于无严打组，到最后几轮的监督率两组均出现了下降，且严打组下降更为显著，这与一般公共物品实验的发现是一致的。进一步分析还可以发现，市民在拒绝索贿情况下进行监督的可能性更高（65.9% 和 43.9%），可以推测拒绝索贿情况下的极低收益一定程度激发市民反抗的动机，这时愿意付出成本以期让索贿官员付出代价。在拒绝索贿情况下市民进行监督的比例在两组无明显差异（监督无严打 66.7% 和监督加严打 65.1%），而对于接受索贿情况下的市民监督比例在严打组显著更高（36.7% 和 49.0%），再次说明在严打机制下市民更倾向在索贿博弈中接受后付诸监督和严打机制。

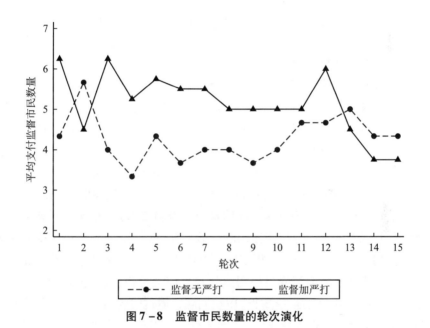

**图 7 - 8　监督市民数量的轮次演化**

监督是合算的吗？由于市民进行监督需要支付成本，而没有直接的收益，理论上仅仅通过提高对官员的不可置信威胁发挥作用，期望在将来降低其他官员对自身的索贿。以上结果表明市民以很大的比例进行了监督，那么从实际效果来看是合算的行为吗？通过对实验实际支付结果的统计可以发现，市民角色者在无监督组的平均支付为 47.77 元，监督无严打组为 47.84 元，监督加严打组为 50.34 元，官员角色者支付则依次为 70.07 元、58.34 元和 58.05 元。可见支付监督基金在实际上并没有降低市民的收益，反而略有提高，相反却显著降低了官员角色者的收益，监督对市民是合算的。

### 7.4.3 个人特质的影响

以上针对官员和市民行为的统计分析表明实验结果拒绝基于经典假设的假设1，支持基于行为假设的假设2和假设3。接着我们通过计量方法进行更细致的分析，并根据调查问卷收集的个人身份和态度信息考察个人特质对腐败与监督行为的影响。

首先分析官员的索贿决策。只有官员选择了索贿时我们才可以观测到索贿额，所以实际官员的索贿可以分解为一个两阶段的决策。本书使用Heckman两阶段方法对官员的贿赂行为进行分析。为了控制在同一个场次中个体在15轮重复实验中进行重复选择的效应，本书使用面板随机效应模型分析，并以场次作为聚类变量。在第一阶段，以官员是否进行索贿作为被解释变量，通过随机效应Probit模型对官员索贿的决定因素进行回归。在第二阶段，以官员的索贿额为被解释变量，使用GLS模型进行估计。解释变量包括实验参加者的性别、年纪、收入、是否独生子女、是否来自城市、信任水平、风险偏好、腐败水平信念、腐败合理性信念以及时间趋势（轮次）等。在重复博弈中，决策受到上一轮次结果反馈的重要影响，所以我们在回归中同时包括了上轮索贿是否被拒绝、是否被惩罚以及上轮被惩罚的官员数量。接着分析市民的决策，主要关注市民接受贿赂额的决策和是否进行监督的决策。由于可接受贿赂额是从0到200以10递增的整数，是否监督是0或1的虚拟变量，使用随机效应Tobit模型分析市民接受贿赂的决策，使用随机效应Probit分析市民是否监督的决策，并以场次作为聚类变量。针对监督决策的解释变量使用监督水平信念替代上边的腐败水平信念。由于市民监督一定程度是一个社会困境问题，通过问卷引入一个条件合作的变量（有多大比例其他人合作自己才会合作）。回归的结果如表7-2所示。

表7-2 腐败与监督决策的决定因素

| 解释变量 | 官员决策：Heckman 两阶段模型 | | 市民决策 | |
|---|---|---|---|---|
| | 是否索贿<br>随机效应 Probit | 基于索贿的<br>索贿额：GLS | 接受贿赂额：<br>随机效应 Tobit | 是否监督<br>随机效应 Probit |
| 无监督 | Ref. | Ref. | Ref. | — |
| 监督无严打 | -0.123 ***<br>(0.039) | -40.364 ***<br>(45.073) | -45.519 ***<br>(7.506) | Ref. |

续表

| 解释变量 | 官员决策：Heckman 两阶段模型 | | 市民决策 | |
| --- | --- | --- | --- | --- |
| | 是否索贿<br>随机效应 Probit | 基于索贿的<br>索贿额：GLS | 接受贿赂额：<br>随机效应 Tobit | 是否监督<br>随机效应 Probit |
| 无监督 | Ref. | Ref. | Ref. | — |
| 监督加严打 | − 0. 144 ***<br>(0. 037) | − 7. 666<br>(4. 990) | − 20. 295 ***<br>(7. 040) | 0. 182 **<br>(0. 087) |
| 性别（男 = 1） | − 0. 081 ***<br>(0. 024) | − 15. 280 ***<br>(4. 015) | 10. 001 ***<br>(3. 264) | 0. 046<br>(0. 034) |
| 年纪 | − 0. 015 *<br>(0. 008) | 1. 016<br>(1. 373) | 7. 565 ***<br>(1. 053) | 0. 035 ***<br>(0. 011) |
| 收入（千元） | − 0. 053 **<br>(0. 021) | − 8. 172 ***<br>(3. 057) | 3. 769 ***<br>(0. 715) | 0. 029 **<br>(0. 012) |
| 独生子女 | 0. 001<br>(0. 023) | 6. 916 *<br>(3. 926) | − 0. 240<br>(3. 148) | 0. 043<br>(0. 038) |
| 城市 | 0. 007<br>(0. 026) | 3. 304<br>(4. 123) | − 11. 042 ***<br>(3. 196) | 0. 135 ***<br>(0. 034) |
| 信任水平 | − 0. 009<br>(0. 009) | − 1. 750<br>(1. 577) | − 5. 650 ***<br>(1. 293) | 0. 043 ***<br>(0. 014) |
| 风险偏好 | 0. 038 ***<br>(0. 006) | 5. 302 ***<br>(0. 906) | − 2. 280 ***<br>(0. 681) | − 0. 032 ***<br>(0. 008) |
| 腐败水平信念<br>（监督水平信念） | 0. 006 ***<br>(0. 001) | − 0. 047<br>(0. 082) | 0. 009<br>(0. 054) | 0. 004 ***<br>(0. 001) |
| 腐败合理性 | − 0. 011 **<br>(0. 005) | 5. 127 ***<br>(0. 792) | − 1. 636 ***<br>(0. 603) | − 0. 013 *<br>(0. 007) |
| 轮次 | − 0. 007 ***<br>(0. 003) | 2. 789 ***<br>(0. 440) | 3. 171 ***<br>(0. 334) | − 0. 003<br>(0. 003) |
| 上轮（被）拒绝<br>（当轮拒绝） | 0. 143 ***<br>(0. 032) | 10. 193 **<br>(4. 336) | − 45. 046 ***<br>(3. 752) | 0. 227 ***<br>(0. 039) |
| 上轮惩罚官员数<br>（条件合作） | − 0. 033 ***<br>(0. 010) | − 2. 027<br>(1. 635) | 0. 546<br>(1. 258) | − 0. 148 **<br>(0. 075) |

续表

| 解释变量 | 官员决策：Heckman 两阶段模型 | | 市民决策 | |
| --- | --- | --- | --- | --- |
| | 是否索贿<br>随机效应 Probit | 基于索贿的<br>索贿额：GLS | 接受贿赂额：<br>随机效应 Tobit | 是否监督<br>随机效应 Probit |
| 上轮被惩罚 | 0.038<br>(0.034) | | | |
| Imr1 | | −1.220<br>(1.106) | | |
| _cons | | 83.839 ***<br>(13.071) | 165.054 ***<br>(9.253) | |
| Wald Chi$^2$ | 365.85 | 255.93 | 464.63 | 127.42 |
| Prob > chi$^2$ | <0.001 | <0.001 | <0.001 | <0.001 |
| 观测个体数 | 1400 | 890 | 1400 | 1050 |
| 观测场次数 | 10 | 10 | 10 | 7 |

注：回归均以场次为聚类变量。随机效应 Probit 回归报告的为边际效应。括号中解释变量为是否监督回归使用的变量。收入为学生每月全部生活费来源总额，单位为千元，独生子女和城市均为虚拟变量，是独生为1，城市为1，农村为0。腐败水平信念的题目为"你在本实验开始之初认为有多大比例的官员会选择索要？请给出一个从0到100的整数值表示百分比例。"监督水平信念题目为"你在本实验开始之初认为有多大比例的市民会选择进行监督？请给出一个从0到100的整数值表示百分比例。"腐败合理性的题目为"请认为大部分的腐败行为总是合理的，绝对不合理，或是介于两者之间，请在从1到10的尺度中选出你对该问题的态度。"条件合作问题为"假如包括你在内的群体面临危机，危机发生包括你在内的所有人会损失惨重，需要所有成员的自愿捐助资金帮助集体度过困难，当超过多大比例的成员愿意捐助时，你也会自愿捐助。0表示不论是否他人捐助你都会捐助，100%表示只有所有其他人都捐助你才会捐助。"

回归结果显示，与无监督组相比，监督组无严打组官员无论是索贿的比例还是索贿时的索贿数额都呈现显著的下降，监督加严打组的索贿比例进一步显著下降，但索贿时的索贿数额没有显著差异。对于市民来说，接受贿赂额在监督组显著低于无监督组，且监督无严打组的可接受索贿额度更低。与无严打组相对，严打组的市民进行监督的可能性显著提高。对实验局的回归结果与统计分析的结论一致。随实验轮次增加索贿率有下降趋势，索贿额和可接受贿赂额均明显增加，轮次对是否监督的决策影响则不显著。上一轮次的索贿被拒绝情况下官员在一下轮次的索贿倾向和索贿额都显著增加，显然陌生人配对的模式下被拒绝并没有起到抑制索贿的作用而是起到了促进作用。市民在拒绝官员的索要后显著提高了监督的可能并在下一轮的可接受贿赂额有显著的较大幅度下降，说明市民在受到拒绝后的极低收入下反腐败倾向有明显的提高。上一轮次被惩罚官员数量信息披露后，可以显著降低下一轮官员的索贿倾向，但对索贿额和可接受贿赂额的影响不显著。官员在上一轮被惩罚则没有发现对索贿行为有显著影响。

接着来看个人特质对行为的影响。男性女性的索贿比例和索贿数额都显著更低，这与之前一些文献的结论相反（如）。作为市民角色者的男性则提供了较高的可接受索贿额，性别对是否监督的影响则不显著。由于大学生中的年龄差异较小，我们使用年级作为控制变量，发现高年级的学生索贿倾向相对较低，作为市民的可接受索贿额较高，且显著更倾向进行监督。收入水平越高的学生索贿倾向和索贿额都相对越低，可接受索贿额较高，且更倾向进行监督。是否独生子女仅在10%显著水平上发现对索贿额的决策有影响。出生来自城市的参加者可接受的索贿额显著更低，更倾向进行监督，这可能与成长环境形成的对腐败的观念有关。是否来自城市对官员的索贿决策影响则不显著。

信念水平对作为官员的索贿决策同样没有影响，但高信任水平导致更低的可接受索贿额和更高的监督比例，这可能来自对惩罚机制信任程度的影响。风险偏好程度对所有变量的影响都高度显著，越偏好风险者的官员索贿倾向和索贿额都越高，而作为市民的可接受贿赂额越低，监督倾向也越低。认为其他人进行索贿的比例越高越显著倾向进行索贿，认为其他人进行监督的比例越高也越显著倾向进行监督，这与腐败的频率依赖理论一致（Andvig and Moene，1990；Berninghaus et al.，2013）。认为腐败水平越合理索贿时的额度显著更高，但是索贿可能性反而越低，作为市民可接受额和进行监督的可能性都越低。认为腐败越合理却倾向不腐败似乎有悖常理，这可能来自部分参加者行为后在问卷中故意反向报告态度的结果。对于条件合作的态度问卷与实验中市民的监督行为得到了较好的吻合，即需要他人合作比例越高自己才会合作的参加者进行监督的可能性越低。

## 7.5 结论与讨论

本书通过实验方法对基于群体监督和内生严打的反腐败机制效果进行验证。研究发现，允许处于腐败交易权力弱势方的市民进行有成本的公共监督，并通过外部制度安排根据公共监督基金增长提高腐败查处力度的机制可以显著降低腐败水平。基于市民公共监督水平并有外部权力保障实施的内生严打机制可以进一步提高反腐败的效力。目前中国成立了国家监察委作为反腐的权力机关，完全可以承担本实验中提供外部审查与惩罚的外部机制。但是由于即使监察委这样的专门机构其可利用的资源毕竟有限，如果对所有人员随时随地监督将是成本无穷大的工作。如果根据群众的监督强度进行有针对性的腐败审查，并在问题严重的时期和地区开展严打工作将很大程度提高反腐工作的效率。在理论上，肖滨和黄迎虹（2015）以印度"官员腐败调查法"的实施案例，提出"三元复合反腐"的理念，认为在发展中国家的反腐实践中可以同时利用政府、社会精英和社会大众三方面的力量，本书方案不失为一种结合群众与政府力量反腐的具体方式。

实验后通过调查问卷收集的参加者对一些问题的看法也支持这种反腐败措施的有效性。尽管监督是有成本和作为一种公共基金形成，参加者实验之初平均认为57.6%的市民会进行监督，而针对条件合作的问题中所有人平均表示当超过36%的其他人合作时自身也会合作。这两种信念意味着即使在社会困境中当一定的机制可以使对他人反腐的预期较高时仍然可以激发合作。当外部通过严打等机制赋予市民监督的激励，可以期望当大家认为别人也会监督时，会有更多的市民会进行监督。进一步还发现，当对一个与己无关的腐败进行监督时，所有人平均最多愿意支付自身禀赋的26.7%，而当自身是腐败的受害者时，这一比例提升到66.5%，说明在本实验使用的侵扰型索贿博弈中引入监督机制的更容易起到良好效果。

正如本章开篇所述，现实中的大量腐败中表现为普通公民作为腐败的受害者，但是可能很多情况下公众并没有意识到，因此普及腐败的危害性也非常重要。对于设立如国家监察委这类机构，国家通过投入公共财政专门致力于反腐败的必要性，实验参与者也给出了高度支持，平均认为可以最高拿出19%的财政资金用于反腐败。对于群众监督和严打相比其他反腐措施对于降低社会腐败水平的效力均给出了较高的分数，且对严打给出了更高的分数。①

本书结论依赖于通过在校学生样本获得的实验室实验数据，与真实世界的腐败情况存在可能存在差别。使用学生样本的实验室实验可以较好地控制其他多种因素的影响以更好保证兴趣变量的内部有效性。对于实验室

---

① 问卷中要求参加者针对两种反腐措施相比其他的反腐败措施对于降低社会腐败水平的有效性进行打分，分数为从0到5分，可以认为给出3分以上为认可这种方式相对有效，在群众监督的问题中，平均打分为3.03分，65%给出了3分及以上的分数。在严打的问题中，平均打分为3.53分，84.5%给出了3分及以上的分数。

实验的外部有效性问题是比较有争议的话题（如 Levitt and List，2007；Falk and Heckman，2009）。对于具体的腐败问题的实验室实验，阿尔曼蒂尔和博利（Armantier and Boly，2013）显示通过实验室研究的腐败行为可以较大程度映射现实世界的腐败问题，一些其他研究也表明类似腐败的很多非道德问题在实验室中与真实世界存在较强的相关性（如 Hanna and Wang，2017；Cohn et al.，2015；Dai et al.，2017；Gächter and Schultz，2016）。尽管如此，为了科学地开展实验不得不对具体问题进行极大的简化，而现实世界的腐败问题极其复杂，因此在实践中引入相关制度尚需要充分的试点论证。

# 结　语

　　社会困境问题作为人类共同面临的重大难题，阻碍人类合作繁荣的全面实现，因而受到来自多学科研究者的极大关注。本书以社会困境为核心，集合了演化、行为、实验和制度经济学的原理和方法对这一问题进行了深入的探究。通过对跨学科大量文献的梳理和评述，本书形成了一幅社会困境多视角的概览。演化理论为我们提供了理解人类合作行为的终极动力来源，心理学理论则帮助我们理解人类行为的决策过程，经济学研究更加关注促进合作的具体实现机制，神经科学则帮助我们理解人类决策的生理物质基础。

　　基于多学科研究的大量证据，我们可以判断在人群中背叛者是少数，合作者是多数，而反社会者多具有非正常的心理特质，符合中国传统文化"人之初、性本善"的直觉认知。认识人类合作决策的现实基础，有助于为政策干预提供科学的理论指导。由于合作是人类的共同追求，对经济发展和健康社会的贡献意义重大，如何促进人类的合作精神便应当是一项重要政策目标。一方面，需要为合作者提供足够的社会激励和奖赏，如对见义勇为的奖励，使合作成为光荣而有好处的事情；另一方面，对违法犯罪等严重的非道德行为进行严厉的惩罚，从而起到反向的合作激励效果。心理学的研究告诉我们人格特质对行为的重要意义，这表明通过教育、感化等方式，以及构筑和谐的社会关系是防止非道德行为出现的重要方面。所以，促进社会的合作繁荣，不仅需要惩恶扬善，还需要通过社会各界多方面的共同努力。

　　通过对大量理论和实验研究的梳理，我们还发现，人类决策受到情感情绪和道德的极大影响，从而可以表现出亲社会的倾向特征，并非古典经济学所假设的完全理性自利人。信念对人类决策具有重要决定作用，对他人意图的理解是人类行为的重要原动力。可见增加沟通与理解，提高知识水平都是促进人类合作和谐的重要机制。这些认识都意味着我们在政策和实践中需要更多地考虑人性的意义，而不是单纯的把人看成理性计算的机器。如何激发人类善的力量，抑制恶的发展是永恒的社会重大命题。

在当今社会，更主要的社会困境问题在于大量非道德行为仍普遍存在，而我们仍缺乏有效的应对手段。以腐败这一重大现实问题为例，尽管其被广泛认为是一个健康社会需避免的毒瘤，国际社会在委托代理理论的指导下也一直为抗击腐败进行了不懈的努力，然而总是收效甚微。我们首次提出腐败作为社会困境问题的本质，并以实验的方法进行了证明，同时考察了在此背景下腐败水平的重要决定因素。相比委托代理理论的假设，在社会困境中从事腐败的根本激励可能是完全不同的，这就呼唤不同的政策干预。个体从事腐败行为并非仅仅来自成本收益的核算，他们可能并不把腐败作为一种普通的犯罪行为，而是作为官僚系统的一位搭便车者，特别是在预期其他的官员也这么做的时候。而与此同时，他们会在追求腐败短期高收益的过程中忽略掉整个政府的长远利益。因此，在腐败治理中不仅需要从司法的角度进行监督与惩罚的制度安排，还需要结合腐败的社会困境问题本质，借鉴社会困境问题研究的理论和实证成果进行积极的行为干预。

由于笔者创作的时间紧张，加上视野范围和能力所限，难免仍有诸多不尽如人意之处。首先，在对社会困境相关文献的梳理中，由于多学科对这块的研究文献浩如烟海，无法对所有文献对进行阅读和分析，所以难免有对重要文献的疏漏。其次，由于学科术语之间的差别，在对其他学科文献的把握中也难免有失之偏颇之处。再次，由于学科前沿发展迅速，成书之时许多文献已没法跟踪到最新，因此一些学科最前沿的成果无法体现。最后，在实验研究中，受制于实验条件的限制，样本主要为在读大学生且数量较小，在一定程度上限制了分析的准确性和问题在真实世界的外部有效性，拙作中提出的一些理论和判断有赖于更深入的实证和田野实验验证。

# 主要参考文献

[1] 陈叶烽、叶航、汪丁丁：《超越经济人的社会偏好理论：一个基于实验经济学的综述》，载于《南开经济研究》2012 年第 1 期。

[2] 冈纳·缪尔达尔：《亚洲的戏剧——对一些国家贫困问题的研究》，北京经济学院出版社 1992 年版。

[3] 贺京同、那艺、郝身永：《决策效用，体验效用与幸福》，载于《经济研究》2014 年第 7 期。

[4] 黄少安：《产权经济学导论》，经济科学出版社 2004 年版。

[5] 黄少安、姜树广：《制度性惩罚与人类合作秩序的维持》，载于《财经问题研究》2013 年第 11 期。

[6] 黄少安、韦倩：《合作行为与合作经济学：一个理论分析框架》，载于《经济理论与经济管理》2011 年第 2 期。

[7] 黄少安、张苏：《人类的合作及其演进：研究综述与评论》，载于《中国社会科学》2013 年第 7 期。

[8] 姜树广、陈叶烽：《腐败的困境，腐败本质的一项实验研究》，载于《经济研究》2016 年第 1 期。

[9] 姜树广、孙涛：《信念与经济增长：基于全球价值观调查的跨国证据》，载于《世界经济文汇》2016 年第 4 期。

[10] 姜树广、韦倩：《信念与心理博弈：理论、实证与应用》，载于《经济研究》2013 年第 6 期。

[11] 雷震：《集体与个体腐败行为实验研究——一个不完全信息最后通牒博弈模型》，载于《经济研究》2013 年第 4 期。

[12] 雷震、田森、凌晨、张安全、李任玉：《社会身份与腐败行为：一个实验研究》，载于《经济学（季刊）》2016 年第 3 期。

[13] 罗素：《人类的知识——其范围与限度》，商务印书馆 2009 年版。

[14] 王利明：《惩罚性赔偿研究》，载于《中国社会科学》2000 年第 4 期。

[15] 王亚南：《中国官僚政治研究》，商务印书馆 2003 年版。

［16］韦倩、姜树广：《社会合作秩序何以可能：社会科学的基本问题》，载于《经济研究》2013 年第 11 期。

［17］韦倩：《纳入公平偏好的经济学研究：理论与实证》，载于《经济研究》2010 年第 9 期。

［18］韦倩：《影响群体合作的因素：实验和田野调查的最新证据》，载于《经济学家》2009 年第 11 期。

［19］韦倩：《增强惩罚能力的若干社会机制与群体合作秩序的维持》，载于《经济研究》2009 年第 10 期。

［20］亚当·斯密：《国富论》，商务印书馆 2014 年版。

［21］赵阳、姜树广：《领导、追随与人类合作秩序的维持》，载于《南方经济》2015 年第 3 期。

［22］Abbink, K., Dasgupta, U., Gangadharan, L., & Jain, T., 2014, "Letting the briber go free: An experiment on mitigating harassment bribes", *Journal of Public Economics*, 111, 17 – 28.

［23］Abbink, K., & Hennig – Schmidt, H., 2006, "Neutral versus loaded instructions in a bribery experiment", *Experimental Economics*, 9 (2), 103 – 121.

［24］Abbink, K., Irlenbusch, B., & Renner, E., 2002. "An Experimental Bribery Game", *Journal of Law, Economics, and Organization*, 18 (2), 428 – 454.

［25］Abbink, K., & Serra, D., 2012, "Anticorruption policies: Lessons from the lab", *Research in Experimental Economics*, 15, 77 – 115.

［26］Abbink, K., 2004, "Staff rotation as an anti-corruption policy: an experimental study", *European Journal of Political Economy*, 20, 887 – 906.

［27］Abbink, K., & Wu, K., 2017, "Reward self-reporting to deter corruption: an experiment on mitigating collusive bribery", *Journal of Economic Behavior & Organization*, 133, 256 – 272.

［28］Abbot, P., Abe, J., Alcock, J., Alizon, S., Alpedrinha, J. A., Andersson, M., et al. & Gardner, A et al., 2011, "Inclusive fitness theory and eusociality", *Nature*, 471 (7339), E1 – E4.

［29］Abeler, J., Nosenzo, D., & Raymond, C, 2019, "Preferences for truth-telling", *Econometrica*, 87 (4), 1115 – 1153.

［30］Acemoglu, D., 1995, "Reward Structures and the Allocation of Talent", *European Economic Review*, 39 (1), 17 – 33.

[31] Ades, Alberto and Rafael Di Tella, 1999, "Rents, Competition, and Corruption", *American Economic Review*, 89, 982 – 993.

[32] Adolphs, R., Gosselin, F., Buchanan, T. W., Tranel, D., Schyns, P., & Damasio, A. R., 2005, "A mechanism for impaired fear recognition after amygdala damage", *Nature*, 433 (7021), 68 – 72.

[33] Adolphs R, Tranel D, Damasio AR. 1998, "The human amygdala in social judgment", *Nature*, 393: 470 – 474.

[34] Adsera, A., Boix, C., & Payne, M., 2003, "Are You Being Served? Political Accountability and Quality of Government", *Journal of Law, Economics, and Organization*, 19 (2), 445 – 490.

[35] Aidt, Toke S., 2003, "Economic Analysis of Corruption: A Survey", *Economic Journal*, 113 (491): F632 – F652.

[36] Akerlof, G. A., and R. E. Kranton, 2000, "Economics and Identity", *Quarterly Journal of Economics*, 115 (3): 715 – 753.

[37] Akerlof, G., and W. T. Dickens, 1982, "The Economic Consequences of Cognitive Dissonance", *American Economic Review*, 72 (3), 307 – 319.

[38] Akerlof, G., 1970, "The Market for 'Lemons': Quality Uncertainty and the Market Mechanism", *Quarterly Journal of Economics*, 84, 488 – 500.

[39] Alchian, Armen A., and Harold Demsetz, 1972, "Production, nformation Costs, and Economic Organization", *American Economic Review*, 62 (December): 777 – 795.

[40] Alesina, A., & Angeletos, G. M., 2005, "Fairness and redistribution", *The American Economic Review*, 95 (4), 960 – 980.

[41] Allison, S. T., McQueen, L. R., & Schaerfl, L. M., 1992, "I Social decision making processes and the equal partitionment of shared resources", *Journal of Experimental Social Psychology*, 28, 23 – 42.

[42] Ames, D. R., & Flynn, F. J. (2007), "What breaks a leader: The curvilinear relation between assertiveness and leadership", Journal of Personality and Social Psychology, 92, 307 – 324.

[43] Amin, M., 2011, "Is There More Corruption in Larger Countries? Evidence Using Firm – level Data", Mimeograph.

[44] Andreoni, J., and B. Douglas Bernheim, 2009, "Social Image and

the 50 – 50 Norm: A Theoretical and Experimental Analysis of Audience Effects", *Econometrica*, 77 (5): 1607 – 1636.

[45] Andreoni, J., 1989, "Giving with Impure Altruism: Applications to Charity and Ricardian Equivalence", *Journal of Political Economy*, 97 (6): 1447 – 1458.

[46] Andreoni, J., 1990, "Impure Altruism and Donations to Public Goods: A Theory of Warm Glow Giving", *Economic Journal*, 100 (401): 464 – 477.

[47] Andvig, J. C. and K. O. Moene, 1990, "How Corruption May Corrupt", *Journal of Economic Behavior and Organization*, 13: 63 – 76.

[48] Aoki, M., 2011, "Institutions as Cognitive Media between Strategic Interactions and Individual Beliefs", *Journal of Economic Behavior & Organization*, 79, 20 – 34.

[49] Aquino, K., & Reed, A., 2002, "The self-importance of moral identity", *Journal of Personality and Social Psychology*, 83 (6), 1423 – 1440.

[50] Arbak, E., & Villeval, M. C., 2007, "Endogenous leadership: selection and influence", (No. 2732). IZA Discussion Papers.

[51] Arce, D. G. (2001), "Leadership and the aggregation of international collective action", *Oxford Economic Papers*, 53 (1): 114 – 137.

[52] Armantier, O., & Boly, A., 2011, "A controlled field experiment on corruption", *European Economic Review*, 55 (8), 1072 – 1082.

[53] Ashraf, N., Camerer, C. F., & Loewenstein, G., 2005, "Adam Smith, behavioral economist", *The Journal of Economic Perspectives*, 19 (3), 131 – 145.

[54] Attanasi, G., and R. Nagel, 2007, "A Survey of Psychological Games: Theoretical Findings and Experimental Evidence", in: A. Innocenti and P. Sbriglia (Eds.), Games, Rationality and Behaviour. Essays on Behavioural Game Theory and Experiments, Palgrave McMillan, Houndmills, 204 – 232.

[55] Attanasi, G., Battigalli, P., & Manzoni, E., 2015, "Incomplete-information models of guilt aversion in the trust game", *Management Science*, 62 (3), 648 – 667.

[56] Attanasi, G., P. Battigalli, and R. Nagel, 2011, "Disclosure of Belief – Dependent Preferences in a Trust Game", Mimeo, Available at: ht-

tp：//didattica. unibocconi. eu/myigier/index. php？IdUte =48808.

［57］Axelrod, R. , and W. D. Hamilton, 1981, "The Evolution of Cooperation", *Science*, 211: 1390 – 1396.

［58］Axelrod, R, 1986, "An evolutionary approach to norms", *American political science review*, 80（4）, 1095 – 1111.

［59］Azfar, O. , & Nelson Jr, W. R. , 2007, "Transparency, wages, and the separation of powers: An experimental analysis of corruption", *Public Choice*, 130（3 – 4）, 471 – 493.

［60］Bacharach, M. , G. Guerra, and D. Zizzo, 2007, "Is trust self – fulfilling? An experimental study", *Theory and Decision*, 63, 349 – 388.

［61］Balafoutas, L. , 2011, "Public Beliefs and Corruption in A Repeated Psychological Game", *Journal of Economic Behavior & Organization*, 78, 51 – 59.

［62］Baldassarri, D. , & Grossman, G. , 2011, "Centralized sanctioning and legitimate authority promote cooperation in humans", *Proceedings of the National Academy of Sciences*, 108（27）, 11023 – 11027.

［63］Balliet, D. P. , 2010, "Communication and cooperation in social dilemmas: A meta-analytic review", *Journal of Conflict Resolution*, 54, 39 – 57.

［64］Balliet, D. P. , Mulder, L. B. , & Van Lange, P. A. M. , 2011, "Reward, punishment, and cooperation: A meta-analysis", *Psychological Bulletin*, 137, 594 – 615.

［65］Balliet, D. , & Van Lange, P. A. , 2013, "Trust, conflict, and cooperation: a meta-analysis", *Psychological bulletin*, 139（5）, 1090.

［66］Banerjee, A. , Mullainathan, S. , & Hanna, R. , 2012, "Corruption", *National Bureau of Economic Research Working Paper*, No. w17968.

［67］Banerjee, R. , 2016, "On the interpretation of bribery in a laboratory corruption game: moral frames and social norms", *Experimental Economics*, 19（1）, 240 – 267.

［68］Banks, J. S. , & Sundaram, R. K. , 1993, "Adverse selection and moral hazard in a repeated elections model", *ch*, 12, 295 – 311.

［69］Banuri, S. , & Eckel, C. , 2012, "Experiments in culture and corruption: A review", 15, pp. 51 – 76. Emerald Group Publishing Limited.

［70］Baron, J. , 2009, "Weighing Reward and Punishment", *Science*, 18, 1632.

［71］ Barr, A. , and Serra, D. , 2009, "The effects of externalities and framing on bribery in a petty corruption experiment", *Experimental Economics*, 12 (4), 488 – 503.

［72］ Barr, A. , Lindelow, M. , & Serneels, P. , 2009, "Corruption in public service delivery: An experimental analysis", *Journal of Economic Behavior & Organization*, 72 (1), 225 – 239.

［73］ Barro, R. , 1973, "The Control of Politicians: An Economic Model", *Public Choice*, 14, 19 – 42.

［74］ Barseghyan, L. , Molinari, F. , O'Donoghue, T. , & Teitelbaum, J. C. , 2016, "Estimating risk preferences in the field", *working paper*.

［75］ Bartolini, S. , Bilancini, E. , & Pugno, M. , 2013, "Did the decline in social connections depress Americans' happiness?", *Social Indicators Research*, 110 (3), 1033 – 1059.

［76］ Bartz, J. A. , Zaki, J. , Bolger, N. , & Ochsner, K. N. , 2011, "Social effects of oxytocin in humans: context and person matter", *Trends in cognitive sciences*, 15 (7), 301 – 309.

［77］ Batson, C. D. , 2014, The altruism question: Toward a social-psychological answer, Psychology Press.

［78］ Battigalli, P. , and M. Dufwenberg, 2009, "Dynamic Psychological Games", *Journal of Economic Theory*, 144 (1): 1 – 35.

［79］ Battigalli, P. , and M. Dufwenberg, 2007, "Guilt in Games", *American Economic Review Papers and Proceedings*, 97 (2): 170 – 176.

［80］ Battigalli, P. , and M. Dufwenberg, 2011, "Incorporating Belief-Dependent Motivations in Games", Mimeo, Available at: http://didattica. unibocconi. eu/myigier/index. php? IdUte = 48808.

［81］ Battigalli, P. , and M. Siniscalchi, 1999, "Hierarchies of Conditional Beliefs and Interactive Epistemology in Dynamic Games", *Journal of Economic Theory*, 88, 188 – 230.

［82］ Battigalli, P. , Dufwenberg, M. , & Smith, A. , 2016, "Frustration and Anger in Games", *Working paper*.

［83］ Bault, N. , Joffily, M. , Rustichini, A. , & Coricelli, G. , 2011, "Medial prefrontal cortex and striatum mediate the influence of social comparison on the decision process", *Proceedings of the national Academy of sciences*, 108

(38)，16044 - 16049.

[84] Baumeister, R. F. , Chesner, S. P. , Senders, P. S. , & Tice, D. M. , 1989, "Who's in charge here? Group leaders do lend help in emergencies", *Personality and Social Psychology Bulletin*, 14: 17 - 22.

[85] Baumeister, R. F. , & Leary, M. , 1995, "The need to belong: Desire for interpersonal attachments as a fundamental human motivation", *Psychological Bulletin*, 117: 497 - 529.

[86] Baumgartner T, Fischbacher U, Feierabend A, LutzK, Fehr E. , 2009, "The neural circuitry of a broken promise", *Neuron*, 64: 756 - 770.

[87] Baumgartner, T. , Götte, L. , Gügler, R. , & Fehr, E. , 2012, "The mentalizing network orchestrates the impact of parochial altruism on social norm enforcement", *Human brain mapping*, 33 (6), 1452 - 1469.

[88] Baumgartner T, Heinrichs M, Vonlanthen A, Fischbacher U, Fehr E. , 2008, "Oxytocin shapes the neural circuitry of trust and trust adaptation in humans", *Neuron*, 58: 639 - 650.

[89] Baumgartner, T. , Knoch, D. , Hotz, P. , Eisenegger, C. , & Fehr, E. , 2011, "Dorsolateral and ventromedial prefrontal cortex orchestrate normative choice", *Nature neuroscience*, 14 (11), 1468 - 1474.

[90] Beekman, G. , Bulte, E. , & Nillesen, E. , 2014, "Corruption, investments and contributions to public goods: experimental evidence from rural liberia", *Journal of public economics*, 115, 37 - 47.

[91] Beer, J. S. , Heerey, E. A. , Keltner, D. , Scabini, D. , & Knight, R. T. , 2003, "The regulatory function of self-conscious emotion: insights from patients with orbitofrontal damage", *Journal of personality and social psychology*, 85 (4), 594.

[92] Bell, D. E. , 1985, "Disappointment in decision making under uncertainty", *Operations Research*, 33 (1), 1 - 27.

[93] Bellemare, C. , A. Sebald, and M. Strobel, 2011, "Measuring The Willingness to Pay to Avoid Guilt: Estimation Using Equilibrium and Stated Belief Models", *Journal of Applied Econometrics*, 26, 437 - 453.

[94] Benabou, R. , and J. Tirole, 2006b, "Incentives and Prosocial Behavior", *American Economic Review*, 96 (5): 1652 - 1678.

[95] Benabou, R. , and J. Tirole, 2003, "Intrinsic and Extrinsic Motiva-

tion", *Review of Economic Studies*, 70 (3) 489 – 520.

[96] Benedikt H. , C. Thöni, S. Gächter, 2008, "Antisocial Punishment Across Societies", *Science*, 319, 1362 – 1367.

[97] Benjamin, D. J. , Choi, J. J. , & Strickland, A. J. , 2010, "Social Identity and Preferences", *The American economic review*, 100 (4), 1913.

[98] Bennis, W. , 2007, "The challenges of leadership in the modern world", *American Psychologist*, 62: 2 – 5.

[99] Bentham, J. , 1962, Principles of Penal Law, In John Bowring (Ed.), The Works of Jeremy Bentham (p. 396). New York: Russell and Russell.

[100] Berg, J. , Dickhaut, J. , & McCabe, K. , 1995, "Trust, reciprocity, and social history", *Games and economic behavior*, 10 (1), 122 – 142.

[101] Bernheim, B. D. , 1994, "A Theory of Conformity", *Journal of Political Economy*, 102 (4): 841 – 877.

[102] Berninghaus, S. K. , Haller, S. , Krüger, T. , Neumann, T. , Schosser, S. , & Vogt, B. , 2013, "Risk attitude, beliefs, and information in a corruption game – An experimental analysis", *Journal of Economic Psychology*, 34, 46 – 60.

[103] Bertrand, M. , Djankov, S. , Hanna, R. , & Mullainathan, S. , 2007, "Obtaining a driver's license in India: an experimental approach to studying corruption", *The Quarterly Journal of Economics*, 1639 – 1676.

[104] Besley, Timothy, 2006, Principled Agents: The Political Economy of Good Government, Oxford: Oxford University Press.

[105] Bhatt, M. , and C. F. Camerer, 2005, "Self – Referential Thinking and Equilibrium as States of Mind in Games: FMRI Evidence", *Games and Economic Behavior*, 52, 424 – 459.

[106] Bicchieri, C. , 2002, "Covenants without swords: Group identity, norms, and communication in social dilemmas", *Rationality and Society*, 14, 192 – 228.

[107] Bickart, K. C. , Wright, C. I. , Dautoff, R. J. , Dickerson, B. C. , & Barrett, L. F. , 2011, "Amygdala volume and social network size in humans", *Nature neuroscience*, 14 (2), 163 – 164.

[108] Blackburn, K. , 2012, "Corruption and development: Explaining

the evidence", *The Manchester School*, 80 (4), 401 – 428.

［109］Blanco, M. D. , D. Engelmann, A. K. Koch, and H. – T. Normann, 2010, "Belief elicitation in experiments: Is there a hedging problem?", *Experimental Economics*, 13 – 4, 412 – 438.

［110］Blau, A. , 2009, "Hobbes on corruption", *History of Political Thought*, 30, 596 – 616.

［111］Bloom, H. K. , 2000, "Global brain: The evolution of mass mind from the Big Bang to the 21st century", New York: Wiley.

［112］Blount, S. , 1995, "When Social Outcomes Aren't Fair: The Effect of Causal Attributions on Preferences", *Organizational Behavior and Human Decision Processes*, 63, 131 – 144.

［113］Bénabou, R. , and J. Tirole, 2011, "Identity, Morals and Taboos: Beliefs as Assets", *Quarterly Journal of Economics*, 126, 805 – 855.

［114］Bénabou, R. , and J. Tirole, 2002, "Self – Confidence and Personal Motivation", *The Quarterly Journal of Economics*, 117 (3): 871 – 915.

［115］Bénabou, R. , & Tirole, J. , 2006a, "Belief in a just world and redistributive politics", *The Quarterly Journal of Economics*, 121 (2), 699 – 746.

［116］Bénabou, R. , & Tirole, J. , 2016, "Mindful economics: The production, consumption, and value of beliefs", *The Journal of Economic Perspectives*, 30 (3), 141 – 164.

［117］Bochet, O. , Page, T. , & Putterman, L. , 2006, "Communication and punishment in voluntary contribution experiments", *Journal of Economic Behavior & Organization*, 60 (1), 11 – 26.

［118］Boehm, C. H. , 1993, "Egalitarian Behavior and Reverse Dominance Hierarchy", *Current Anthropology*, 34: 227 – 254.

［119］Boehm, C. , 1999, "Hierarchy in the forest", London: Harvard University Press.

［120］Bogaert, S. , Boone, C. , & Declerck, C. , 2008, "Social value orientation and cooperation in social dilemmas: A review and conceptual model", *British Journal of Social Psychology*, 47, 453 – 480.

［121］Bohnet, I. , Bruno S. Frey, and S. Huck, 2001, "More Order with Less Law: On Contract Enforcement, Trust, and Crowding", *American Political Science Review*, *March*, 95 (1), 131 – 144.

[122] Bolton, G. , and A. Ockenfels, 2000, "ERC: A Theory of Equity, Reciprocity, and Competition", *American Economic Review*, 90 (1): 166 – 193.

[123] Boly, A. , & Gillanders, R. , 2018, "Anti-corruption policy making, discretionary power and institutional quality: An experimental analysis", *Journal of Economic Behavior & Organization*, 152, 314 – 327.

[124] Boone, C. , Brabander, B. D. , & Van Witteloostuijn, A, 1999, "The impact of personality on behavior in five prisoner's dilemmas games", *Journal of Economic Psychology*, 20, 343 – 377.

[125] Bordalo, P. , Gennaioli, N. , & Shleifer, A. , 2013, "Salience and consumer choice", *Journal of Political Economy*, 121 (5), 803 – 843.

[126] Bordalo, P. , Gennaioli, N. , & Shleifer, A. , 2012, "Salience Theory of Choice Under Risk", *Quarterly Journal of Economics*, 127 (3), 1243 – 1285.

[127] Bornstein, G. , Rapoport, A. , Kerpel, L. , & Katz, T. , 1989, "Within-and between-group communication in intergroup competition for public goods", *Journal of Experimental Social Psychology*, 25, 422 – 436.

[128] Bowles, S. and Gintis, H. , 2011, A Cooperative Species: Human Reciprocity and its Evolution, Princeton University Press.

[129] Bowles, S. , and H. Gintis, 2004, "The Evolution of Strong Reciprocity: Cooperation in Heterogeneous Populations", *Theoretical Population Biology*, 65: 17 – 28.

[130] Bowles, S. , 2009, "Did warfare among ancestral hunter-gatherers affect the evolution of human social behaviors?", *Science*, 324, 1293 – 1298.

[131] Bowles, S. , 2006, "Group competition, reproductive leveling, and the evolution of human altruism", *Science*, 314 (5805), 1569 – 1572.

[132] Boyd R. , and P. J. Richerson, 1985, Culture and the Evolutionary Process, Chicago: University of Chicago Press.

[133] Boyd, R. , and P. J. Richerson, 1992, "Punishment Allows the Evolution of Cooperation (or Anything Else) in Sizable Groups", *Ethology and Sociobiology*, 13: 171 – 195.

[134] Boyd, R. , Gintis, H. , & Bowles, S. , 2010, "Coordinated punishment of defectors sustains cooperation and can proliferate when rare", *Science*, 328 (5978), 617 – 620.

[135] Boyd, R. , H. Gintis, S. Bowles, and P. J. Richerson, 2003, "The Evolution of Altruistic Punishment", *Proceedings of the National Academy of Sciences of the United States of America*, 100 (6): 3531 – 3535.

[136] Boyd, R. , & Mathew, S. , 2007, "A Narrow Road to Cooperation", *Science*, 316 (5833), 1858 – 1859.

[137] Bracha, A. , & Brown, D. J. , 2012, "Affective decision making: A theory of optimism bias", *Games and Economic Behavior*, 75 (1), 67 – 80.

[138] Brandt, H. and Sigmund, K. , 2006, "The good, the bad and the discriminator-errors in direct and indirect reciprocity", *J. Theor. Biol.* , 239, 183 – 194.

[139] Brewer, M. B. , & Kramer, R. M. , 1986, "Choice behavior in social dilemmas: Effects of social identity, group size, and decision framing", *Journal of Personality and Social Psychology*, 50, 543 – 549.

[140] Brocas, I. , & Carrillo, J. D. , 2008, "The brain as a hierarchical organization", *The American Economic Review*, 98 (4), 1312 – 1346.

[141] Brown, D. 1991. Human universals. Boston, MA: McGraw – Hill.

[142] Brucks, W. M. , & Van Lange, P. A. M. , 2007, "When prosocials act like proselfs in a commons dilemma", *Personality and Social Psychology Bulletin*, 33, 750 – 758.

[143] Brucks, W. & Van Lange, P. A. M. , 2008, "No control, no drive: How noise may undermine conservation behavior in a commons dilemma", *European Journal of Social Psychology*, 38, 810 – 822.

[144] Brunetti, A. , & Weder, B. , 2003, "A free press is bad news for corruption", *Journal of Public economics*, 87 (7), 1801 – 1824.

[145] Bruni, L. , & Sugden, R. , 2007, "The road not taken: how psychology was removed from economics, and how it might be brought back", *The Economic Journal*, 117 (516), 146 – 173.

[146] Brunnermeier, M. K. , and J. A. Parker, 2005, "Optimal expectations", *American Economic Review*, 95, 1092 – 1118.

[147] Buckholtz, J. W. , and R. Marois, 2012, "The roots of modern justice: Cognitive and neural foundations of social norms and their enforcement", *Nature Neuroscience*, 15: 655 – 661.

[148] Budescu, D. V. , Rapoport, A. , & Suleiman, R. , 1990, "Re-

source dilemmas with environmental uncertainty and asymmetric players", *European Journal of Social Psychology*, 20, 475 –487.

[149] Burguet, R., Ganuza, J. J., & Montalvo, J. G., 2018, "The microeconomics of corruption", *Handbook of Game Theory and Industrial Organization*, *Volume II*: *Applications*, 2, 420.

[150] Burlando, R., & Guala, F., 2005, "Heterogeneous agents in public goods experiments", *Experimental Economics*, 8 (1), 35 –54.

[151] Buss, D. M. (2005), "Handbook of evolutionary psychology", Hoboken, NJ: Wiley.

[152] Butterfield, K. D., Trevino, L. K., and Ball, G. A., 1997, "Punishment from the manager's perspective: A grounded investigation and inductive model", *Academy of Management Journal*, 39, 1479 –1512.

[153] Cadot, O., 1987, "Corruption as a Gamble", *Journal of Public Economics*, 33 (2): 223 –244.

[154] Camerer, C. F., and E. Fehr, 2006, "When Does Economic Man Dominate Social Behavior?", *Science*, 311: 47 –52.

[155] Camerer, C. F., & Ho, T. H., 2015, "Behavioral game theory, experiments and modeling", *Handbook of game theory*, 4, 517 –574.

[156] Camerer, C. F., Ho, T. H., & Chong, J. K., 2004, "A cognitive hierarchy model of games", *The Quarterly Journal of Economics*, 119 (3), 861 –898.

[157] Campante, F. R., Chor, D., & DO, Q. A., 2009, "Instability and the Incentives for Corruption", *Economics & Politics*, 21 (1), 42 –92.

[158] Campbell, D. P. 2002. Campbell Leadership Descriptor: Facilitator's guide. San Francisco: Jossey – Bass.

[159] Campbell, W. K., Bush, C. P., & Brunell, A. B., 2005, "Understanding the social costs of narcissism: The case of the tragedy of the commons", *Personality and Social Psychology Bulletin*, 31, 1358 –1368.

[160] Caplin, A., and J. Leahy, 2001, "Psychological Expected Utility Theory and Anticipatory Feelings", *Quarterly Journal of Economics*, 55 –79.

[161] Caplin, A., and J. Leahy, 2004, "The Supply of Information By a Concerned Expert", *Economic Journal*, 114, 487 –505.

[162] Caplin, A., & Dean, M., 2015, "Revealed Preference, Ration-

al Inattention, and Costly Information Acquisition", *American Economic Review*, 105 (7), 2183 – 2203.

[163] Cappelen, A. W., Hole, A. D., Sørensen, E. Ø., & Tungodden, B., 2007, "The pluralism of fairness ideals: An experimental approach", *The American Economic Review*, 97 (3), 818 – 827.

[164] Card, D., & Dahl, G. B., 2011, "Family violence and football: The effect of unexpected emotional cues on violent behavior", *The Quarterly Journal of Economics*, qjr001.

[165] Cardella, E., 2012, "Exploiting the Guilt Aversion of Others – Do Agents do it and is it Effective?", Available at SSRN: http: //ssrn. com/abstract = 2136514.

[166] Carlsmith, Kevin M., Darley, John M. and Robinson, Paul H., 2002, "Why Do We Punish? Deterrence and Just Deserts as Motives for Punishment", *Journal of Personality and Social Psychology*, 83 (2), 284 – 299.

[167] Cavalli – Sforza, L. L. and M. W. Feldman, 1981, Culture Transmission and Evolution, Princeton, NJ: Princeton University Press.

[168] Chang, L. J., Smith, A., Dufwenberg, M., & Sanfey, A. G., 2011, "Triangulating the neural, psychological, and economic bases of guilt aversion", *Neuron*, 70 (3), 560 – 572.

[169] Charness, G., and M. Dufwenberg, 2010, "Bare Promises: An Experiment", *Economics Letters*, 107, 281 – 283.

[170] Charness, G., and M. Dufwenberg, 2011, "Participation", *American Economic Review*, 101 (4), 1211 – 1237.

[171] Charness, G., and M. Dufwenberg, 2006, "Promises and Partnership", *Econometrica*, 74 (6): 1579 – 1601.

[172] Charness, G., and M. Dufwenberg, 2002, "Understanding Social Preferences with Simple Tests", *Quarterly Journal of Economics*, 117 (3): 817 – 869.

[173] Charness, Gary & Yang, Chun – Lei, 2014, "Starting small toward voluntary formation of efficient large groups in public goods provision", *Journal of Economic Behavior & Organization*, Elsevier, 102 (C): 119 – 132.

[174] Charness, G., 2004, "Attribution and Reciprocity in A Simulated Labor Market: An Experimental Investigation", *Journal of Labour Economics*,

22, 665 – 688.

[175] Charness, G. , & Kuhn, P. , 2011, "Lab labor: What can labor economists learn from the lab?", *Handbook of labor economics*, 4, 229 – 330.

[176] Charness, G. , & Rabin, M. , 2002, "Understanding social preferences with simple tests", *The Quarterly Journal of Economics*, 117 (3), 817 – 869.

[177] Chaudhuri, A. , Graziano, S. , & Maitra, P. , 2006, "Social learning and norms in a public goods experiment with inter-generational advice", *The Review of Economic Studies*, 73 (2), 357 – 380.

[178] Chaudhuri, A. , 2011, "Sustaining cooperation in laboratory public goods experiments: A selective survey of the literature", *Experimental Economics*, 14, 47 – 83.

[179] Chudek, M. , & Henrich, J. , 2011, "Culture-gene coevolution, norm-psychology and the emergence of human prosociality", *Trends in cognitive sciences*, 15 (5), 218 – 226.

[180] Cinyabuguma, M. , Page, T. , & Putterman, L. , 2006, "Cooperation under the threat of expulsion in a public goods experiment", *Journal of Public Economics*, 89, 1421 – 1435.

[181] Cohen, J. Y. , Haesler, S. , Vong, L. , Lowell, B. B. , & Uchida, N. , 2012, "Neuron-type-specific signals for reward and punishment in the ventral tegmental area", *Nature*, 482 (7383), 85 – 88.

[182] Cohn, A. , & Maréchal, M. A. , 2018, "Laboratory measure of cheating predicts school misconduct", *The Economic Journal*, 128 (615), 2743 – 2754, 1081 – 1100.

[183] Colman, A. M. , 2003, "Cooperation, Psychological Game Theory, and Limitations of Rationality in Social Interaction", *Behavioral and Brain Sciences*, 26 (2), 139 – 153.

[184] Colman, A. M. , 2006, "The Puzzle of Cooperation", *Nature*, 440: 744 – 745.

[185] Compte, O. , and A. Postlewaite, 2004, "Confidence – Enhanced Performance", *American Economic Review*, 94 (5), 1536 – 1557.

[186] Costa – Gomes, M. , and G. Weizsacker, 2006, "Stated Beliefs and Play in Normal – Form Game", Review of Economic Studies, 75 (3): 729 – 762.

［187］Couzin, I. D. , Krause, J. , Franks, N. R. , & Levin, S. A. , 2005, "Effective leadership and decision making in animal groups on the move", *Nature*, 434, 513 – 516.

［188］Craig, A. B. , 2009, "How do you feel——now? The anterior insula and human awareness", *Nature Reviews Neuroscience*, （10）, 59 – 70.

［189］Craig AD. , 2002, "How do you feel? Interoception: the sense of the physiological condition of the body", *Nat. Rev. Neurosci*, 3, 655 – 666.

［190］Cress, U. , & Kimmerle, J. , 2007, "Guidelines and feedback in information exchange: The impact of behavioral anchors and descriptive norms in a social dilemma", *Group Dynamics*, 11, 42 – 53.

［191］Critchley, H. D. , 2005, "Neural mechanisms of autonomic, affective, and cognitive integration", *Journal of Comparative Neurology*, 493 （1）, 154 – 166.

［192］Crockett, M. J. , Apergis – Schoute, A. , Herrmann, B. , Lieberman, M. D. , Müller, U. , Robbins, T. W. , & Clark, L. , 2013, "Serotonin modulates striatal responses to fairness and retaliation in humans", *The Journal of Neuroscience*, 33 （8）, 3505 – 3513.

［193］Crockett MJ, Clark L, Tabibnia G, Lieberman MD, Robbins TW. , 2008, "Serotonin modulates behavioral reactions to unfairness", *Science*, 320, 1739.

［194］Croson, R. , and M. Miller, 2004, "Explaining the Relationship between Actions and Beliefs: Projection vs. Reaction", Mimeo, Available at: http://cbees. utdallas. edu/papers/07 – 02. pdf.

［195］Croson, R. , 2007, "Theories of Commitment, Altruism and Reciprocity: Evidence from Linear Public Goods Games", *Economic Inquiry*, 45, 199 – 216.

［196］Cubitt, R. , M. Drouvelis, and S. Gächter, 2011, "Framing and free riding: Emotional responses and punishment in social dilemma games", *Experimental Economics*, 14, 254 – 272.

［197］Cubitt, R. , M. Drouvelis, S. Gächter, and R. Kabalin, 2011, "Moral judgments in social dilemmas: How bad is free riding?", *Journal of Public Economics*, 95, 253 – 264.

［198］Currie, J. , Lin, W. , & Meng, J. , 2013, "Social networks and externalities from gift exchange: Evidence from a field experiment", *Journal of public economics*, 107, 19 – 30.

[199] Dabbs, J., & Hargrove, M. F., 1997, "Age, testosterone, and behavior among female prison inmates", *Psychosomatic Medicine*, 59 (5), 477 – 480.

[200] D'Adda, G., 2017, "Relative social status and conformism: experimental evidence on local public good contributions", *Economics letters*, 157, 31 – 35.

[201] Dai, Z., Galeotti, F., & Villeval, M. C., 2017, "Cheating in the lab predicts fraud in the field: An experiment in public transportation", *Management Science*, 64 (3).

[202] Dalgleish, T., 2004, "The emotional brain", *Nature Reviews Neuroscience*, 5 (7), 583 – 589.

[203] Damasio AR., 1994, Descartes' Error: Emotion, Reason, and the Human Brain. New York: Putnam.

[204] Dana, Jason, Roberto Weber and Jason Xi Kuang, 2007, "Exploiting Moral Wiggle Room: Experiments Demonstrating and Illusory Preference for Fairness", *Economic Theory*, 33 (1): 67 – 80.

[205] Dana, J., D. Cain, and R. Dawes, 2006, "What You Don't Know Won't Hurt Me: Costly (but Quiet) Exit in Dictator Games", *Organizational Behavior and Human Decision Processes*, 100 (2): 193 – 201.

[206] Darley, J. M., Carlsmith, K. M., and Robinson, P. H., 2001, "The exante function of the criminal law", *Law and Society Review*, 35, 701 – 726.

[207] Darwin, C., 1871, "The descent of man", London: Appleton.

[208] Dawes, C. T., Loewen, P. J., Schreiber, D., Simmons, A. N., Flagan, T., McElreath, R., et al. & Paulus, M. P., 2012, "Neural basis of egalitarian behavior", *Proceedings of the National Academy of Sciences*, 109 (17), 6479 – 6483.

[209] Dawes, R., McTavish, J., & Shaklee, H., 1977, "Behavior, communication and assumptions about other people's behavior in a common dilemma situation", *Journal of Personality and Social Psychology*, 35, 1 – 11.

[210] Dawes, Robyn M., 1980, "Social Dilemmas", *Annual Review of*

*Psychology*, 31: 169 – 193.

[211] Dawkins, R., 1976, The selfish gene. Oxford, England: Oxford University Press.

[212] Decety, J., & Lamm, C., 2007, "The role of the right temporoparietal junction in social interaction: how low-level computational processes contribute to meta-cognition", The Neuroscientist.

[213] De Cremer, D., 2006a, "Affective and motivational consequences of leader self-sacrifice: The moderating effect of autocratic leadership", *Leadership Quarterly*, 17 (1), 79 – 93.

[214] De Cremer, D., 2006b, "When authorities influence followers' affect: The interactive effect of procedural justice and transformational leadership", *European Journal of Work and Organizational Psychology*, 15 (3), 322 – 351.

[215] De Cremer, D., 2003, "How self-conception may lead to inequality: Effect of hierarchical roles on the equality rule in organizational resource-sharing tasks", *Group & Organization Management*, 28 (2), 282 – 302.

[216] De Cremer, D., & Leonardelli, G., 2003, "Cooperation in social dilemmas and the need to belong: the moderating effect of group size", *Group Dynamics: Theory, Research, and Practice*, 7, 168 – 174.

[217] De Cremer, D., & Van Dijk, E., 2008, "Leader-follower effects in resource dilemmas: The roles of leadership selection and social responsibility", *Group Processes & Intergroup Relations*, 11, 355 – 369.

[218] De Cremer, D., & Van Dijk, E., 2005, "When and why leaders put themselves first: Leader behaviour in resource allocations as a function of feeling entitled", *European Journal of Social Psychology*, 35 (4), 553 – 563.

[219] De Dreu, C. K., Greer, L. L., Van Kleef, G. A., Shalvi, S., & Handgraaf, M. J., 2011, "Oxytocin promotes human ethnocentrism", *Proceedings of the National Academy of Sciences*, 108 (4), 1262 – 1266.

[220] De Dreu, C. K. W., & McCusker, C., 1997, "Gain-loss frames and cooperation in two-person social dilemmas: A transformational analysis", *Journal of Personality and Social Psychology*, 72, 1093 – 1106.

[221] De Hooge, I. E., Breugelmans, S. M., & Zeelenberg, M., 2008, "Not so ugly after all: When shame acts as a commitment device", *Journal of Personality and Social Psychology*, 95, 933 – 943.

［222］ De Kwaadsteniet, E. W. , Van Dijk, E. , Wit, A. , & De Cremer, D. , 2006, "Social dilemmas as strong versus weak situations: Social value orientations and tacit coordination under resource uncertainty", *Journal of Experimental Social Psychology*, 42, 509 – 516.

［223］ Delia Baldassarri and Guy Grossman, 2011, "Centralized sanctioning and legitimate authority promote cooperation in humans", *Proceedings of the National Academy of Sciences of the United States of America*, 108, 11023 – 11027.

［224］ DellaVigna, S. , 2009, "Psychology and economics: Evidence from the field", *Journal of Economic literature*, 47 (2), 315 – 372.

［225］ Denant – Boemont, L. , Masclet, D. , & Noussair, C. N. , 2007, "Punishment, counterpunishment and sanction enforcement in a social dilemma experiment", *Economic theory*, 33 (1), 145 – 167.

［226］ De Quervain Dominique J. – F. , U. Fischbacher, V. Treyer, M. Schellhammer, U. Schnyder, A. Buck and E. Fehr, 2004, "The Neural Basis of Altruistic Punishment", *Science*, 305, 1254 – 1258.

［227］ Dewitte, S. , & De Cremer, D. , 2001, "Self-control and cooperation: Different concepts, similar decisions? A question of the right perspective", *Journal of Psychology: Interdisciplinary and Applied*, 135, 133 – 143.

［228］ Dimant, E. , & Schulte, T. , 2016, "The nature of corruption: An interdisciplinary perspective", *German Law Journal*, 17 (1).

［229］ Dimant, E. , & Tosato, G. , 2018, "Causes and effects of corruption: what has past decade's empirical research taught us? A survey", *Journal of Economic Surveys*, 32 (2), 335 – 356.

［230］ Ditzen B, Schaer M, Gabriel B, Bodenmann G, Ehlert U, Heinrichs M. , 2009, "Intranasal oxytocin increases positive communication and reduces cortisol levels during couple conflict", *Biol. Psychiatry*, 65, 728 – 731.

［231］ Djankov, S. , McLiesh, C. , Nenova, T. , & Shleifer, A. , 2003, "Who Owns the Media?", *Journal of Law and Economics*, 46 (2), 341 – 382.

［232］ Doebeli, M. , Hauert, C. & Killingback, T. , 2004, "The evolutionary origin of cooperators and defectors", *Science*, 306, 859 – 862.

［233］ Domes G, Heinrichs M, Glascher J, Buchel C, Braus DF, Herpertz SC, 2007, "Oxytocin attenuates amygdale responses to emotional faces regardless of valence", *Biol. Psychiatry*, 62, 1187 – 1190.

［234］Domes G, Lischke A, Berger C, Grossmann A, Hauenstein K, et al. , 2010, "Effects of intranasal oxytocin on emotional face processing in women", *Psychoneuroendocrinology*, 35, 83 –93.

［235］Dong, B. , Dulleck, U. , & Torgler, B. , 2012, "Conditional Corruption", *Journal of Economic Psychology*, 33 (3), 609 –627.

［236］Drugov, M. , Hamman, J. , & Serra, D. , 2014, "Intermediaries in corruption: An experiment", *Experimental Economics*, 17 (1), 78 –99.

［237］Dufwenberg, M. , and G. Kirchsteiger, 2004, "A Theory of Sequential Reciprocity", *Games and Economic Behavior*, 47 (1), 268 –298.

［238］Dufwenberg, M. , and U. Gneezy, 2000, "Measuring Beliefs in an Experimental Lost Wallet Game", *Games & Economic Behavior*, 30 (2), 163 –182.

［239］Dufwenberg, M. , 2002, "Marital investments, time consistency, and emotions", *Journal of Economic Behavior and Organization*, 48, 57 –69.

［240］Dufwenberg, M, S. Gächter and H. Hennig –Schmidt, 2011, "The Framing of Games and the Psychology of Play", *Games and Economic Behavior*, 73, 459 –478.

［241］Dunbar, R. I. M. , 2004, Grooming, gossip, and the evolution of language. London: Faber & Faber.

［242］Eagly, A. H. , & Johnson, B. T. , 1990, "Gender and leadership style: A meta-analysis", *Psychological Bulletin*, 108, 233 –256.

［243］Eagly, A. H. , & Karau, S. J. , 2002, "Role congruity theory of prejudice toward female leaders", *Psychological Review*, 109, 573 –598.

［244］Eckel, C. and P. Grossman, 2008, "Forecasting Risk Attitudes: An Experimental Study Using Actual and Forecast Gamble Choices", *Journal of Economic Behavior and Organization*, 68 (1), 1 –17.

［245］Eckel, C. and P. Grossman, 2002, "Sex Differences and Statistical Stereotyping in Attitudes Toward Financial Risk", *Evolution and Human Behavior*, 23 (4), 281 –295.

［246］Edney, Julian, 1979, "Freeriders en Route to Disaster", *Psychology Today*, 13 (December), 80 –102.

［247］Egas, M. , & Riedl, A. , 2008, "The economics of altruistic punishment and the maintenance of cooperation", *Proceedings of the Royal Society B*:

*Biological Sciences*, 275 (1637), 871 – 878.

[248] Eisenberger NI, Lieberman MD, Williams KD. , 2003, "Does rejection hurt? An FMRI study of social exclusion", *Science*, 302, 290 – 292.

[249] Eisenegger, C. , Knoch, D. , Ebstein, R. P. , Gianotti, L. R. , Sa'ndor, P. S. , Fehr, E. , 2010, "Dopamine receptor D4 polymorphism predicts the effect of L – DOPA on gambling behavior", *Biological Psychiatry*, 67 (8), 702 – 706.

[250] Eisenegger C, Naef M, Snozzi R, Heinrichs M, Fehr E. , 2010, "Prejudice and truth about the effect of testosterone on human bargaining behaviour", *Nature*, 463, 356 – 359.

[251] Ellingsen, T. , and M. Johannesson, 2007, "Paying Respect", *Journal of Economic Perspectives*, 21 (4), 135 – 150.

[252] Ellingsen, T. , and M. Johannesson, 2008, "Pride and Prejudice: The Human Side of Incentive Theory", *American Economic Review*, 98 (3), 990 – 1008.

[253] Ellingsen, T. , M. Johannesson, S. TjØtta, and G. Torsvik, 2010, "Testing Guilt Aversion", *Games and Economic Behavior*, 68 (1), 95 – 107.

[254] Elster, J. , 1998, "Emotions and Economic Theory", *Journal of Economic Literature*, 36, (1), 47 – 74.

[255] Engel, C. , 2011, "Dictator games: A meta study", *Experimental Economics*, 14, 583 – 610.

[256] Engel, C. , Goerg, S. J. , & Yu, G. , 2016, "Symmetric vs. asymmetric punishment regimes for collusive bribery", *American Law and Economics Review*, 18 (2), 506 – 556.

[257] Enste, D. , & Heldman, C. , 2017, *Causes and consequences of corruption: An overview of empirical results* (No. 2/2017). IW – Report.

[258] Epitropaki, O. & Martin, R. , 2004, "Implicit leadership theories in applied settings: Factor structure, generalizability and stability over time", *Journal of Applied Psychology*, 89, 293 – 310.

[259] Falk, A. , and U. Fischbacher, 2006, "A theory of reciprocity", *Games and Economic Behavior*, 54, 293 – 315.

[260] Falk, A. , E. Fehr, and U. Fischbacher, 2008, "Testing Theories of Fairness: Intentions Matter", *Games and Economic Behavior*, 62, 287 – 303.

［261］Fan, C. S. , Lin, C. , Treisman, D. , 2009, "Political Decentralization and Corruption: Evidence from around the World", *Journal of Public Economics*, 93 (1/2), 14 – 34.

［262］Fast, N. J. , & Chen, S. , 2009, "When the boss feels inadequate: Power, incompetence, and aggression", *Psychological Science*, 20 (11), 1406 – 1413.

［263］Fehr, E. , and K. Schmidt, 1999, "A Theory of Fairness, Competition, and Cooperation", *Quarterly Journal of Economics*, 114 (3), 817 – 868.

［264］Fehr, E. and Rockenbach, B. , 2003, "Detrimental Effects of Sanctions on Human Altruism", *Nature*, 422, 137 – 140.

［265］Fehr, E. , and S. Gächter, 2002, "Altruistic Punishment in Humans", *Nature*, 415, 137 – 140.

［266］Fehr, E. , and U. Fischbacher, 2004, "Social norms and human cooperation", *TRENDS in Cognitive Sciences*, 8, 185 – 190.

［267］Fehr, E. , and U. Fischbacher, 2003, "The Nature of Human Altruism", *Nature*, 425, 785 – 791.

［268］Fehr, E. , & Camerer, C. F. , 2007, "Social neuroeconomics: the neural circuitry of social preferences", *Trends in cognitive sciences*, 11 (10), 419 – 427.

［269］Fehr, E. , & Gächter, S. , 2000, "Cooperation and punishment in public goods experiments", *American Economic Review*, 90 (4), 980 – 994.

［270］Fehr, E. , Kirchsteiger, G. , & Riedl, A. , 1993, "Does fairness prevent market clearing? An experimental investigation", *The Quarterly Journal of Economics*, 437 – 459.

［271］Ferejohn, J. , 1986, "Incumbent performance and electoral control", *Public choice*, 50 (1), 5 – 25.

［272］Fernanda R. M. & M. Sutter, 2011, "The benefits of voluntary leadership in experimental public goods games", *Economics Letters*, 112, 176 – 178.

［273］Ferraz, C. , and Finan, F. , 2011, "Electoral Accountability and Corruption: Evidence from the Audits of Local Governments", *The American Economic Review*, 101 (4), 1274 – 1311.

［274］Ferraz, C. , & Finan, F. , 2008, "Exposing corrupt politicians: The effects of Brazil's publicly released audits on electoral outcomes", *The Quar-

*terly Journal of Economics*, 123 (2), 703 – 745.

[275] Figuieres, C., Masclet, D., & Willinger, M., 2012, "Vanishing leadership and declining reciprocity in a sequential contribution experiment", *Economic Inquiry*, 50 (3), 567 – 584.

[276] Fischbacher, U., Gächter, S., & Fehr, E., 2001, "Are people conditionally cooperative? Evidence from a public goods experiment", *Economics Letters*, 71 (3), 397 – 404.

[277] Fischbacher, U., & Gächter, S., 2009, "On the behavioral validity of the strategy method in public good experiments", Discussion Paper No. 2009 – 2025, Centre for Decision Research and Experimental Economics, University of Nottingham.

[278] Fischbacher, U., & Gächter, S., 2010, "Social preferences, beliefs, and the dynamics of free riding in public good experiments", *American Economic Review*, 100 (1), 541 – 556.

[279] Fischbacher, U., 2007, "z – Tree: Zurich Toolbox for Ready – Made Economic Experiments", Experimental economics, 10 (2): 171 – 178.

[280] Fischer, P., & Huddart, S., 2008, "Optimal Contracting with Endogenous Social Norms", *American Economic Review*, 98 (4), 1459 – 1475.

[281] Fisman, R. and J. Svensson, 2007, "Are corruption and taxation really harmful to growth? Firm level evidence", *Journal of Development Economics*, 83, 63 – 75.

[282] Fisman, R., & Gatti, R., 2002, "Decentralization and Corruption: Evidence across Countries", *Journal of Public Economics*, 83 (3), 325 – 345.

[283] Fisman, R., Shi, J., Wang, Y., & Xu, R., 2018, "Social ties and favoritism in Chinese science", *Journal of Political Economy*, 126 (3), 1134 – 1171.

[284] Fliessbach, K., Weber, B., Trautner, P. et al., 2007, "Social comparison affects reward-related brain activity in the human ventral striatum", *Science*, 318, 1305 – 1308.

[285] Forsythe, R., Horowitz, J. L., Savin, N. E., & Sefton, M., 1994, "Fairness in simple bargaining experiments", *Games and Economic behavior*, 6 (3), 347 – 369.

[286] Foss, N. J., 2001, "Leadership, beliefs and coordination: An ex-

plorative discussion", *Industrial and Corporate Change*, 10 (2), 357 – 388.

［287］Fowler, J. H. , 2005a, "Second-order Free-riding Problem Solved?", *Nature*, 437 (7058), E8 – E8.

［288］Fowler, J. H. , 2005b, "Altruistic Punishment and the Origin of Cooperation", *Proceedings of the National Academy of Sciences*, 102, 7047 – 7049.

［289］Frank, B. , Lambsdorff, J. G. , and Boehm, F. , 2011, "Gender and corruption: Lessons from laboratory corruption experiments", *European Journal of Development Research*, 23 (1), 59 – 71.

［290］Frith, C. D. , & Frith, U. , 2007, "Social cognition in humans", *Current Biology*, 17 (16), R724 – R732.

［291］Fudenberg, D. , & Levine, D. K. , 2006, "A dual-self model of impulse control", *The American Economic Review*, 96 (5), 1449 – 1476.

［292］Fudenberg, D. & Maskin, E. S. , 1986, "The folk theorem in repeated games with discounting or with incomplete information", *Econometrica*, 54, 533 – 554.

［293］Gabaix, X. , 2014, "A sparsity-based model of bounded rationality", *The Quarterly Journal of Economics*, 129 (4), 1661 – 1710.

［294］Gachter, S. , Nosenzo, D. , Renner, E. , & Sefton, M. , 2012, "Who Makes a Good Leader? Cooperativeness, Optimism, and Leading – By – Example", *Economic Inquiry*, 50 (4), 953 – 967.

［295］Gachter, S. , Renner, E. and Sefton, M. , 2008, "The Long – Run Benefits of Punishment", *Science*, 322, 1510 – 1512.

［296］Gangestad, S. W. , & Simpson, J. A. , 2000, "On the evolutionary psychology of human mating: Trade-offs and strategic pluralism", *Behavioral and Brain Sciences*, 23, 573 – 587.

［297］Gächter, S. , and E. Renner, 2010, "The Effects of ( Incentivized) Belief Elicitation in Public Good Experiments", *Experimental Economics*, 13, 364 – 377.

［298］Gächter, S. , B. Herrmann, 2009, "Reciprocity, Culture, and Human Cooperation: Previous Insights and A New Cross-cultural Experiment", *Philos. Trans. Roy. Soc. B – Biol. Sci.* , 364, 791 – 806.

［299］Gächter, S. , & Hermann, B. , 2009, "Reciprocity, culture and human cooperation: previous insights and a new cross cultural experiment", *Phil-*

osophical Transactions of the Royal Society B, 364, 791 – 806.

[300] Gächter, S. , & Schultz, J. F. , 2016, "Intrinsic honesty and the prevalence of rule violations across societies", Nature, 531 (24), 496 – 499

[301] Gächter, S. , & Thöni, C. , 2005, "Social learning and voluntary cooperation among like-minded people", Journal of the European Economic Association, 3 (2 – 3), 303 – 314.

[302] Geanakoplos, J. , D. Pearce, and E. Stacchetti, 1989, "Psychological Games and Sequential Rationality", Games and Economic Behavior, 1 (1), 60 – 80.

[303] Gerlach, P. , Teodorescu, K. , & Hertwig, R. , 2019, "The truth about lies: A meta-analysis on dishonest behavior", Psychological bulletin, 145 (1), 1.

[304] Ghirardato, P. , Maccheroni, F. , & Marinacci, M. , 2004, "Differentiating ambiguity and ambiguity attitude", Journal of Economic Theory, 118 (2), 133 – 173.

[305] Gibson CC, Marks SA, 1995, "Transforming rural hunters into conservationists: An assessment of community-based wildlife management programs in Africa", World Dev, 23, 941 – 957.

[306] Gilboa, I. , and D. Schmeidler, 1988, "Information Dependent Games: Can Common Sense Be Common Knowledge?", Economics Letters, 27, 215 – 221.

[307] Gilboa, I. , & Schmeidler, D. , 1989, "Maxmin expected utility with non-unique prior", Journal of mathematical economics, 18 (2), 141 – 153.

[308] Gill, D. , and V. Prowse, 2012, "A Structural Analysis of Disappointment Aversion in a Real Effort Competition", American Economic Review, 102 (1), 469 – 503.

[309] Gino, F. , & Ariely, D. , 2016, "Dishonesty explained: what leads moral people to act immorally", The social psychology of good and evil, 322 – 344.

[310] Gino, F. , Norton, M. I. , & Weber, R. A. , 2016, "Motivated Bayesians: Feeling moral while acting egoistically", The Journal of Economic Perspectives, 30 (3), 189 – 212.

[311] Gintis, H. , 2007, "A framework for unifying the behavioral sciences", Behavioral and Brain Sciences, 30, 1 – 16.

［312］Gintis H. , E. A. Smith and S. Bowles, 2001, "Costly Signaling and Cooperation", *Journal of Theoretical Biology*, 213, 103 – 119.

［313］Gintis, H. , S. Bowles, R. Boyd, and E. Fehr, Eds. 2005, Moral sentiments and material interests. The foundations of cooperation in economic life, Cambridge：MIT Press.

［314］Gintis, H. , 2000, "Strong reciprocity and human sociality", *Journal of Theoretical Biology*, 206 (2), 169 – 179.

［315］Gintis, H. , 2004, "Towards the Unity of the Human Behavioral Sciences", *Politics, Philoso phy & Economics*, 3 (1), 37 – 57.

［316］Glimcher, P. W. , Camerer, C. , & Fehr, E. , & Poldrack, R. A. , 2008, Neuroeconomics：Decision making and the brain, Elsevier, New York.

［317］Glimcher, P. W. , C. F. Camerer, E. Fehr, and R. A. Poldrack, Eds. 2009, Neuroeconomics. Decision making and the brain, Amsterdam：Elsevier.

［318］Glimcher, P. W. , & Fehr, E. (Eds. )., 2013, Neuroeconomics：Decision making and the brain, Academic Press.

［319］Gneezy, U. , 2005, "Deception：The role of consequences", American Economic Review, 95, 1, 384 – 394.

［320］Gneezy, U. , Imas, A. , & Madarász, K. , 2014, "Conscience accounting：Emotion dynamics and social behavior", *Management Science*, 60 (11), 2645 – 2658.

［321］Gneezy, U. , Saccardo, S. , & Van Veldhuizen, R. , 2019, "Bribery：Behavioral Drivers of Distorted Decisions", J*ournal of the European Economic Association*, 17 (3), 917 – 946.

［322］Goel, R. K. & Nelson, M. A. , 2010, "Causes of corruption：History, geography and government", *Journal of Policy Modeling*, 32, 433 – 447.

［323］Golman, R. , Loewenstein, G. , & Gurney, N. , 2015, Information gaps for risk and ambiguity.

［324］Gospic, K. , Mohlin, E. , Fransson, P. , Petrovic, P. , Johannesson, M. , & Ingvar, M. , 2011, "Limbic justice—amygdala involvement in immediate rejection in the ultimatum game", *PLoS biology*, 9 (5), e1001054.

［325］Greif, A. , 1993, "Contract Enforceability and Economic Institutions in Early Trade: The Magrhibi Traders Coalition", *American Economic Review*, 83, 525 –548.

[326] Greif, A. , 1994, "Cultural Beliefs and the Organization of Society: A Historical and Theoretical Reflection on Collectivist and Individualist Societies", *Journal of Political Economy*, 102 (5), 912 –950.

[327] Greif A, Milgrom P, Weingast BR, 1994, "Coordination, Commitment, and Enforcement: The Case of the Merchant Guild", *Journal of Political Economy*, 102, 745 –776.

[328] Greiner, B. , W. Güth, and R. Zultan, 2012, "Social Communication and Discrimination: A Video Experiment", *Experimental Economics*, 15, 398 –417.

[329] Gürerk, Ö. , Irlenbusch, B. and Rockenbach, B. , 2006, "The competitive advantage of sanctioning institutions", *Science*, 312, 108 –111.

[330] Griffin, A. S. , West, S. A. , & Buckling, A. , 2004, "Cooperation and competition in pathogenic bacteria", *Nature*, 430 (7003), 1024 –1027.

[331] Güroğlu, B. , Van den Bos, W. , Rombouts, S. A. , & Crone, E. A. , 2010, "Unfair? It depends: neural correlates of fairness in social context", *Social Cognitive and Affective Neuroscience*, nsq013.

[332] Güroğlu, B. , Van den Bos, W. , Van Dijk, E. , Rombouts, S. A. , & Crone, E. A. , 2011, "Dissociable brain networks involved in development of fairness considerations: understanding intentionality behind unfairness", *Neuroimage*, 57 (2), 634 –641.

[333] Grossman, G. , & Baldassarri, D. , 2012, "The impact of elections on cooperation: evidence from a lab-in-the-field experiment in Uganda", *American Journal of Political Science*, 56 (4), 964 –985.

[334] Grossman, Sanford J. , and Oliver D. Hart, 1980, "Takeover Bids, the Free – Rider Problem, and the Theory of the Corporation", *Bell Journal of Economics*, ll: 42 –64.

[335] Gruber, J. , & Köszegi, B. , 2001, "Is addiction 'rational'? Theory and evidence", *The Quarterly Journal of Economics*, 116 (4), 1261 –1303.

[336] Güth, W. , Schmittberger, R. , & Schwarze, B. , 1982, "An experimental analysis of ultimatum bargaining", *Journal of economic behavior & organization*, 3 (4), 367 –388.

［337］Guerra, G. , and D. J. Zizzo, 2004, "Trust Responsiveness and Beliefs", *Journal of Economic Behavior and Organization*, 55, 25–30.

［338］Gunnthorsdottir, A. , Houser, D. , & McCabe, K. , 2007, "Disposition, history and contributions in public goods experiments", *Journal of Economic Behavior & Organization*, 62（2）, 304–315.

［339］Gunnthorsdottir, A. , & Rapoport, A. , 2006, "Embedding social dilemmas in intergroup competition reduces free-riding", *Organizational Behavior and Human Decision Processes*, 101, 184–199.

［340］Gupta, S. , Davoodi, H. , & Alonso–Terme, R. , 2002, "Does corruption affect income inequality and poverty?", *Economics of Governance*, 3（1）, 23–45.

［341］Guth, W, Levati MV, Sutter M, Van der Heijden E, 2007, "Leading by example with and without exclusion power in voluntary contribution experiments", *Journal of Public Economics*, 91, 1023–1042.

［342］Gu, Z. , Li, Z. , Yang, Y. G. , & Li, G. , 2018, "Friends in Need are Friends Indeed: An Analysis of Social Ties between Financial Analysts and Mutual Fund Managers", *The Accounting Review*.

［343］Haigner, S. , Wakolbinger, F. , 2010, "To lead or not to lead? Endogenous sequencing in public goods games", *Economics Letters*, 108, 93–95.

［344］Hamburger, Henry, Melvin Guyer, and John Fox, 1975, "Group size and cooperation", *Journal of Conflict Resolution*, 19, 503–531.

［345］Hamilton, W. D. , 1963, "The evolution of altruistic behavior", *American Naturalist*, 97, 354–356.

［346］Hamilton, W. D. , 1964, "The genetical evolution of social behaviour. II. ", *Journal of Theoretical Biology*, 7（1）, 17–52.

［347］Hanna, R. , & Wang, S. Y. , 2017, "Dishonesty and selection into public service: Evidence from India", *American Economic Journal: Economic Policy*, 9（3）, 262–290.

［348］Harbaugh, W. T. , Mayr, U. , & Burghart, D. R. , 2007, "Neural responses to taxation and voluntary giving reveal motives for charitable donations", *Science*, 316（5831）, 1622–1625.

［349］Hardin, G. , 1968, "The tragedy of the commons", *Science*, 162（3859）, 1243–1248.

［350］Hardy, C. , & Van Vugt, M. , 2006, "Nice guys finish first: The competitive altruism hypothesis", *Personality and Social Psychology Bulletin*, 32, 1402 – 1413.

［351］Hare, T. A. , Camerer, C. F. , Knoepfle, D. T. , O'Doherty, J. P. , & Rangel, A. , 2010, "Value computations in ventral medial prefrontal cortex during charitable decision making incorporate input from regions involved in social cognition", *The Journal of Neuroscience*, 30 (2), 583 – 590.

［352］Hare, T. A. , Camerer, C. F. , Rangel, A. , 2009, "Self_control in decision making involves modulation of the vmPFC valuation system", *Science*, 324 (5927), 646 – 648.

［353］Hart, D. , & Sussman, R. W. , 2005, Man the hunted: primates, predators, and human evolution, Basic Books.

［354］Haruno M, Frith CD. , 2010, "Activity in the amygdala elicited by unfair divisions predicts social value orientation", *Nat. Neurosci*, 13, 160 – 161.

［355］Hauert, C. , De Monte, S. , Hofbauer, J. , Sigmund, K. , 2002, "Volunteering as red queen mechanism for cooperation in public goods games", *Science*, 296, 1129 – 1132.

［356］Hauert, C. , Michor, F. , Nowak, M. A. , & Doebeli, M. , 2006, "Synergy and discounting of cooperation in social dilemmas", *Journal of Theoretical Biology*, 239 (2), 195 – 192.

［357］Hauert, C. , Traulsen, A. , Brandt, H. , Nowak, M. A. , Sigmund, K. , 2007, "Via freedom to coercion: the emergence of costly punishment", *Science*, 316, 1905 – 1907.

［358］Hauser, O. P. , Rand, D. G. , Peysakhovich, A. , & Nowak, M. A. , 2014, "Cooperating with the future", *Nature*, 511 (7508), 220 – 223.

［359］He, H. , & Jiang, S. , 2020, "Partisan Culture and Corruption: An Experimental Investigation Based on China's Communist Party", *China Economic Review*, forthcoming.

［360］Heilman, M. E. , 2001, "Description and prescription: How gender stereo-types prevent women's ascent up the organizational ladder", *Journal of Social Issues*, 57, 657 – 674.

［361］Helbing, D. , A. Szolnoki, M. Perc, and G. Szabó, 2010, "Evolutionary Establishment of Moral and Double Moral Standards through Spatial Interactions", *PLoS Computational Biology*, 6 (4), e1000758.

［362］Henrich, J. , and R. Boyd, 2001, "Why People Punish Defectors: Weak Conformist Transmission can Stabilize Costly Enforcement of Norms in Cooperative Dilemmas", *Journal of Theoretical Biology*, 208, 79 – 89.

［363］Henrich, J. , Boyd, R. , Bowles, S. , Camerer, C. , Fehr, E. , Gintis, H. , et al. & Tracer, D. , 2005, " 'Economic man' in cross-cultural perspective: Behavioral experiments in 15 small-scale societies", *Behavioral and Brain Sciences*, 28 (6), 795 – 815.

［364］Henrich, J. , 2004, "Cultural group selection, coevolutionary processes and large-scale cooperation", *Journal of Economic Behavior & Organization*, 53 (1), 3 – 35.

［365］Henrich, J. , Ensminger, J. , McElreath, R. , Barr, A. , Barrett, C. , Bolyanatz, A. , et al. & Ziker, J. , 2010, "Markets, religion, community size, and the evolution of fairness and punishment", *Science*, 327 (5972), 1480 – 1484.

［366］Henrich, J. , & Gil – White, F. , 2001, "The evolution of prestige: Freely conferred deference as a mechanism for enhancing the benefits of cultural transmission", *Evolution and Human Behavior*, 22, 165 – 196.

［367］Henrich, J. , McElreath, R. , Barr, A. , Ensminger, J. , Barrett, C. , Bolyanatz, A. , et al. & Ziker, J. , 2006, "Costly punishment across human societies", *Science*, 312 (5781), 1767 – 1770.

［368］Henrich, J. , R. Boyd, S. Bowles, C. F. Camerer, E. Fehr, and H. Gintis, 2004, Foundations of human sociality. Economic experiments and ethnographic evidence from fifteen small-scale societies, Oxford: Oxford University Press.

［369］Henrich, J. , 2009, "The evolution of costly displays, cooperation and religion: Credibility enhancing displays and their implications for cultural evolution", *Evolution and Human Behavior*, 30 (4), 244 – 260.

［370］Hermalin, B. E. , 1998, "Toward an economic theory of leadership: Leading by example", *American Economic Review*, 1188 – 1206.

［371］Hermann, B. , Thöni, C. , & Gächter, S. , 2008, "Antisocial punishments across societies", *Science*, 319, 1362 – 1367.

［372］Hirschauer, N. , Lehberger, M. , & Musshoff, O. , 2015, "Happiness and Utility in Economic Thought—Or: What Can We Learn from Happiness Research for Public Policy Analysis and Public Policy Making?", *Social Indicators Research*, 121 (3), 647 – 674.

[373] Hobbes, Thomas, 1960, Leviathan, Oxford: Basil Blackwell.

[374] Hofbauer, J., & Sigmund, K., 1998, Evolutionary games and population dynamics, Cambridge University Press.

[375] Hogan R., Curphy GJ, Hogan J., 1994, "What we know about leadership: Effectiveness and personality", *American psychologist*, 49 (6), 493 – 504.

[376] Hogan, R., & Kaiser, R., 2005, "What we know about leadership", *Review of General Psychology*, 9, 169 – 180.

[377] Hogarth, R. M., & Einhorn, H. J., 1992, "Order effects in belief updating: The belief-adjustment model", *Cognitive psychology*, 24 (1), 1 – 55.

[378] Holmstrom, Bengt, 1982, "Moral Hazard in Teams", *Bell Journal of Economics*, 13, 324 – 340.

[379] House, B. R., Silk, J. B., Henrich, J., Barrett, H. C., Scelza, B. A., Boyette, A. H., et al. & Laurence, S., 2013, "Ontogeny of prosocial behavior across diverse societies", *Proceedings of the National Academy of Sciences*, 110 (36), 14586 – 14591.

[380] Hsu, M., Anen, C., & Quartz, S. R., 2008, "The right and the good: distributive justice and neural encoding of equity and efficiency", *Science*, 320 (5879), 1092 – 1095.

[381] Huang, P., and H. Wu, 1994, "More Order without More Law: A Theory of Social Norms and Organizational Cultures", *Journal of Law, Economics and Organization*, 10, 390 – 406.

[382] IMF, 2016, Corruption: Costs and Mitigating Strategies; IMF Staff Discussion Note No. 16/05, May 11.

[383] Imhof, L. A., Fudenberg, D., & Nowak, M. A., 2005, "Evolutionary cycles of cooperation and defection", *Proceedings of the National Academy of Sciences of the United States of America*, 102 (31), 10797 – 10800.

[384] Imhof LA, MA Nowak, 2010, "Stochastic evolutionary dynamics of direct reciprocity", *Proceedings of the Royal Society B: Biological Sciences*, 277 (1680), 463 – 468.

[385] Insko, C. A.; Schopler, J., Pemberton, M. B., Wieselquist,

J. , McIlraith, S. A. , Currey, D. P, Gaertner, L. , 1998, "Long-term outcome maximization and the reduction of interindividual-intergroup discontinuity", *Journal of Personality and Social Psychology*, 75, 695 – 711.

［386］Irlenbusch, B. , & Villeval, M. C. , 2015, "Behavioral ethics: how psychology influenced economics and how economics might inform psychology?", *Current Opinion in Psychology*, 6, 87.

［387］Isaac R, Walker J, 1988a, "Group size effects in public goods provision: The voluntary contributions mechanism", *The Quarterly Journal of Economics*, 103, 179 – 199.

［388］Isaac, R. , & Walker, J. , 1988b, "Communication and free riding behavior: the voluntary contributions mechanism", *Economic Inquiry*, 26 (4), 585 – 608.

［389］Izuma, K. , Saito, D. N. , & Sadato, N. , 2010, "Processing of the incentive for social approval in the ventral striatum during charitable donation", J*ournal of Cognitive Neuroscience*, 22 (4), 621 – 631.

［390］Jack, B. K. , & Recalde, M. P. , 2015, "Leadership and the voluntary provision of public goods: field evidence from Bolivia", *Journal of Public Economics*, 122 (feb. ), 80 – 93.

［391］Jacobsen, C. , Fosgaard, T. R. , & Pascual – Ezama, D. , 2018, "Why do we lie? A practical guide to the dishonesty literature", *Journal of Economic Surveys*, 32 (2), 357 – 387.

［392］Jain, A. K. , 2001, "Corruption: a review", *Journal of economic surveys*, 15 (1), 71 – 121.

［393］Jansson, Hans, Martin Johanson and Joachim Ramström, 2007, "Institutions and business networks: A comparative analysis of the Chinese, Russian, and West European markets", *Industrial Marketing Management*, 36, 955 – 967.

［394］Johnson, A. W. , & Earle, T. , 2000, "The evolution of human societies", Stanford, CA: Stanford University Press.

［395］Johnson, N. D. , and A. A. Mislin, 2011, "Trust games: A meta-analysis. Journal of Economic Psychology", 32, 865 – 889.

［396］Joireman, J. A. , Kuhlman, D. M. , Van Lange, P. A. M. , Doi, T. , & Shelley, G. P. , 2003, "Perceived rationality, morality, and power of social choice as a function of interdependence structure and social value orientation", *European Journal of Social Psychology*, 33, 413 – 437.

[397] Joireman, J., Balliet, D., Sprott, D., Spangenberg, E., & Schultz, J., 2008, "Consideration of future consequences, ego-depletion, and self-control: Support for distinguishing between CFC-immediate and CFC-future sub-scales", *Personality and Individual Differences*, 48, 15 – 21.

[398] Joireman, J., 2005, "Environmental problems as social dilemmas: The temporal dimension", *Understanding behavior in the context of time: Theory, research, and application*, 289 – 304.

[399] Joireman, J., Van Lange, P. A. M., & Van Vugt, M., 2004, "Who cares about the environmental impact of cars? Those with an eye toward the future", *Environment and Behavior*, 36, 187 – 206.

[400] Joosten, A., Dijke, M. V., Hiel, A. V., & Cremer, D. D., 2014, "Being 'in control' may make you lose control: the role of self-regulation in unethical leadership behavior", *journal of business ethics*, 121 (1), 147 – 147.

[401] Joseph Henrich, Robert Boyd, Samuel Bowles, Colin Camerer, Ernst Fehr, Herbert Gintis and Richard McElreath, 2001, "In Search of Homo Economicus: Behavioral Experiments in 15 Small – Scale Societies", *The American Economic Review*, 91, 73 – 78.

[402] Judge, T. A., Ilies, R., & Colbert, A. E., 2004, "Intelligence and leader-ship: A quantitative review and test of theoretical propositions", *Journal of Applied Psychology*, 89, 542 – 552.

[403] Judge, T., Bono, J., Ilies, R., & Gerhardt, M., 2002, "Personality and leadership: A qualitative and quantitative review", *Journal of Applied Psychology*, 87, 765 – 780.

[404] Kable, J. W., & Glimcher, P. W., 2009, "The neurobiology of decision: consensus and controversy", *Neuron*, 63 (6), 733 – 745.

[405] Kahneman, D., 2003, "A psychological perspective on economics", *The American economic review*, 93 (2), 162 – 168.

[406] Kahneman, D., & Tversky, A., 1979, "Prospect theory: An analysis of decision under risk", *Econometrica: Journal of the econometric society*, 263 – 291.

[407] Kahneman, D., Wakker, P. P., & Sarin, R., 1997, "Back to

Bentham? Explorations of experienced utility", *The Quarterly Journal of Economics*, 112 (2), 375 – 406.

［408］Kant, I., 1952, The science of right (W. Hastie, Trans.). In R. Hutchins (Ed.), Great books of the Western world: Vol. 42. Kant (pp. 397 – 446). Chicago: Encyclopedia Brittanica.

［409］Karthik Panchanathan and Robert Boyd, 2004, "Indirect reciprocity can stabilize cooperation without the second-order free rider problem", *Nature*, 432, 499 – 502.

［410］Kelley, H. H., Holmes, J. W., Kerr, N. L., Reis, H. T., Rusbult, C. E., & Van Lange, P. A. M., 2003, An Atlas of Interpersonal Situations, New York: Cambridge.

［411］Kelley, H. H. & Thibaut, J. W., 1978, Interpersonal Relations: A Theory of Interdependence. New York: Wiley.

［412］Kendal, J., Feldman, M. W., & Aoki, K., 2006, "Cultural coevolution of norm adoption and enforcement when punishers are rewarded or non-punishers are punished", *Theoretical population biology*, 70 (1), 10 – 25.

［413］Kenrick, D., Li, N. P. & Butner, J., 2003, "Dynamical evolutionary psychology: Individual decision rules and emergent social norms", *Psychological Review*, 110, 3 – 28.

［414］Kerr, N. L., Rumble, A. C., Park, E., Ouwerkerk, J. W., Parks, C. D., Gallucci, M., & Van Lange, P. A. M., 2009, "How many bad apples does it take to spoil the whole barrel? Social exclusion and toleration for bad apples", *Journal of Experimental Social Psychology*, 45, 603 – 613.

［415］Ketelaar, T., & Au, W. T., 2003, "The effects of feelings of guilt on the behavior of uncooperative individuals in repeated social bargaining games: An affect-as-information interpretation of the role of emotion in social interaction", *Cognition & Emotion*, 17, 429 – 453.

［416］Khalmetski, K., Ockenfels, A., & Werner, P., 2015, "Surprising gifts: Theory and laboratory evidence", *Journal of Economic Theory*, 159, 163 – 208.

［417］King – Casas B, Tomlin D, Anen C, Camerer CF, Quartz SR, Montague PR., 2005, "Getting to know you: reputation and trust in a two-person economic exchange", *Science*, 308, 78 – 83.

［418］Kirk, U., Downar, J., & Montague, P. R., 2011, "Interoception drives increased rational decision making in meditators playing the ultimatum game", *Frontiers in neuroscience*, 5, 49.

［419］Kirsch P, Esslinger C, Chen Q, Mier D, Lis S, et al., 2005, "Oxytocin modulates neural circuitry for social cognition and fear in humans", *J. Neurosci.*, 25, 11489 – 11493.

［420］Klibanoff, P., Marinacci, M., & Mukerji, S., 2005, "A smooth model of decision making under ambiguity", *Econometrica*, 73 (6), 1849 – 1892.

［421］Klor, E. F., & Shayo, M., 2010, "Social identity and preferences over redistribution", *Journal of Public Economics*, 94 (3), 269 – 278.

［422］Knack, S., & Azfar, O., 2003, "Trade Intensity, Country Size and Corruption", *Economics of Governance*, 4 (1), 1 – 18.

［423］Knafo, A., Israel, S., Darvasi, A., Bachner – Melman, R., Uzefovsky, F., Cohen, L., et al. & Ebstein, R. P., 2008, "Individual differences in allocation of funds in the dictator game associated with length of the arginine vasopressin 1a receptor RS3 promoter region and correlation between RS3 length and hippocampal mRNA", *Genes, brain and behavior*, 7 (3), 266 – 275.

［424］Knoch, Daria, Alvaro Pascual – Leone, Kaspar Meyer, Valerie Treyer, and Ernst Fehr., 2006, "Diminishing reciprocal fairness by disrupting the right prefrontal cortex", *Science*, 314, 5800, 829 – 832.

［425］Knoch, D., Nitsche, M. A., Fischbacher, U., Eisenegger, C., Pascual – Leone, A., & Fehr, E., 2008, "Studying the neurobiology of social interaction with transcranial direct current stimulation—the example of punishing unfairness", *Cerebral Cortex*, 18 (9), 1987 – 1990.

［426］Knutson, B., & Cooper, J. C., 2005, "Functional magnetic resonance imaging of reward prediction", *Current opinion in neurology*, 18 (4), 411 – 417.

［427］Koenigs, M., & Tranel, D., 2007, "Irrational economic decision-making after ventromedial prefrontal damage: evidence from the Ultimatum Game", *The Journal of neuroscience*, 27 (4), 951 – 956.

［428］Kolstad, I., & Wiig, A, 2009, "Is transparency the key to reducing corruption in resource-rich countries?", *World Development*, 37 (3),

521 - 532.

[429] Komorita, S. S., & Lapworth, C. W., 1982, "Cooperative choice among individuals versus groups in an N-person dilemma situation", *Journal of Personality and Social Psychology*, 42, 487 - 496.

[430] Komorita, S. S., & Parks, C. D., 1994, Social Dilemmas. Westview Press: Boulder, CO.

[431] Koole, S. L., Jager, A., Van den Berg, A. E., Vlek, C. A. J., & Hofstee, W. K. B., 2001, On the social nature of personality: Effects of extraversion, agreeableness, and feedback about collective resource use on cooperation in a resource dilemma. Personality and Social Psychology Bulletin, 27, 289 - 301.

[432] Kortenkamp, K. V., & Moore, C. F., 2006, "Time, uncertainty, and individual differences in decisions to cooperate in resource dilemmas", *Personality and Social Psychology Bulletin*, 32, 603 - 615.

[433] Koscik, T. R., & Tranel, D., 2011, "The human amygdala is necessary for developing and expressing normal interpersonal trust", *Neuropsychologia*, 49 (4), 602 - 611.

[434] Kosfeld M, Heinrichs M, Zak PJ, Fischbacher U, Fehr E., 2005, "Oxytocin increases trust in humans", *Nature*, 435, 673 - 676.

[435] Kosfeld, M., & Rustagi, D., 2015, "Leader punishment and cooperation in groups: experimental field evidence from commons management in ethiopia", *American Economic Review*, 105 (2), 747 - 783.

[436] Koszegi, B., 2006a, "Ego Utility, Overconfidence, and Task Choice", *Journal of the European Economic Association*, 4 (1), 673 - 707.

[437] Koszegi, B., and M. Rabin, 2006, "A model of reference-dependent preferences", *Quarterly Journal of Economics*, 121 (4), 1133 - 1165.

[438] Koszegi, B., and M. Rabin, 2007, "Reference-dependent risk attitudes", *American Economic Review*, 97 (4), 1047 - 1073.

[439] Koszegi, B., 2006b, "Emotional agency", *Quarterly Journal of Economics*, 121 (1), 121 - 156.

[440] Koszegi, B., 2010, "Utility from Anticipation and Personal Equilibrium", *Economic Theory*, 44, 415 - 444.

[441] Krajbich, I., Adolphs, R., Tranel, D., Denburg, N. L., &

Camerer, C. F. , 2009, "Economic games quantify diminished sense of guilt in patients with damage to the prefrontal cortex", *The Journal of Neuroscience*, 29 (7), 2188 – 2192.

[442] Kreps, D. , and R. Wilson, 1982, "Sequential Equilibrium", *Econometrica*, 50 (4): 863 – 894.

[443] Köszegi, B. , & Rabin, M. , 2008, "Choices, situations, and happiness", *Journal of Public Economics*, 92 (8), 1821 – 1832.

[444] Köszegi, B. , & Rabin, M. , 2009, "Reference-dependent consumption plans", *The American Economic Review*, 99 (3), 909 – 936.

[445] Kurzban, R. , & Houser, D. , 2005, "An experimental investigation of cooperative types in human groups: a complement to evolutionary theory and simulations", *Proceedings of the National Academy of Sciences*, 102 (5), 1803 – 1807.

[446] Laibson, D. , 1997, "Golden eggs and hyperbolic discounting", *The Quarterly Journal of Economics*, 112 (2), 443 – 478.

[447] Laland, K. N. et al. , 2010, "How culture shaped the human genome: bringing genetics and the human sciences together", *Nat. Rev. Genet.* 11, 137 – 148.

[448] Lambsdorff, J. G. , 2006, "Causes and Consequences of Corruption: What Do We Know from a Cross – Section of Countries?", In International Handbook on the Economics of Corruption, ed. Susan Rose – Ackerman, 3 – 51. Cheltenham, UK: Edward Elgar.

[449] La Porta, R. , Lopez-de – Silanes, F. , Shleifer, A. , & Vishny, R. , 1999, "The quality of government", *Journal of Law, Economics, and organization*, 15 (1), 222 – 279.

[450] Ledyard, O. , 1995, Public goods: some experimental results. In J. Kagel & A. Roth (Eds. ), Handbook of experimental economics. Princeton: Princeton University Press (Chap. 2).

[451] Leff N. H. , 1964, "Economic Development through Bureaucratic Corruption", *American Behavioral Scientist*, 8, 8 – 14.

[452] Levati, M. V. , Sutter, M. , Van der Heijden, E. , 2007, "Leading by example in a public goods experiment with heterogeneity and incomplete information", *Journal of Conflict Resolution*, 51, 793 – 818.

[453] Levine, D. K., 1998, "Modeling Altruism and Spitefulness in Experiments", *Review of Economic Dynamics*, 1 (3), 593 – 622.

[454] Levitt, S. D., & List, J. A., 2007, "What do laboratory experiments measuring social preferences reveal about the real world?", *The Journal of Economic Perspectives*, 21 (2), 153 – 174.

[455] Levy, D., Padgitt, K., Peart, S., Houser, D., Xiao, E., 2011, "Leadership, cheap talk and really cheap talk", *Journal of Economic Behavior and Organization*, 77, 40 – 52.

[456] Liberman, V., Samuels, S. M., & Ross, L., 2004, "The name of the game: predictive power of reputations versus situational labels in determining prisoner's dilemma game moves", *Personality and Social Psychology Bulletin*, 30, 1175 – 1185.

[457] Liebrand, W. B. G., Jansen, R. W. T. L., Rijken, V. M., & Suhre, C. J. M., 1986, "Might over morality: Social values and the perception of other players in experimental games", *Journal of Experimental Social Psychology*, 22, 203 – 215.

[458] Li, J., Xiao, E., Houser, D., & Montague, P. R., 2009, "Neural responses to sanction threats in two-party economic exchange", *Proceedings of the National Academy of Sciences*, 106 (39), 16835 – 16840.

[459] Loewenstein, G., 1987, "Anticipation and the valuation of delayed consumption", *The Economic Journal*, 97 (387), 666 – 684.

[460] Loomes, G., and R. Sugden, 1986, "Disappointment and Dynamic Consistency in Choice under Uncertainty", *Review of Economic Studies*, 53 (2): 271 – 282.

[461] Loomes, G., & Sugden, R., 1982, "Regret theory: An alternative theory of rational choice under uncertainty", *The Economic Journal*, 92 (368), 805 – 824.

[462] Lord, R. G., DeVader, C. L., & Alliger, G. M., 1986, "A meta-analysis of the relation between personality traits and leadership perceptions: An application of validity generalization procedures", *Journal of Applied Psychology*, 71, 402 – 410.

[463] López – Pérez, R., and E. Spiegelman, 2013, "Why do people tell the truth? Experimental Evidence for Pure Lie Aversion", *Experimental Eco-

*nomics*, 16, 233 – 247.

［464］Lui, F. T. , 1986, "A dynamic model of corruption deterrence", *Journal of Public Economics*, 31 (2), 215 – 236.

［465］Lui, F. T. , 1985, "An Equilibrium Queuing Model of Bribery", *The journal of political economy*, 760 – 781.

［466］Maccheroni, F. , Marinacci, M. , & Rustichini, A. , 2006, "Ambiguity aversion, robustness, and the variational representation of preferences", *Econometrica*, 74 (6), 1447 – 1498.

［467］MacDonald, A. W. , Cohen, J. D. , Stenger, V. A. , Carter, C. S. , 2000, "Dissociating the role of the dorsolateral prefrontal and anterior cingulated cortex in cognitive control", *Science*, 288 (5472), 1835 – 1838.

［468］MacMullen, R. , 1988, Corruption and the Decline of Rome, Yale University Press.

［469］Mah, L. , Arnold, M. C. , & Grafman, J. , 2004, "Impairment of social perception associated with lesions of the prefrontal cortex", *American Journal of Psychiatry*, 161 (7), 1247 – 1255.

［470］Malmendier, U. , & Schmidt, K. M. , 2017, "You owe me", *American Economic Review*, 107 (2), 493 – 526.

［471］Manapat, M. L. , Rand, D. G. , Pawlowitsch, C. , & Nowak, M. A. , 2012, "Stochastic evolutionary dynamics resolve the Traveler's Dilemma", *Journal of theoretical biology*, 303, 119 – 127.

［472］Maner, J. K. , & Mead, N. L. , 2010, "The essential tension between leadership and power: When leaders sacrifice group goals for the sake of self-interest", *Journal of Personality and Social Psychology*, 99 (3), 482 – 497.

［473］Martinez, L. M. F. , Zeelenberg, M. , & Rijsman, J. B. , 2011, "Behavioural consequences of regret and disappointment in social bargaining games", *Cognition and Emotion*, 25, 351 – 359.

［474］Masclet, D. , Noussair, C. , Villeval, M. , & Tucker, S. , 2003, "Monetary and nonmonetary punishment in the voluntary contributions mechanism", *American Economic Review*, 93 (1), 366 – 380.

［475］Mauro P. , 1995, "Corruption and Growth", *Quarterly Journal of Economics*, 110, 681 – 712.

［476］Mazar, N. , & Aggarwal, P. , 2011, "Greasing the palm: Can collectivism promote bribery?", *Psychological Science*, 22 (7), 843 – 848.

[477] Mazar, N., Amir, O., & Ariely, D., 2008, "The dishonesty of honest people: A theory of selfconcept maintenance", *Journal of marketing research*, 45 (6), 633 – 644.

[478] Mazur, A., & Booth, A., 1998, "Testosterone and Dominance in Men", *Behavioral and Brain Sciences*, 21 (3), 353 – 363.

[479] Mehta, P. H., & Beer, J., 2010, "Neural mechanisms of the testosterone-aggression relation: The role of orbitofrontal cortex", *Journal of Cognitive Neuroscience*, 22 (10), 2357 – 2368.

[480] Meon, P. and G. Sekkat, 2005, "Does corruption grease or sand the wheels of growth?", *Public Choice*, 122, 69 – 97.

[481] Merrick, J., 2014, Public opinion: Activists "take the world" s pulse' in largest ever poll-but what do people across the globe want most? | The Independent. Retrieved January 30, 2017 from http://www. independent. co. uk/news/world/politics/public – opinion – activists – take – the – worlds – pulse – in – largest – ever – poll – but – what – do – people – across – the – 9194809. html.

[482] Messick, D. M., & McClintock, C. G., 1968, "Motivational bases of choice in experimental games", *Journal of Experimental Social Psychology*, 4, 1 – 25.

[483] Milinski, M., Semmann, D. & Krambeck, H. J., 2002, "Reputation helps solve the 'tragedy of the commons'", *Nature*, 415, 424 – 426.

[484] Milinski, M., Sommerfeld, R. D., Krambeck, H. J., Reed, F. A., & Marotzke, J., 2008, "The collective-risk social dilemma and the prevention of simulated dangerous climate change", *Proceedings of the National Academy of Sciences*, 105 (7), 2291 – 2294.

[485] Mocan, N., 2008, "What determines corruption? International Evidence from Microdata", *Economic Inquiry*, 46 (4), 493 – 510.

[486] Moll, J., Krueger, F., Zahn, R., Pardini, M., de Oliveira – Souza, R., & Grafman, J., 2006, "Human fronto-mesolimbic networks guide decisions about charitable donation", *Proceedings of the National Academy of Sciences*, 103 (42), 15623 – 15628.

[487] Montague PR, Lohrenz T., 2007, "To detect and correct: norm

violations and their enforcement", *Neuron*, 56, 14 – 18.

[488] Mo, P. H. , 2001, "Corruption and economic growth", *Journal of Comparative Economics*, 29 (1), 66 – 79.

[489] Moran, P. A. P. , 1958, Random processes in genetics. In *Mathematical proceedings of the cambridge philosophical society* ( Vol. 54, No. 1, pp. 60 – 71). Cambridge University Press.

[490] Morishima, Y. , Schunk, D. , Bruhin, A. , Ruff, C. C. , & Fehr, E. , 2012, "Linking brain structure and activation in temporoparietal junction to explain the neurobiology of human altruism", *Neuron*, 75 (1), 73 – 79.

[491] Moxnes, E. , Van der Heijden, E. , 2003, "The effect of leadership in a public bad experiment", *Journal of Conflict Resolution*, 47 (6), 773 – 795.

[492] Muehlbacher, S. , & Kirchler, E. , 2009, "Origin of endowments in public good games: The impact of effort on contributions", *Journal of Neuroscience, Psychology, and Economics*, 2, 59 – 67.

[493] Mungiu – Pippidi, A. , 2017, "The time has come for evidence-based anticorruption", *Nature Human Behaviour*, 1 (0011) .

[494] Murphy, K. M. , Shleifer, A. , & Vishny, R. W. , 1991, "The Allocation of Talent: Implications for Growth", *The Quarterly Journal of Economics*, 503 – 530.

[495] Murphy, K. M. , Shleifer, A. , & Vishny, R. W. , 1993, "Why is Rent – Seeking so Costly to Growth?", *The American Economic Review*, 409 – 414.

[496] Myerson, R. B. , 1993, "Effectiveness of electoral systems for reducing government corruption: a game-theoretic analysis", *Games and Economic Behavior*, 5 (1), 118 – 132.

[497] Nakamaru, M. , & Iwasa, Y. , 2006, "The coevolution of altruism and punishment: role of the selfish punisher", *Journal of theoretical biology*, 240 (3), 475 – 488.

[498] Neeman, Z. , Paserman, M. D. , & Simhon, A, 2008, "Corruption and openness", *The BE Journal of Economic Analysis & Policy*, 8 (1).

[499] Nelissen, R. M. A. , Dijker, A. J. M. , & de Vries, N. K. , 2007, "How to turn a hawk into a dove and vice versa: Interactions between emotions and goals in a give-some dilemma game", *Journal of Experimental Social Psychol-*

*ogy*, 43, 280 – 286.

［500］Nicholson, N., 2000, Managing the human animal. New York: Thomson.

［501］Nicholson, N., 2005, "Meeting the Maasai: Messages for management", *Journal of Management Inquiry*, 14, 255 – 267.

［502］Nicolas L. Gutierrez, Ray Hilborn & Omar Defeo, 2011, "Leadership, social capital and incentives promote successful fisheries", *Nature*, 470, 386 – 389.

［503］Nikiforakis, N., & Normann, H., 2008, "A comparative statics analysis of punishment in public good experiments", *Experimental Economics*, 11, 358 – 369.

［504］Nikiforakis, N., 2008, "Punishment and counter-punishment in public good games: can we really govern ourselves?", *Journal of Public Economics*, 92, 91 – 112.

［505］North, D. C., 1990, Institutions, Institutional Change and Economic Performance, Cambridge University Press.

［506］North, D. C., 1981, Structure and Change in Economic History, New York: Norton.

［507］Nowak, M. A., and R. M. May, 1992, "Evolutionary Games and Spatial Chaos", *Nature*, 359 (6398), 826 – 829.

［508］Nowak, M. A. and Sigmund, K, 1998, "Evolution of indirect reciprocity by image scoring", *Nature*, 393, 573 – 577.

［509］Nowak, M. A. and Sigmund, K., 2005, "Evolution of indirect reciprocity", *Nature*, 437, 1291 – 1298.

［510］Nowak, M. A., 2012, "Evolving Cooperation", *Journal of Theoretical Biology*, 299, 1 – 8.

［511］Nowak, M. A., 2006, "Five Rules for the Evolution of Cooperation", *Science*, 314 (5805), 1560 – 1563.

［512］Nowak, M. A., Tarnita, C. E., & Wilson, E. O., 2010, "The evolution of eusociality", *Nature*, 466 (7310), 1057 – 1062.

［513］Nowak, M., & Sigmund, K., 1993, "A strategy of win-stay, lose-shift that outperforms tit-for-tat in the Prisoner's Dilemma game", *Nature*, 364 (6432), 56 – 58.

［514］Nowak, M., & Sigmund, K., 1989, "Oscillations in the evolution of reciprocity", *Journal of Theoretical Biology*, 137 (1), 21 – 26.

［515］Nyarko, Y., and A. Schotter, 2002, "An Experimental Study of Belief Learning Using Elicited Beliefs", *Econometrica*, 70, 971 – 1005.

［516］O'Doherty J, Dayan P, Schultz J, Deichmann R, Friston K, Dolan RJ., 2004, "Dissociable roles of ventral and dorsal striatum in instrumental conditioning", *Science*, 304, 452 – 454.

［517］O'Donoghue, T., & Rabin, M., 2001, "Choice and procrastination", *The Quarterly Journal of Economics*, 116 (1), 121 – 160.

［518］O'Donoghue, T., & Rabin, M., 1999, "Incentives for procrastinators", *The Quarterly Journal of Economics*, 114 (3), 769 – 816.

［519］Ohtsuki H., C. Hauert, E. Lieberman, and M. A. Nowak, 2006, "A Simple Rule for the Evolution of Cooperation on Graphs and Social Networks", *Nature*, 441, 502 – 505.

［520］Ohtsuki, H., Iwasa, Y., & Nowak, M. A., 2009, "Indirect reciprocity provides only a narrow margin of efficiency for costly punishment", *Nature*, 457 (7225), 79 – 82.

［521］Ohtsuki, H., & Iwasa, Y., 2006, "The leading eight: social norms that can maintain cooperation by indirect reciprocity", *Journal of Theoretical Biology*, 239 (4), 435 – 444.

［522］Olken, B. A., 2006, "Corruption and the costs of redistribution: Micro evidence from Indonesia", *Journal of public economics*, 90 (4), 853 – 870.

［523］Olken, B. A., 2009, "Corruption Perception vs. Corruption Reality", *Journal of Public Economics*, 93 (7 – 8), 950 – 964.

［524］Olken, B. A., 2007, "Monitoring Corruption: Evidence from a Field Experiment in Indonesia", *Journal of Political Economy*, 115 (2), 200 – 249.

［525］Olson, Mancur, 1965, The Logic of Collective Action: Public Goods and the Theory of Groups. Cambridge, MA: Harvard University Press.

［526］Olsson, O., & Hansson, G., 2011, "Country size and the rule of law: Resuscitating Montesquieu", *European Economic Review*, 55 (5), 613 – 629.

［527］Oosterbeek, H., R. Sloof, and G. Van de Kuilen, 2004, "Cultural differences in ultimatum game experiments: Evidence from a meta-analysis", *Experimental Economics*, 7, 171 – 188.

[528] Ostrom, E., 1998, "A behavioral approach to the rational choice theory of collective action: Presidential address, American Political Science Association, 1997", *American political science review*, 92 (1), 1 – 22.

[529] Ostrom, E., 2010, "Beyond markets and states: polycentric governance of complex economic systems", *The American economic review*, 641 – 672.

[530] Ostrom, Elinor, 1990, Governing the Commons, Cambridge University Press, New York.

[531] Ostrom, E., Walker, J., & Gardner, R., 1992, "Covenants with and without a sword: selfgovernance is possible", *American Political Science Review*, 86 (2), 404 – 417.

[532] Pacheco, J. M., Santos, F. C., Souza, M. O., Skyrms, B., 2009, "Evolutionary dynamics of collective action in n-person stag hunt dilemmas", *Proc. R. Soc. Lond. B*, 276, 315 – 321.

[533] Padilla, A., Hogan, R., & Kaiser, R. B., 2007, "The toxic triangle: Destructive leaders, vulnerable followers, and conducive environments", *Leadership Quarterly*, 18, 176 – 194.

[534] Page, T., Putterman, L., & Unel, B., 2005, "Voluntary association in public goods experiments: reciprocity, mimicry, and efficiency", *Economic Journal*, 115, 1032 – 1053.

[535] Panchanathan, K., and R. Boyd, 2004, "Indirect Reciprocity Can Stabilize Cooperation without the Second – Order Free – Rider Problem", *Nature*, 432, 499 – 502.

[536] Parks, C. D., Joireman, J., & Van Lange, P. A., 2013, "Cooperation, trust, and antagonism how public goods are promoted", *Psychological science in the public interest*, 14 (3), 119 – 165.

[537] Parks, C. D., Rumble, A. C., & Posey, D. C., 2002, "The effects of envy on reciprocation in a social dilemma", *Personality and Social Psychology Bulletin*, 28, 509 – 520.

[538] Parks, C. D., Sanna, L. J., & Berel, S. R., 2001, "Actions of similar others as inducements to cooperate in social dilemmas", *Personality and Social Psychology Bulletin*, 27, 345 – 354.

[539] Passarelli, F. and G. Tabellini, 2016, "Emotions and Political Unrest", *Journal of Political Economy*, forthcoming.

[540] Pennisi, Elizabeth, 2005, "How Did Cooperative Behavior Evolve", *Science*, 309, 1.

[541] Persson, A., Rothstein, B., & Teorell, J., 2013, "Why Anticorruption Reforms Fail—Systemic Corruption as a Collective Action Problem", *Governance*, 26 (3), 449 –471.

[542] Persson, Torsten, and Guido Tabellini, 2000, Political Economics: Explaining Economic Policy. Zeuthen Lecture Book Series, Cambridge and London: MIT Press.

[543] Persson, T., Tabellini, G., & Trebbi, F., 2003, "Electoral rules and corruption", *Journal of the European Economic Association*, 1 (4), 958 –989.

[544] Petrovic P, Kalisch R, Singer T, Dolan RJ., 2008, "Oxytocin attenuates affective evaluations of conditioned faces and amygdala activity", *J. Neurosci.*, 28, 6607 –6615.

[545] Pillutla, M. M., & Chen, X., 1999, "Social norms and cooperation in social dilemmas: The effects of context and feedback", *Organizational Behavior and Human Decision Processes*, 78, 81 – 103.

[546] Portes, A., 2010, Economic Sociology: A Systematic Inquiry (Princeton Univ Press, Princeton, NJ).

[547] Potters, J., Sefton, M., & Vesterlund, L., 2007, "Leading-by-example and signaling in voluntary contribution games: an experimental study", *Economic Theory*, 33 (1), 169 –182.

[548] Preget, R., Nguyen Van, P., & Willinger, M., 2012, "Who are the Voluntary Leaders? Experimental Evidence from a Sequential Contribution Game", Working Papers 12 – 34, LAMETA, Universtiy of Montpellier, revised Nov 2012.

[549] Pruckner, G. J., and R. Sausgruber, 2013, "Honesty on the streets: A field study on newspaper purchasing", *Journal of the European Economic Association*, 11, 661 –679.

[550] Putterman, L., 2014, "Behavioural economics: A caring majority secures the future", *Nature*, 511 (7508), 165 – 166.

［551］Rabin, M., 2002, "A perspective on psychology and economics", *European economic review*, 46 (4), 657 – 685.

［552］Rabin, M., 2010, "Beliefs – Based Preferences", Behavioral – Camp Lectures.

［553］Rabin, M., 1993, "Incorporating Fairness into Game Theory and Economics", *American Economic Review*, 83 (5), 1281 – 1302.

［554］Rabin, M., 2000, "Risk aversion and expected-utility theory: A calibration theorem", *Econometrica*, 68 (5), 1281 – 1292.

［555］Rand, D. G., Dreber, A., Ellingsen, T., Fudenberg, D., Nowak, M. A., 2009, "Positive Interactions Promote Public Cooperation", *Science*, 325, 1272 – 1275.

［556］Rand, D. G., Greene, J. D., & Nowak, M. A., 2012, "Spontaneous giving and calculated greed", *Nature*, 489 (7416), 427 – 430.

［557］Rand, D. G., & Nowak, M. A., 2013, "Human cooperation", *Trends in cognitive sciences*, 17 (8), 413.

［558］Rand, D. G., Peysakhovich, A., Kraft – Todd, G. T., Newman, G. E., Wurzbacher, O., Nowak, M. A., & Greene, J. D., 2014, "Social heuristics shape intuitive cooperation", *Nature communications*, 5.

［559］Rauch, James E., and Peter B. Evans, 2000, "Bureaucratic Structure and Bureaucratic Performance in Less Developed Countries", *Journal of Public Economics*, 75 (1), 49 – 71.

［560］Reinikka R. and J. Svensson, 2004, "Local capture: Evidence from a central government transfer program in Uganda", *The Quarterly Journal of Economics*, 119 (2), 679 – 705.

［561］Reuben, E., P. Sapienza, and L. Zingales, 2009, "Is Mistrust Self – Fulfilling?" *Economics Letters*, 104 (2), 89 – 91.

［562］Rey Biel, P., 2009, "Equilibrium Play and Best Response to (Stated) Beliefs in Constant Sum Games", *Games and Economic Behavior*, 65 (2), 572 – 585.

［563］Richerson PJ, Boyd R, 2005, Not by Genes Alone: How Culture Transformed Human Evolution, Univ of Chicago Press, Chicago.

［564］Richerson, P. J. et al., 2010, "Gene-culture coevolution in the age of genomics", *Proc. Natl. Acad. Sci. U. S. A.* 107, 8985 – 8992.

［565］Rilling, J. K. , A. G. Sanfey, J. A. Aronson, L. E. Nystrom, and J. D. Cohen, 2004, "Opposing Bold Responses to Reciprocated and Unreciprocated Altruism in Putative Reward Pathways", *Neuroreport*, 15 (16), 2539 – 2543.

［566］Rilling, J. K. , D. A. Gutman, T. R. Zeh, G. Pagnoni, G. S. Berns, and C. D. Kilts, 2002, "A Neural Basis for Social Cooperation", *Neuron*, 35, 395 – 405.

［567］Rilling, J. K. , DeMarco, A. C. , Hackett, P. D. , Thompson, R. , Ditzen, B. , Patel, R. , & Pagnoni, G. , 2012, "Effects of intranasal oxytocin and vasopressin on cooperative behavior and associated brain activity in men", *Psychoneuroendocrinology*, 37 (4), 447 – 461.

［568］Rilling, J. K. , Goldsmith DR, Glenn AL, Jairam MR, Elfenbein HA, et al. , 2008, "The neural correlates of the affective response to unreciprocated cooperation", *Neuropsychologia*, 46, 1256 – 1266.

［569］Rilling, J. K. , & Sanfey, A. G. , 2011, "The neuroscience of social decision-making", *Annual review of psychology*, 62, 23 – 48.

［570］Rivas, M. F. , & Sutter, M. , 2011, "The benefits of voluntary leadership in experimental public goods games", *Economics Letters*, 112 (2), 176 – 178.

［571］Rosen, F. , 2005, Classical utilitarianism from Hume to Mill. Routledge.

［572］Rotemberg, J. , 2008, "Minimally Acceptable Altruism and the Ultimatum Game", *Journal of Economic Behavior & Organization*, 66, 457 – 476.

［573］Ruff, C. C. , Ugazio, G. , & Fehr, E. , 2013, "Changing social norm compliance with noninvasive brain stimulation", *Science*, 342 (6157), 482 – 484.

［574］Ruffle, B. J. , 1999, "Gift Giving with Emotions", *Journal of Economic Behavior and Organization*, 39, 399 – 420.

［575］Rutstrom, E. , and N. Wilcox, 2009, "Stated Beliefs Versus Inferred Beliefs: A Methodological Inquiry and Experimental Test", *Games and Economic Behavior*, 67 (2), 616 – 632.

［576］Ryvkin, D. , & Serra, D. , 2018, "Corruption and Competition among Bureaucrats: An Experimental Study", *Journal of Economic Behavior & Organization*.

［577］ Sah, R. K. , 2007, "Persistence and pervasiveness of corruption: new perspectives. Corruption across countries and regions: Some consequences of local osmosis", *Journal of Economic Dynamics and Control*, 31 (8), 2573 – 2598.

［578］ Sally, D. , 2001, "On sympathy and games", *Journal of Economic Behavior & Organization*, 44, 1 – 30.

［579］ Salmon, T. C. , & Serra, D. , 2017, "Corruption, social judgment and culture: An experiment", *Journal of Economic Behavior & Organization*, 142, 64 – 78.

［580］ Samuel Bowles, Herbert Gintis, 2004, "The evolution of strong reciprocity: cooperation in heterogeneous populations", Theoretical population biology, 65, 17 – 28.

［581］ Samuelson, P. A. , 1954, "The Pure Theory of Public Expenditure", *Review of Economics and Statistics*, 36 (November): 387 – 389.

［582］ Sanfey AG, Rilling JK, Aronson JA, Nystrom LE, Cohen JD. , 2003, "The neural basis of economic decision-making in the Ultimatum Game", *Science*, 300, 1755 – 1758.

［583］ Sanfey, A. G. , 2007, "Social decision-making: insights from game theory and neuroscience", *Science*, 318 (5850), 598 – 602.

［584］ Santos, F. C. , & Pacheco, J. M. , 2011, "Risk of Collective Failure Provides an Escape from the Tragedy of the Commons", *Proceedings of the National Academy of Sciences*, 108 (26), 10421 – 10425.

［585］ Santos, F. C. , Pinheiro, F. L. , Lenaerts, T. , & Pacheco, J. M. , 2012, "The role of diversity in the evolution of cooperation", *Journal of theoretical biology*, 299, 88 – 96.

［586］ Santos, F. C. , Santos, M. D. , Pacheco, J. M. , 2008, "Social diversity promotes the emergence of cooperation in public goods games", *Nature*, 454, 213 – 216.

［587］ Saxe R, Kanwisher N. , 2003, "People thinking about thinking people: the role of the temporoparietal junction in ' theory of mind ' ", *Neuroimage* 19, 1835 – 1842.

［588］ Schickora, J. , 2011, "Bringing the Four-eye Principle to the Lab", Munich discussion paper 2011 – 2013. Department of Economics, University of Munich.

［589］Sebald, A. , 2010, "Attribution and reciprocity", *Games and Economic Behavior*, 68（1）, 339 –352.

［590］Segal, U. , and J. Sobel, 2007, "Tit for tat: foundations of preferences for reciprocity in strategic settings", *Journal of Economic Theory*, 136, 197 –216.

［591］Sen, A. K. , 1967, "Isolation, Assurance and the Social Rate of Discount", *The Quarterly Journal of Economics*, 112 –124.

［592］Serra, D. , 2012, "Combining top-down and bottom-up accountability: evidence from a bribery experiment", *Journal of Law, Economics, and Organization*, 28（3）, 569 –587.

［593］Seymour B, O'Doherty JP, Dayan P, Koltzenburg M, Jones AK, et al. , 2004, "Temporal difference models describe higher-order learning in humans", *Nature*, 429, 664 –667.

［594］Shalvi, S. , Gino, F. , Barkan, R. , & Ayal, S. , 2015, "Self-serving justifications: Doing wrong and feeling moral", *Current Directions in Psychological Science*, 24（2）, 125 –130.

［595］Sheldon, K. M. , & McGregor, H. A, 2000, "Extrinsic value orientation and 'the tragedy of the commons'", *Journal of Personality*, 68, 383 –411.

［596］Shelley, G. P. , Page, M. , Rives, P. , Yeagley, E. , & Kuhlman, D. M. , 2010, Non-verbal communication and detection of individual differences in social value orientation. In R. M. Kramer, A. Tenbrunsel, & M. H. Bazerman（Eds. ）, Social decision making: Social dilemmas, social values, and ethics（pp. 147 –170）. New York: Routledge.

［597］Shleifer, R and R. W. Vishny, 1993, "Corruption", *Quarterly Journal of Economics*, 108（3）, 599 –617.

［598］Shleifer, R and R. W. Vishny, 1998, The Grabbing Hand, Government Pathologies and Their Cures, Cambridge, MA: Harvard University Press.

［599］Shleifer, R and R. W. Vishny, 1994, "The politics of market socialism", *The Journal of Economic Perspectives*, 165 –176.

［600］Sigmund K, De Silva H, Traulsen A, Hauert C, 2010, "Social learning promotes institutions for governing the commons", *Nature*, 466, 861 –863.

［601］Sigmund, K., Hauert, C., & Nowak, M. A., 2001, "Reward and punishment", *Proceedings of the National Academy of Sciences*, 98 (19), 10757 – 10762.

［602］Singer, T., B. Seymour, J. P. O'Doherty, K. E. Stephan, R. J. Dolan, and C. D. Frith, 2006, "Empathic Neural Responses Are Modulated by the Perceived Fairness of Others", *Nature*, 439, 466 – 469.

［603］Singer, T., S. J. Kiebel, J. S. Winston, H. Kaube, R. J. Dolan, and C. D. Frith, 2004, "Brain Responses to the Acquired Moral Status of Faces", *Neuron*, 41 (4), 653 – 662.

［604］Singer T, Snozzi R, Bird G, Petrovic P, Silani G, et al., 2008, "Effects of oxytocin and prosocial behavior on brain responses to direct and vicariously experienced pain", *Emotion*, 8, 781 – 791.

［605］Skyrms, B., 1996, Evolution of the social contract, Cambridge University Press.

［606］Skyrms, B., 2004, The stag hunt and the evolution of social structure, Cambridge, UK: Cambridge University Press.

［607］Skyrms B., 2003, The Stag Hunt and the Evolution of Social Structure, Cambridge University Press.

［608］Sliwka, D., 2007, "Trust as a Signal of a Social Norm and the Hidden Costs of Incentive Schemes", *American Economic Review*, 97 (3), 999 – 1012.

［609］Smith, A., 2009, "Belief – Dependent Anger in Games", Working paper, Available at: http://www.hss.caltech.edu/~acs/papers/bdaig.pdf.

［610］Smith, J. M., 1982, Evolution and the Theory of Games, Cambridge university press.

［611］Souza, M. O., Pacheco, J. M., & Santos, F. C., 2009, "Evolution of cooperation under N-person snowdrift games", *Journal of Theoretical Biology*, 260 (4), 581 – 588.

［612］Sparling, R. A., 2018, "Impartiality and the Definition of Corruption", *Political Studies*, 66 (2), 376 – 391.

［613］Spitzer M, Fischbacher U, Herrnberger B, Gron G, Fehr E., 2007, "The neural signature of social norm compliance", *Neuron*, 56, 185 – 196.

［614］Stanca, L., L. Bruni, and L. Corazzini, 2009, "Testing Theories of Reciprocity: Do Motivations Matter?", *Journal of Economic Behavior & Organization*, 71, 233 – 245.

[615] Stouten, J., De Cremer, D., & Van Dijk, E., 2005a, "All is well that ends well, at least for proselfs: Emotional reactions to equality violation as a function of social value orientation", *European Journal of Social Psychology*, 35, 767 – 783.

[616] Stouten, J., De Cremer, D., & Van Dijk, E., 2005b, "I'm doing the best I can (for myself): Leadership and variance of harvesting in resource dilemmas", *Group Dynamics*, 9, 205 – 211.

[617] Sugden, R., 1986, The economics of rights, cooperation and welfare, Basil Blackell, Oxford, UK.

[618] Svensson, Jakob, 2005, "Eight Questions about Corruption", *Journal of Economic Perspectives*, 19 (3), 19 – 42.

[619] Szolnoki, A., and M. Perc, 2013, "Evolving Cooperation", *Journal of Theoretical Biology*, 299, 1 – 8.

[620] Szolnoki, A., & Perc, M., 2013, "Effectiveness of conditional punishment for the evolution of public cooperation", *Journal of Theoretical Biology*, 325, 34 – 41.

[621] Szolnoki, A., Perc, M., Szabo, G., 2008, "Diversity of reproduction rate supports cooperation in the prisoner's dilemma game on complex networks", *Eur. Phys. J. B—Condens. Matter Complex Syst*, 61, 505 – 509.

[622] Tabellini, G, 2008, "The scope of cooperation: Values and incentives", *The Quarterly Journal of Economics*, 123 (3), 905 – 950.

[623] Tabibnia G, Satpute AB, Lieberman MD., 2008, "The sunny side of fairness: preference for fairness activates reward circuitry (and disregarding unfairness activates self-control circuitry)", *Psychol. Sci.*, 19, 339 – 347.

[624] Tadelis, S., 2011, "The Power of Shame and the Rationality of Trust", Mimeo, Haas School of Business, U. C. Berkeley.

[625] Talmi, D., & Frith, C., 2007, "Neurobiology: feeling right about doing right", *Nature*, 446 (7138), 865 – 866.

[626] Tan, H. – B., & Forgas, J. P., 2010, "When happiness makes us selfish, but sadness makes us fair: Affective influences on interpersonal strategies in the dictator game", *Journal of Experimental Social Psychology*, 46, 571 – 576.

［627］Tanzi, V. , & Davoodi, H. , 1998, Corruption, public investment, and growth, pp. 41 – 60, Springer Japan.

［628］Tavoni, A. , Dannenberg, A. , Kallis, G. , & Löschel, A. , 2011, "Inequality, communication, and the avoidance of disastrous climate change in a public goods game", *Proceedings of the National Academy of Sciences*, 108 (29), 11825 – 11829.

［629］Tenbrunsel, A. E. , & Messick, D. M. , 1999, "Sanctioning systems, decision frames, and cooperation", *Administrative Science Quarterly*, 44, 684 – 707.

［630］The Tax Justice Network, 2011, The Cost of Tax Abuse: A briefing paper on the cost of tax evasion worldwide. Available at www. taxjustice. net/wp – content/uploads/2014/04/ Cost – of – Tax – Abuse – TJN – 2011. pdf. Accessed September 6, 2016.

［631］Tinghög, G. , Andersson, D. , Bonn, C. , Böttiger, H. , Josephson, C. , Lundgren, G. , et al. & Johannesson, M. , 2013, "Intuition and cooperation reconsidered", *Nature*, 498 (7452), E1 – E2.

［632］Tirole, J. , 1996, "A Theory of Collective Reputations (With Applications to the Persistence of Corruption and to Firm Quality)", *The Review of Economic Studies*, 63 (1), 1 – 22.

［633］Traulsen, A. , & Nowak, M. A. , 2006, "Evolution of cooperation by multilevel selection", *Proceedings of the National Academy of Sciences*, 103 (29), 10952 – 10955.

［634］Treadway, M. T. , Buckholtz, J. W. , Martin, J. W. , Jan, K. , Asplund, C. L. , Ginther, M. R. , et al. & Marois, R. , 2014, "Corticolimbic gating of emotion-driven punishment", *Nature neuroscience*, 17 (9), 1270 – 1275.

［635］Treisman, D. , 1999, "Decentralization and corruption: why are federal states perceived to be more corrupt", In presentation at the Annual Meeting of the American Political Science Association, Atlanta.

［636］Treisman, D. , 2000, "The causes of corruption: a cross-national study", *Journal of Public Economics*, 76, 399 – 457.

［637］Treisman, D. , 2007, "What have we learned about the causes of corruption from ten years of cross-national research?", *Annual review of political science*, 10, 211 – 244.

［638］Tricomi, E., Rangel, A., Camerer, C. F., & O'Doherty, J. P., 2010, "Neural evidence for inequality-averse social preferences", *Nature*, 463 (7284), 1089 – 1091.

［639］Trivers, R. L., 1971, "The evolution of reciprocal altruism", *Quarterly review of biology*, 35 – 57.

［640］Tse WS, Bond AJ., 2002, "Serotonergic intervention affects both social dominance and affiliative behaviour", *Psychopharmacology* (Berl.), 161, 324 – 330.

［641］Tversky, A., and D. Kahneman, 1981, "The Framing of Decisions and the Psychology of Choice", *Science*, 211, 453 – 458.

［642］Tversky, A., & Kahneman, D., 1992, "Advances in prospect theory: Cumulative representation of uncertainty", *Journal of Risk and uncertainty*, 5 (4), 297 – 323.

［643］Tyler, T., 1990, Why People Obey the Law, New Haven, CT: Yale University Press.

［644］Uhlaner, C. J., 1989, "Relational Goods and Participation: Incorporating Sociability into a Theory of Rational Action", *Public Choice Journal*, 62 (3), 253 – 285.

［645］Utz, S., 2004a, "Self-construal and cooperation: Is the interdependent self more cooperative than the independent self?", *Self and Identity*, 3, 177 – 190.

［646］Utz, S, 2004b, "Self-activation is a two-edged sword: The effects of I primes on cooperation", *Journal of Experimental Social Psychology*, 40, 769 – 776.

［647］Utz, S., Ouwerkerk, J. W., & Van Lange, P. A. M., 2004, "What is smart in a social dilemma? Differential effects of priming competence on cooperation", *European Journal of Social Psychology*, 34, 317 – 332.

［648］Vanberg, C., 2008, "Why Do People Keep Their Promises? An Experimental Test of Two Explanations", *Econometrica*, 76 (6), 1467 – 1480.

［649］Van Den Bos W, van Dijk E, Westenberg M, Rombouts SA, Crone EA., 2009, "What motivates repayment? Neural correlates of reciprocity in the Trust Game", *Soc. Cogn. Affect. Neurosci.*, 4, 294 – 304.

［650］Van der Heijden, E., Moxnes, E., 2003, "Leading by example? Investment decisions in a mixed Van Dijk, E., & De Cremer, D., 2006, "Self-benefiting in the allocation of scarce resources: Leader-follower effects and the moderating effect of social value orientations", *Personality and Social Psychology Bulletin*, 32, 1352 – 1361.

［651］Van Dijk, E., De Kwaadsteniet, E. W., & De Cremer, D., 2009, "Tacit coordination in social dilemmas: The importance of having a common understanding", *Journal of Personality and Social Psychology*, 96, 665 – 678.

［652］Van Dijk, E., Van Kleef, G. A., Steinel, W., & Van Beest, I., 2008, "A social functional approach to emotions in bargaining: When communicating anger pays and when it backfires", *Journal of Personality and Social Psychology*, 94, 600 – 614.

［653］Van Dijk, E., & Wilke, H., 1994, "Asymmetry of wealth and public good provision", *Social Psychology Quarterly*, 57, 352 – 359.

［654］Van Honk, J., Montoya, E. R., Bos, P. A., Van Vugt, M., & Terburg, D., 2012, "New evidence on testosterone and cooperation", *Nature*, 485 (7399), E4 – E5.

［655］Van Huyck, J. B., Battalio, R. C., & Beil, R. O., 1990, "Tacit Coordination Games, Strategic Uncertainty, and Coordination Failure", *The American Economic Review*, 234 – 248.

［656］Van Ijzendoorn, M. H., Bakermans – Kranenburg, M. J., 2012, "A sniff of trust: meta-analysis of the effects of intranasal oxytocin administration on face recognition, trust to in-group, and trust to out-group", *Psychoneuroendocrinology*, 37 (3), 438 – 443.

［657］Van Knippenberg, B., & Van Knippenberg, D., 2005, "Leader self-sacrifice and leadership effectiveness: The moderating role of leader prototypicality", *Journal of Applied Psychology*, 90 (1), 25 – 37.

［658］Van Lange, P. A., Joireman, J., Parks, C. D., & Van Dijk, E., 2013, "The psychology of social dilemmas: A review", *Organizational Behavior and Human Decision Processes*, 120 (2), 125 – 141.

［659］Van Lange, P. A., Liebrand, W. B., & Kuhlman, D. M., 1990, "Causal attribution of choice behavior in three N-person prisoner's dilemmas", *Journal of Experimental Social Psychology*, 26 (1), 34 – 48.

［660］Van Lange, P. A. , & Liebrand, W. B. , 1991, "Social value ori-
entation and intelligence: A test of the goal prescribes rationality principle", *Eu-
ropean journal of social psychology*, 21 (4), 273 – 292.

［661］Van Lange, P. A. M. , D. Balliet, C. D. Parks, and M. Van Vugt,
2014, Social dilemmas. The psychology of human cooperation, Oxford: Oxford
University Press.

［662］Van Lange, P. A. M. , De Cremer, D. , Van Dijk, E. , & Van
Vugt, M. , 2007, Self-interest and beyond: Basic principles of social interac-
tion. In A. W. Kruglanski & E. T. Higgins (Eds. ), Social psychology: Handbook
of basic principles (pp. 540 – 561). New York: Guilford.

［663］Van Lange, P. A. M. , 2008, "Does empathy trigger only altruistic
motivation – How about selflessness and justice?", *Emotion*, 8, 766 – 774.

［664］Van Lange, P. A. M. , & Joireman J. A. , 2008, "How we can pro-
mote behavior that serves all of us in the future", *Social Issues and Policy Review*,
2, 127 – 157.

［665］Van Lange, P. A. M. , Klapwijk, A. , & Van Munster, L. ,
2011, "How the shadow of the future might promote cooperation", *Group Proces-
ses and Intergroup Relations*, 14, 857 – 870.

［666］Van Lange, P. A. M. , Ouwerkerk, J. W. , & Tazelaar, M. J. A. ,
2002, "How to overcome the detrimental effects of noise in social interaction:
The benefits of generosity", *Journal of Personality and Social Psychology*, 82,
768 – 780.

［667］Van Lange, P. A. M. , & Rusbult, C. E. , 2012, Interdependence
theory. In P. A. M. Van Lange, A. W. , Kruglanski, & E. T. Higgins, E. T.
(Eds). Handbook of Theories of Social Psychology (Vol. 2, pp. 251 – 272).
Thousand Oaks, Ca, Sage.

［668］Van Lange, P. A. M. , 1999, "The pursuit of joint outcomes and
equality in outcomes: An integrative model of social value orientation", *Journal
of Personality and Social Psychology*, 77, 337 – 349.

［669］Van Overwalle, F. , 2009, "Social cognition and the brain: a me-
ta-analysis", *Human brain mapping*, 30 (3), 829 – 858.

［670］Van Rijckeghem, C. and B. Weder, 2001, "Bureaucratic Corrup-
tion and the Rate of Temptation: How Much do Wages in the Civil Service Affect

Corruption?", *Journal of Development Economics*, 65, 307 – 331.

[671] Van Segbroeck, S. , Santos, F. C. , Lenaerts, T. , & Pacheco, J. M. , 2009, "Reacting differently to adverse ties promotes cooperation in social networks", *Physical review letters*, 102 (5), 058105.

[672] Van't Wout, M. , Kahn, R. S. , Sanfey, A. G. , & Aleman, A. , 2006, "Affective state and decisionmaking in the ultimatum game", *Experimental brain research*, 169 (4), 564 – 568.

[673] Van Veldhuizen, R. , 2013, "The influence of wages on public officials' corruptibility: A laboratory investigation", *Journal of Economic Psychology*, 39, 341 – 356.

[674] Van Vugt, M. , De Cremer, D. , & Janssen, D. P. , 2007, "Gender differences in cooperation and competition: The male-warrior hypothesis", *Psychological Science*, 18, 19 – 23.

[675] Van Vugt, M. , & De Cremer, D. , 1999, "Leadership in social dilemmas: The effects of group identification on collective actions to provide public goods", *Journal of Personality and Social Psychology*, 76, 587 – 599.

[676] Van Vugt, M. , 2006, "Evolutionary origins of leadership and followership", *Personality and Social Psychology Review*, 10, 354 – 371.

[677] Van Vugt, M. , & Kurzban, R. K. , 2007, Cognitive and social adaptations for leadership and followership: Eolutionary game theory and group dynamics. In J. Forgas, W. von Hippel, & M. Haselton, Sydney Sym-posium of Social Psychology: Vol. 9. The evolution of the social mind: Evolutionary psychology and social cognition. pp. 229 – 244. New York: Psychology Press.

[678] Van Vugt, M. , & Schaller, M. , 2008, "Evolutionary approaches to group dynamics: An introduction", *Group Damics*, 12, 1 – 6.

[679] van Wingen, G. , Mattern, C. , Verkes, R. J. , Buitelaar, J. , & Fernández, G. , 2010, "Testosterone reduces amygdala-orbitofrontal cortex coupling", *Psychoneuroendocrinology*, 35 (1), 105 – 113.

[680] Weber, J. , Kurke, L. , & Pentico, D. , 2003, "Why do employees steal?", *Business Society*, 42 (3), 359 – 374.

[681] Weber, J. M. , Kopelman, S. , & Messick, D. M. , 2004, "A conceptual review of decision making in social dilemmas: Applying a logic of appropriateness", *Personality and Social Psychology Review*, 8, 281 – 307.

［682］ Weber, R., Camerer, C., Rottenstreich, Y., & Knez, M., 2001, "The Illusion of Leadership: Misattribution of Cause in Coordination Games", *Organization Science*, 12 (5), 582 – 598.

［683］ Wielkiewicz, R. M., & Stelzner, S. P., 2005, "An ecological perspective on leadership theory, research, and practice", *Review of General Psychology*, 9, 326 – 341.

［684］ Williams, John T., Brian Collins, and Mark I. Lichbach., 1997, "The Origins of Credible Commitment to the Market", Presented at the 1995 annual meeting of the American Political Science Association, Chicago, Illinois.

［685］ Williamson, O. E., 2000, "The New Institutional Economics: Taking Stock, Looking Ahead", *Journal of Economic Literature*, 38 (3), 595 – 613.

［686］ Wilson, D. S., 1975, "A theory of group selection", *Proceedings of the national academy of sciences*, 72 (1), 143 – 146.

［687］ Winston, J. S., Strange, B. A., O'Doherty, J., & Dolan, R. J., 2002, "Automatic and intentional brain responses during evaluation of trustworthiness of faces", *Nature neuroscience*, 5 (3), 277 – 283.

［688］ Wood RM, Rilling JK, Sanfey AG, Bhagwagar Z, Rogers RD., 2006, "Effects of tryptophan depletion on the performance of an iterated Prisoner's Dilemma game in healthy adults", *Neuropsychopharmacology*, 31, 1075 – 1084.

［689］ Wrangham, R., & Peterson, D., 1996, Demonic males: Apes and the origins of human violence. London: Bloomsbury.

［690］ Wright, N. D., Symmonds, M., Fleming, S. M., & Dolan, R. J., 2011, "Neural segregation of objective and contextual aspects of fairness", *The Journal of Neuroscience*, 31 (14), 5244 – 5252.

［691］ Wubben, M. J. J., De Cremer, D., & Van Dijk, E., 2009, "How emotion communication guides reciprocity: Establishing cooperation through disappointment and anger", *Journal of Experimental Social Psychology*, 45, 987 – 990.

［692］ Yamagishi, T., 1986, "The provision of a sanctioning system as a public good", *Journal of Personality and Social Psychology*, 51 (1), 110 – 116.

［693］ Yamagishi, T., 1988, "The provision of a sanctioning system in the United States and Japan", *Social Psychology Quarterly*, 51 (3), 265 – 271.

［694］ Yamagish, T., 2011, Trust: The evolutionary game of the mind and society. New York: Springer.

［695］You, J. S. , 2007, "Corruption as Injustice", In annual meeting of the American Political Science Association, Chicago, August, 170 – 175.

［696］Zaki, J. , & Mitchell, J. P. , 2011, "Equitable decision making is associated with neural markers of intrinsic value", *Proceedings of the National Academy of Sciences*, 108 (49), 19761 – 19766.

［697］Zaki, J. & Mitchell, J. P. , 2013, "Intuitive prosociality", *Curr. Dir. Psychol. Sci.* , 22, 466 – 470.

［698］Zak, P. J. , Kurzban, R. , Ahmadi, S. , Swerdloff, R. S. , Park, J. , Efremidze, L. , et al. & Matzner, W. , 2009, "Testosterone administration decreases generosity in the ultimatum game", *PLoS One*, 4 (12), e8330.

［699］Zak, P. J. , 2011, "Moral markets", *Journal of Economic Behavior & Organization*, 77 (2), 212 – 233.

［700］Zultan, R. , 2012, "Strategic and Social Pre – Play Communication in the Ultimatum Game", *Journal of Economic Psychology*, 33 (3): 425 – 434.